Aralık 2017

Leylacım,

keyifle okunan

dileğiyle

HAYKO BAĞDAT

Haykoloji / *Hayko Bağdat*

© *2016,* İnkılâp Kitabevi Yayın Sanayi ve Ticaret AŞ

Yayıncı ve Matbaa Sertifika No: 10614

Bu kitabın her türlü yayın hakları *Fikir ve Sanat Eserleri Yasası gereğince İnkılâp Kitabevi'ne aittir. Tüm hakları saklıdır. Tanıtım için yapılacak kısa alıntılar dışında, yayıncının izni alınmaksızın, hiçbir şekilde kopyalanamaz, çoğaltılamaz, yayımlanamaz ve dağıtılamaz.*

Genel yayın yönetmeni Ahmet Bozkurt
Kapak tasarım ve illüstrasyonlar Kemal Gökhan Gürses
Kapak uygulama Cengiz Duhan
Sayfa tasarım Derya Balcı

ISBN: 978-975-10-3728-2

16 17 18 19 7 6 5 4 3 2 1
İstanbul, 2016

Baskı ve Cilt
İnkılâp Kitabevi Yayın Sanayi ve Ticaret AŞ
Çobançeşme Mah. Sanayi Cad. Altay Sk. No. 8
34196 Yenibosna – İstanbul
Tel : (0212) 496 11 11 (Pbx)

İNKILÂP Kitabevi Yayın Sanayi ve Ticaret AŞ
Çobançeşme Mah. Sanayi Cad. Altay Sk. No. 8
34196 Yenibosna – İstanbul
Tel   : (0212) 496 11 11 (Pbx)
Faks : (0212) 496 11 12
posta@inkilap.com
www.inkilap.com

HAYKO BAĞDAT

HAY
KO
LOJİ

Hayko Bağdat

1976 yılında İstanbul'da doğdu. İlköğrenimini Esayan, orta ve lise eğitimini Mıhitaryan Ermeni okullarında tamamladı. İstanbul Edebiyat Fakültesi Tarih bölümüne devam etti.

2002 yılında Yaşam Radyo'da azınlık sorunlarını gündeme taşıyan ve Türkiye'de ilk kez gerçekleşen "Sözde Kalanlar" adlı programın yapımcılığını ve sunuculuğunu üstlendi.

2003 yılında *Marmara* gazetesinin Türkçe bölümünde haftalık köşe yazmaya başladı. 2007 yılında Hrant Dink'in ardından kurulan ve bu cinayete adalet arayışını sürdüren "Hrant'ın Arkadaşları" ekibinin kurucularındandır. Çeşitli gazete ve dergilere makaleler yazan Bağdat, 2012 yılında İMC TV'de Roni Margulies ile beraber "Azı Karar Çoğu Zarar" programının yapımcılığını ve sunuculuğunu üstlendi.

İlk kitabı *Salyangoz* 2014'te, ikinci kitabı *Gollik* 2015'te yayımlandı.

2015'te hazırlıklarına başladığı Salyangoz adlı Tek Kişilik Bişe gösterisi 2016 yılında önce BKM Mutfak Sahne'de, ardından yurtiçi ve yurtdışı turne programı kapsamında devam etti.

2016 Ekimi'nde kapanan İMC TV'de Bağdat Cafe adlı haftalık talk-show programının yapımcılığını ve sunuculuğunu üstlendi. 2016 itibariyle diken.com.tr'de köşe yazarlığına devam etmektedir.

Evli ve iki çocuk babasıdır.

İçindekiler

SALYANGOZ 9

Teşekkür 13
Önsöz niyetine...
Çıkarken anahtarı üstünde bırakın ama... 15
Susmayı öğrenmek 21
Güvenli bölge 23
Sadri Alışık kimden ki? 25
Okulun kapısındaki asker 27
Ayşe korkuyu tanıyor 30
Her derde devadır sokak 31
Güvercin vuruyorlar... 34
O gâvurla arkadaşlık etmeyeceksin! 37
Öbür tarafı bu tarafa anlatmak 39
Diyojen'in kampı mı, Karagözyan'ın kampı mı? 41
Kabile: Hayatın yeni güvenlik alanı 45
Kimse kimseyi kimseye yedirmezdi 47
Mino'nun adası, adanın Mino'su 51
O başka, bu başka... 55
Cuma namazında üç Ermeni 57
Denizin tuzu biter mi Ali? 59
Zabıta Süreyya 63
"Git değiştir bu Nazım Hikmet kitabını!" 66
Ermeni omzuna dokunmak 69
"O kadar iyisin ki, keşke Müslüman olsan..." 71
Cüneyt Arkın filmlerine rağmen Papaz Kosta 73
Tarlabaşı'nda, meyhanede bir papaz 77
"Biliyorsun değil mi, cennete gidemeyeceksin Hayko!" 79

Siz benim dayımın kim olduğunu biliyor musunuz? 81
Rumlar mı Ermeniler mi? Tabii ki Rumlar. 83
"Ölüm de var, ölüm de var..." 85
Lozan'ı madde madde ezberleyin, lazım oluyor 87
Gitti güzelim çocuklar 90
İbrahim, Güngör, Ahmet, Orçun... 92
"O Ermeni piçine söyleyin, kendisine
dağda bir karakol seçsin!" 94
Anneme bak sen! 96
Kasabanın sırrı 99
Annem haklıymış 102
Vallahi mi? Çok mu beğendiniz? 105
Buyrun Diramayr Hanım 107
Patrik Mutafyan ve Hrant Dink 109
Kilisede düğün görkemli olur 111
Ermenilik: Sürekli kaybetme hali... 114
"Almanya'ya giden Türkiyeli Ermeni işçi" 116
Hayatımın ikinci yarısı 119
Hrant Abi'yi vurdular! 121
Meydandaki güvercin sürüleri 124
Hrant Dink ne anlattı ki insanlara? 127
#Ölümsüzdür 129
Cenazeleri usulüne göre kaldırmak 132
"Hepimiz Ermeniyiz" diyenler aslında ne söyledi? 134
Bir bakanlığın kapısında ağlayan devleti gördüm 135
Konur Sokak'ta bir yunus 137
Yunuslar 139
Öldürülenlerin, ölümü hak ettiğine inandırıldık 142
Asıl size ne oldu? 145
Piyano 147
Bu film artık bitmeli 150
Devletten niye samimiyet bekliyorsun ki? 153
Başbakan'ın taziyesi 156
Bu da benim gazete ilanımdır 160
Az daha milletvekili oluyordum 163

Azı karar çoğu zarar   166
Git başka ülkede tweet at   168
Halkalı boyunlu kadınlar   170

GOLLİK   173

Gollik ve beraberliğe en çok ihtiyaç
duyduğumuz bugünlerde...   177
Ben yazar oldum galiba   183
Kızı istemeye gidiyorum; gelen gelir   191
Gelip istesinler o zaman...   197
Bu yaşta vaftiz mi olurmuş?   203
Koşun, Patrik ile röportaj var!   211
Müzisyenlik aileden gelir bizde   217
Aşkın ve Devrimin Partisi'ni kuruyoruz,
hadi halay çekelim!   225
Manchester United'ı eledik biz be!   231
Bizim adanın lazları   239
Annem Tayfun'u çok seviyor, ondan böyle yapmış   245
Askerde parlak çocuk olmayacaksın...   249
Yalnız yaşamayı bilmez Ermeniler   255
Vakıflıköy'de bağbozumu var   259
Türküm ben Türk! Ama sadece Almanya'da!   269
Köln'de üç gün   279
Koruma polisliği ilginç meslek vesselam   287
Git başka ülkede şey yap!   293
İnanmayan Fatih Portakal'a sorsun   299
Palyaço Ermeniler   305

KURTULUŞ ÇOK BOZULDU   309

Ben Hayko Bağdat; Olay Yerine Geldim!   311
Ben Çok Meşhur Oldum   317
Celil Yoldaş Yalnız Değildir   321
Acilen Birisini Gömmemiz Gerekiyor   325

Ebedi Hayat Danışmanı 331
Gavur Şeref 337
Güldane'nin Çocukları 343
Jumbo Karides 349
İnek 354
Edebiyatı Neden Terk Ettim? 360
Kurtuluş Çok Bozuldu 366
Pala Orhan, Küratör Aslı,
Patrik Bartholomeos ve Fenerbahçe.
Ha Bir de AEK... 372
Ulan Herkes Vekil Oldu Be... 378
Vişne Likörü 383
Tenor Saksafon 387
Ya Barış Gelmezse? 392
Phu, Phu, Ses Kontrol... 397
Yozgatlı 402

SALYANGOZ

Bu kitap iki kadına.
Beni hayattan sakınmak için her gün
yeni bir hikâye icat eden annem Keti'ye;
Benim hayatıma her gün yeni bir
hikâye armağan eden eşim Belma'ya...

Teşekkür

Bu kitap için teşekkür edeceğim insanlar var.
Önce Kemal Gökhan Gürses.
Hepimize lazım olduğunu iddia ederek bütün bu hikâyeleri anlatmam için aylarca yakamı bırakmayan, her vazgeçişimde peşime düşen, Ermenice şiveli kalemimi Türkçeye tercüme eden, ama en önemlisi kendimi kıymetli hissettiren oydu.
Kafamda dolaşıp duran duyguları cisimleştirmemi sağladı. Vicdanımızı elle tutulur hale getirmek için eşi benzeri görülmemiş büyük bir kavgaya tutuştu. Çocuğunun, çocuklarımızın omuzlarındaki yükü alabilmemiz için iyi bir teklifte bulundu.
Gerçek ve vicdanın kesişmez zannettiğimiz yolunu kısaltmayı önerdi.
Okuyacaklarınız ortak sözümüzdür.
İkinci teşekkür Senem Davis'e. Mesleği icabı her gün kitaplarla, yazarlarla haşır neşir olduğu halde bu kitaba hiç "iş" muamelesi yapmadan, benimle beraber heyecanlanan ve aslında bu kitabın yazılmasını öneren odur.
Ayrıca dağınık anlatıların forma girmesini sağlayarak bana yol gösteren Sibel Oral'a, fotoğraflarıyla adanın kokusunu kitaba taşıyan Gültekin Sözen'e yürekten teşekkür...

Hayko Bağdat

Önsöz niyetine...

Çıkarken anahtarı üstünde bırakın ama...

Oğuz Atay'ın kitaplarıyla tanıştığım ilk gençlik günlerimden beri "önsöz"lerden uzak durmaya çalıştım. En içten metinlerin önüne geçip o metinlerdeki hakikiliği öldürmekle görevli cellatlara benzetirim önsöz yazarlarını.

Yani, söylesenize ne olur, bu kitabın önsözü olmasa bu kitabı almayacak mısınız? Bu kitapta yazılanlara daha mı az inanacaksınız? Hadi canım... Sanatçıyı ya da yazarı sahneye davet eden çığırtkandan ne farkı var önsöz yazarının?

"Hayko Bağdat'ı sahneye davet ediyorum!"

Bu kadarı yetmez mi? Daha ne yapmam lazım? Ortada edebi bir eser falan yok. Oturup bu "eser"in analizini yapıp edebiyat dünyamıza derin yeni bilgiler kazandıracağım bir durum da yok yani. Zaten bana mı düşer böyle bir iş estağfurullah?

Biraz Hayko'yu anlatayım size? (Ben de bu adamla konuşa konuşa Ermenice yazmaya başlamışım cümlelerimi. "Biraz Hayko'yu anlatayım size" deyip arkasına da soru işaretini çaktınız mı, alın size Ermenice hissedip Türkçe yazmak!)

Hayko ısrarla, "Aman abi, beni öven eden bir şeyler yazma da, ne yazarsan yaz," demişken hem de... "İşteee, Hayko'nun en yakası açılmadık hikâyeleri bu kitapta" mı demeliyim?
    Onu ilk tanıdığım anı mı anlatayım yoksa? Peki, bir yerden başlamak lazım... Hem başa gelen çekilir.

    Hrant'ın Arkadaşları'nın adına kavuştuğu Makine Mühendisleri'ndeki birinci yıl anma toplantısına gidelim o zaman. Canımızın yangın gününün üstünden bir yıl geçmiş geçmemiş... Sene 2007... Aylardan kasım olmalı...

    Toplantının "kolaylaştırıcısı" olarak iki kişi var kürsüde. Biri 17-18 yaşından beri tanıdığım Özlem Dalkıran. Kavgacıdır; hem nasıl. O gün görevi gereği beni şaşırtacak kadar sakin. Dinliyor, anlıyor, yönlendiriyor. Yanında da suratı konuştukça kırmızıya yenik düşen, kırmızı suratını kapladıkça hararet yapan bir motor gibi içten yanmış sesler çıkaran 30'larında bir delikanlı. Sırasını sabırsızlıkla bekliyor. Kendince rasyonel şeyler söylüyor belki, ama fazladan bir şey var oğlanda. Gözlerinin içiyle söylüyor, kalbinin karanlık yerinden konuşuyor. Hrant'ı vurduklarında burnu kanamaya başlayan ve bir türlü kanaması durdurulamayan kronik bir hasta gibi. Yüzündeki gerçekten bir gülümseme mi? Sadece yüzüne bakarsanız, öyle.

    Ben içine bakmaya orada karar verdim sanırım. Önce dost olduk. Sonra arkadaş. Şimdi de bir aile olduk. Büyüdükçe genişleyen bir aile. Olması gerektiği gibi; çocuklar, bebeler, anneler, anneanneler, mamigler, babigler, kuyrikler, abiler, ablalar, halalar, daydaylar, teyzeler, mamalar, babalar, kardeşler, mayrikler, ahparigler, tantikler...

    Karıştık birbirimize...

    Sanmayın ki bu karışma işi o kadar kolay, o kadar dertsiz oldu. Olur mu hiç?

Hrant'lar ilk kurduğu yıllarda *Agos* gazetesi için sabahladığımız çarşambalardan birinde duymuştum bu sözü: "Dacik!"

Ben çarşambaları giderdim. Karikatür çizerdim, redaksiyon yapardım, gerekirse telefona bakardım. Ümit Kıvanç gazeteyi çizmişti. Öyle deriz; gazetenin grafik tasarımını yapmıştı. Sonra da oturtmak için çok uğraştı. Çok az kişiyle çıkıyor *Agos*. Leda var, Luis var, Jaklin, Karolin... Zaten kaç Ermeni var bu işlerle uğraşacak. Biz de imece yapıyoruz güya... Ender Özkahraman da vardı, çizer. "Dacik"lerden... Yemeklerimizi yapan, çaylarımızı veren, tanıdıkça çok sevdiğim bir ablamız vardı *Agos*'ta. Anna Mayrig. (Kadının adı Anna değildi de Hrant mı takmıştı bu adı. Kusura kalmasın okursa bunları...) Biz Mayrig derdik kısaca. "Anne" yani... Eğilip Sevan'a sordu yanılmıyorsam. Sevan da hem muhabirlik yapıyor, hem fotoğraf çekiyor. Genç daha o zaman. Kulağıma çarptı laf. "Sevan" dedim. "Ne diyor Mayrig benim için?" Hemen kızarır suratı hâlâ Sevan'ın... "Dacik diyor ama..." dedi. "Ne demek lan o?" dedim. Daha çok meraktan... Hemen her çarşamba sabahlamalarımızda Ermeni konyağını masamdan eksik etmeyen sevgili ahparım Sarkis Seropyan durumu kurtarmaya çalıştı... "Hay olmayana, yani Ermeni olmayana deriz ama..." Hadiii... Dacik'im tamam da, salak değilim. "Baron Seropyan," dedim, "her Ermeni olmayana mı diyorsunuz bunu siz?" Sakalının üstünden tatlı tatlı güldü...

Müslümanlar "dacik"tir Ermeni toplumunda. Hani siz de, en duyarlı olanlarınız bile ara sıra "gavur" deyiverirsiniz ya alışkanlıkla. Onlarınki alışkanlık da değil üstelik; "Dacik midir?" diye sorarlar. "Haylar"ı, yani "Ermeni" olmayanları ayırt etmek için.

Neden bu ayırt etme isteği? Neden "onlar" var, niye "biz" varız?

Bu kitapta en çok bunun cevabını bulacaksınız sanırım.

Hrant'ı vurduğumuz gün çizilmişti kaderimiz. Şimdi buluşma sırası bizdeydi. Buluştuk. Bana hep anlattı Hayko. Hep dinledim ben de... Bana kendini anlattı, çocukluğunu, Kınalıada'yı, Ergenekon Caddesi'ni... Çocukluk evinin içinde sessizce yaşanan korkunun, tedirginliğin, kızgınlığın ve korunma çemberinin duygusunu hissettirdi bana...

Bu kitapta en çok bunları bulacaksınız sanırım.

Başka bir şey daha hissettirdi...

Daha derinde içimi kemiren o şeyi. Dedelerimin, nenelerimin, komşularımın, kuşaklarımın çektiği ağır utanç kamburunu elimle tutmamı sağladı. Hrant'ın çatlattığı kabuğumuzdan sızan şey o "kirli kan" idiyse, bu çocukların da cesaret ilacı oldu.

Bizim daha iyi anlama arzumuz bakın orada başlar...

"Zaten" bildiğiniz kimi şeyleri bir de "anlarsınız" ya... Hayko kendi hikâyesini anlattıkça, ben bana olanı anladım. O kendi öfkesini anlattıkça, ben çocukluğumdan beri duyduğum öfkenin derinlerinde yatan karanlık "sır"la daha yakından yüzleştim. Sosyalistim ben, bu suçların ortağı olmayacak kadar "insan seven", "hayat seven", "ırkçı düşmanı"...

Yetmiyormuş. Garantisi yokmuş bazı bilgilerin...

Hep diyor ya Hayko, "Asıl size ne oldu?" diye...

Bu hikâyeleri okuduğunuzda kaybettiğiniz renkleri, mezeleri, müzik seslerini duymayacaksınız. Size, yani "bize ne olduğunu" göreceksiniz. Yaşattığınız acıyı hissedeceksiniz. Saldığınız korkuyu gözlerinizin içiyle göreceksiniz. O uzun yürüyüşte ayaklarına kan oturmuş bebelerin artık hissizleşmiş ayacıklarını avuçlarınızın içinde tutmayı, kendi bebeğinizle mukayese etmeyi, yakınlık kurmayı isteyeceksiniz. Ama bunu buradan, yakın zamanlardan, daha yaşı bir ihtiyar adamınki gibi "hayat hikâyesi" yazmaya yetmeyecek kadar genç, iki çocuklu bir babanın kısa özgeçmişinden yapmak isteyeceksiniz.

Birlikte bulduk "kasabanın sırrı" sözünü. O sırrı biz birbirimize anlatmaya cesaret edemeyeceğimiz sürece hep öldürülmüş ninelerin torunlarından dinleyeceğiz.

Belki de sıra bize geliyor dostlar. Belki "bize ne olduğunu" anlatma sırası bize geliyor. Yavaş yavaş hazırlanmakta fayda var. Yavaş yavaş seslendirmekte... Belki ancak böylece kurtuluruz kamburlarımızdan. "Kasabanın sırrı"nın üzerimize bir kâbus gibi çökmesini, önümüzde her zaman bizi insanlığımızdan eden aşılmaz bir engel gibi durmasını, ancak böyle sona erdirebiliriz. Ancak böyle yeni ölümlerin önüne geçeriz. Rahip Santoralar'ın, Malatya Zirve Kitabevi katliamının, askerlik yaparken öldürülen Er Sevag Balıkçı'nın, Hrant'ın, Hrant'ın, Hrant'ın...

Yeniden ölmelerine ancak böyle izin vermeyiz...

Haydi, heyecanlı bir yolculuk başlayacak az sonra. Konuştuğu gibi yazdı yine Hayko...

Müslüman mahallesinde salyangoz satmayı değil, "salyangoz olmayı" anlatıyor bu kitap. Salyangoz'un ardında bıraktığı iz, kitapta evlerinin yolunu kaybetmekten korkup yola ekmek parçaları bırakan Hansel'le Gratel'in masalındakine benziyor nedense. Ya da kilometrelerce uzaktan birbirinin sesini duyan yunusların, bir kez 24 Nisan'da başına geleni bir kez daha yaşamamak için, dahası hayatta kalmak için geliştirdikleri hassalarını hikâyeleştirerek anlatıyor. Salyangoz'un izinden giderken, kendinizi sahipsiz ölülerin dev maşatlığında bulursanız, bu da Salyangoz'un suçu olmayacaktır sanırım.

Yeter, içinizi karartmayayım daha çok. İçeride sadece hikâye olarak bakacak olursanız, basbayağı eğlenceli hikâyeler bekliyor sizi. Hayko Bağdat'ı dinlemekten, seyretmekten kim sıkılmış ki siz sıkılasınız. Bu kez de okuyacaksınız işte.

Durun, şunu da anlatayım, gidiyorum valla...

24 Nisan anmalarından biri için ararken bulduğumuz ama kullanmaktan çekindiğimiz bir sembol vardı: Anahtar.

Düşündüm, "Yahu" dedim, "Hayko bize bu kitapla, işte bu anahtarı veriyor." Bir de diyor ki, "Bu benim evimin anahtarı. Tamam. Vazgeçtim! Sizin evinizin anahtarı o zaman. Peki, bu anahtarı bir süreliğine sizden alıp size tekrar geri verebilir miyim? Hay yaşayın! Şimdi bu anahtarla açıverin şu kapıyı."

Çekinmeyelim, girelim haydi. Yarı Ermeni-yarı Rum bir ailenin evi burası. Ergenekon Caddesi'nde, Baysungur Sokak'ta, Kurtuluş'un yokuşlarında, Kınalıada'nın mahreminde, Mıhitaryan İlkokulu'nda, Tokatlıyan Pasajı'nda... İnanmayacaksınız ama Patrikhane'nin kapısını bile açıyor bu anahtar... Kendi hikâyenizi anlamak için dolaşın buralarda... Sonra çıkarken anahtarı üstünde bırakın ama.

Alışkanlıkla, cebinize atmayın...

Kemal Gökhan Gürses
Kınalıada, 2014

Susmayı öğrenmek

Çocuktuk...

Bizim evin çocukları, yani Jermen, Janet, Jaklin ablamlar ve ben bir sorun olduğunun farkındaydık. Ama o sorunun tam olarak ne olduğunu bilmiyorduk.

Kimin olduğunu hatırlamıyorum ama bir söz vardı: *"Bir çocuğa önce konuşmayı öğretirsiniz, sonra da susmayı..."* Sanki bizi anlatıyor. Bir evin içine doğuyorsun ve doğal olarak o edindiğin ilk bilgiler her ne olursa olsun, senin için kıymetli bilgiler oluyor. Neredeyse, kimliğini o bilgilerle oluşturuyorsun.

Nesin sen? Ermenisin, Rumsun, Hıristiyansın ya da Kürtsün... Hatta İngiliz ol, Fransız ol; fark etmez. İçine doğduğun ailenin değer yargıları, kutsalları, önemlileri var. Büyük toplumun ise sendeki o yargılarla sorunu var. Daha çocuk yaşta bunu hissediyorsun. Niye sorun var ki? Sokaktaki adamınkilerle senin önemlilerin niye düşman olmuş birbirine? Biz evde annemiz hasta olmasın diye dua ettiğimizde İsa ve Meryem Ana'ya yakarıyoruz hep. Çok güzeldir Meryem Ana. En az annen kadar güzeldir. Günahsızdır, iyi gelir ona sığınmak...

Ama kutsal bakire Meryem ve İsa dışarısı için tehlikeli ve fazla. Oysa o önemli bir şey, günahsız bir şey senin için. Sen ona dua ediyorsun. En kıymetli dileklerini onun yerine getirmesini bekliyorsun. Senin için bu kadar masumane bir şey *"dışarıdaki"* için niye tehlikeli? Senin ev dışında Meryem Ana ya da İsa'nın adını anmaman ya da boynunda Haç'la görünmemen gerek. Peki ama niye? Anlamıyorsun. Çok da bir şey bilmiyorsun aslında. Dedik ya, çocuksun işte. Çok da sorgulamaman lazım üstelik.

Yahu bir çocuk hayata böyle başlatılır mı? Hangi vicdansızın hükmü bu? *"Ötekilik hali"* hiçbir çocuk için tercih edilecek, matah bir halt değil ki. Gözlük takan ya da kekeleyen bir çocuk olmak gibi bir şey bu *"ötekilik"*. Şimdi sorsan *"zinhar istemem"* derim yani.

Ben *"kutsallarının büyük toplumda gizlenmesi gerektiği bilgisi"*nin bana ne zaman söylendiğini bilmiyorum. Belki de hiç söylenmedi. Ama vardı işte.

Ve anladım ki, bu bilgi bir çocuğa hiç de iyi gelmiyormuş.

Güvenli bölge

Kurtuluş'ta, Ergenekon Caddesi'nde oturuyorduk.

Kalabalık bir caddeydi. Arabalar, insan trafiği, anlayacağınız tam bir curcuna. Ama arabaların bir çocuk için yaratacağı *"ezilirim"* hissinden çok, tam olarak tarif edemediğim bir duygu daha vardı. O da kalabalıklardaki insanlarla ilgiliydi. Galiba onlar biraz daha tehlikeliydi. Biliyorduk, biz farklı bir şeydik. Azdık ama özeldik. Bize göre, biz ve bizim gibi olanlar makbuldü. Sokağa çıkmadığımız sürece, evin içinde daha güvenli bir yerdeydik. Aile içinde faydasından emin olduğumuz gizli bir anlaşmamız vardı. Biz ve bizim gibi olanlarla temas ederek "küçük fanusumuzu korumamız gerekli" algısıyla büyüyorduk. İşin gerçeği, bir fanusun içine hapsolmuştuk.

Tamam bir hapis durumu vardı ama sonuçta güvendeydik. Sürekli güvenlik meselesini konuşmanın getirdiği çok büyük bir güvensizlik yaşıyorduk aslında. Tedbirli olmak lazımdı. Ama hep ve hep ve hep tedbirli olmak lazımdı. İyi de, bu kadar çok kuralın hangi sebeple lazım olduğunu niye hiç konuşmadık biz?

Anne ve babalarımız atalarımızın başlarına gelen felaketleri o güvenli bölgeyi daha güvenli kılmak için mi hiç anlatmadılar bizlere? Hep sustular. Çünkü bu bilgi tehlikeliydi ve onlar, zamanında o tehlikeye yeterince maruz kalmışlardı.

Babam bazen, lağım kanallarından, yeraltından insanları kaçıran Agop'un hikâyesini anlatırdı. Hangi dönemdi, insanlar neden kaçıyordu bilmiyordum. Hikâyenin tamamını hâlâ bilmiyorum inanın. Çünkü babam hiçbir zaman hikâyenin tamamını anlatmadı.

Ya da daha doğrusu, anlatamadı. Babam hikâyeyi anlatmaya başladığı anda annem engeller, üstüne bir de kızardı. Be mübarek, bu kadar büyük, film gibi bir hikâye çocuğa anlatılmaz mı? O saçma sapan çocuk masalları yerine bu macera dolu hikâyeyi bir kez olsun, anneme rağmen tamamlayaydın ya! Yoksa babam uyduruyor da, annem bu yüzden mi kızıyordu? Hayır. Uydurmuyordu. Annem üzerinden yıllar geçmiş bir hikâyeden korkuyordu sadece.

Bu hayırlı mı oldu bilemiyorum. Çünkü yıllar sonra, 16 yaşındayken kucağımda bulduğum, anlatılmaktan imtina edilmiş o hikâye "soykırım"dı. Korkunç bir hikâyeymiş gerçekten. Annemin korktuğu kadar varmış. Biz bu bilgiye en sonunda ulaşmış ve birdenbire üstesinden gelmemiz gereken bir gerçekle karşılaşmıştık. Kucağımızda saatli bomba misali bir "gerçek" duruyordu şimdi. Hayatımızın sonuna kadar elimizden bırakamayacaktık.

Bu büyük bir travmaydı. Üstelik "hikâye" değil, "gerçek"ti.

Sadri Alışık kimden ki?

Biz azınlıktık, doğru.

O zaman azınlık varsa, bir de çoğunluk olmalıydı. Kimdi o çoğunluk peki? *"Çoğunluk her zaman haksızdır; azınlık ise nadiren haklı"* demiş ya Henrik İbsen. Benim o zamanki çocuk algımla azınlık-çoğunluğun yerine, "iyiler" ve "diğerleri" vardı. Bizden olanlar elbette iyi olanlardı. Peki diğerleri kötü müydü?

Mesela Sadri Alışık güzel adamdı. Şakayla karışık Sadri Alışık! Bir çocuğun onu kahraman olarak görmesi için gerekli tüm meziyetlere sahipti. Bir kere iyiydi, yani iyi bir insandı. Komikti de üstelik. Elini alnının ortasına koyup şık bir selam çakıyordu hepimize. Haliyle bizden olmalıydı. Yani iyiler dünyasının bir üyesi olmalıydı.

Ama bir gün öğrendim ki, o bizden değilmiş! O da sokaktaki kalabalıkların cinsindenmiş. Yani diğerlerinden... O çocuk halimle şu soruyu sordum: O zaman Sadri Alışık da mı tehlikeli? Hayır değildi, olamazdı, biliyordum. Öyle bir adam nasıl tehlikeli olsundu? Nasıl kötü olsundu? İyilerin sadece bizim evin ve geniş halkasının, o fanusun içerisinde kalanlarından müteşekkil olduğu bilgisini ne yapacaktım şimdi? Beter bir yabancılaşma hissiydi bu. Peki o zaman evdeki o tartışmasız gerçeğe ne olmuştu? Hani biz ve onlar vardık? Sadri Alışık bizden işte, öyle değil mi mama? Hepimize ama hepimize o babacan gülümsemesiyle selam çakıyor. Bizi ayırmıyor birbirimizden... Al başına belayı şimdi. Sadri Alışık hakkında bir karar vermek gerekliydi. Yeni sorular sormalıydım o zaman hayata; "Peki fanusun dışında da iyiler varsa, kaç kişiydi o iyiler? Onları ne zaman tanıyacaktım? Nasıl tanıyacaktım?" Riskliydi evet ama, fanusun dışına çıkıp bir göz atmam farz olmuştu artık. Hepsi Sadri Alışık'ın yüzünden. Benim güvenlik çemberimi kırdı o. Bana bakın, gerçekten tehlikeli tarafı bu olmasındı? Gerçekte esaretime son vermişti benim. "Şakayla karışık..." Belki de o yüzden hâlâ çok seviyorum onu.

Dışarı çıkınca imdadıma kim yetişti dersiniz?
Devlet!

"Korkma" diyordu. "Hepimiz eşitiz!" "Hepimiz Türküz" diyordu. "Bu senin bayrağın, bu senin milli marşın, bunlar da senin askerlerin!" Tamam, çok güzel bir fikir bu.

Hem ilkokul çağındaki bir erkek çocuk için bayrak, milli marş ve asker figürü kadar cazip başka ne olabilirdi ki? Benim de artık bir bayrağım, milli marşım ve binlerce askerim vardı. Kutsalları yarıştırmak da gereksizdi artık. Gizlemeden, gizlenmeden, birbirimizden kaçırmadan "bunlar bizim" diyebileceğimiz yeni oyuncaklar bulmuştum belki de. Tamam, İsa ve Meryem de cebimde dursundu şimdilik.

Annemlerin anlattığı dünyanın aslında biraz fazla abartılmış bir dünya olduğuna ikna olsam bütün dertler bitebilirdi belki de. O büyük kalabalıkların kutsallarıyla da hemhal olabilirdim artık. Koca "devlet" diyordu bunu üstelik. Yalan söyleyecek değildi ya.

Bunu da bir denedim ben.

Okulun kapısındaki asker

Darbe sonrasıydı...

Özel Esayan Ermeni İlkokulu'na gidiyordum. Taksim'de, Meşelik Sokak'ta, Rum okulu ile karşı karşıya. Aya Triada Kilisesi'nden Cihangir'e doğru giderken hemen sağdaki gri bina. Bütün okullarda var mıydı bilemem ama bizim okulun kapısında şık üniformaları, koskoca tüfekleri ile iki asker nöbet tutardı. Neden bilmiyorum. Belki de bizim okulları korusunlar diye koymuşlardı o askerleri kapının önüne. Yoksa çocukların başına niye asker koysunlardı ki?

Ne yalan söyleyeyim, kapıda asker görmek bana heyecan veriyordu. Evdeki oyuncak askerlerimin canlı, gerçeğe bürünmüş haliydi onlar. Silahları falan, her şeyiyle gerçek! Ve şimdi bizim okulun kapısının önünde, tam karşımda duruyorlardı. Birini gözüme kestirdim. Hep onunla ilişki kurmak istedim. Yanından geçerken hep "tam sırası" diye karar verip bir türlü davranamadım. Hatta bir gün Esayan Okulu'nun o koca demir kapısının önünde tam laf dilimin ucuna kadar gelmişken, heyecandan takılıp yere düştüm. Hâlâ hatırladıkça kafamın arkası acır. O asker de bunu görmüştü üstelik. Kendimden nasıl utandığımı anlatamam. Düştüğüm zaman kafamı çok fena vurdum. Darbenin etkisiyle tam tarif edemeyeceğim bir duygu hissettim. Sonrasında o duygu hiç kaybolmadı. Bu duygu bende hâlâ garip bir gitgel hali yaratır. Yabancılaşma hissi verir. Hatta sonradan beni doktorlara götürdüler o yabancılaşma hissini içimden atayım diye. Çocukken ateşinizin çok yükseldiği anları hatırlar mısınız? Anneniz başınızda, evde, yataktasınızdır ama, o an yaşadığınız daha çok bir yolculuk gibidir. Her ateşlendiğinizde kaldığınız yerden devam eden bir yolculuk. Anlat deseler anlatamazsınız. Ama hatırlarsınız. Öyle vurdum kafayı işte. Arada hâlâ geliyor o his. Nasıl yani? Siz hiç böyle bir şey yaşamadınız mı? Peki. Yine konumuza dönelim o zaman...

Kapının önündeki o askerle gidip konuşmaya, "Asker abi, silahın bir kerede kaç tane ateş ediyor?" gibi anlamlı sorular sormaya heves etmiştim işte. Tam yapacaktım, yapamadım. Ne bileyim, belki cesaret edemedim. Kötü bir şeyle sonuçlanacağına dair en ufak bir kanaatim yoktu oysa. Hayırlı olacaktı belki ama o çocuk aklımla cesaret edemedim işte. Yani susuzluktan öldüğüm halde komşudan gidip su istemeye çekindiğim gibi çekindim galiba.

Okuldan eve maceralı yolculuklar yaptığımız servislerimiz vardı. Çiçek Abbas'ın kullandığı kırmızı Ford minibüsler piyasaya çıkmadan önceydi. Çocukları tıkış tıkış bindirdikleri eski Amerikan arabalarından. Normalde yedi kişi alıyorsa 10-14 çocuğu bindiriyorlardı, ama gerçekten çok güzel arabalardı onlar. Chevrolet. Chevy yani... Üstelik üç sıra arka koltuğu var. Arka ve orta koltuk yüz yüze bakıyor. Servisteki en büyük çocuklar ön koltuğa oturuyor. Şanslı veletler. Bizde servis şoförlerine "dayday" denirdi. Hâlâ da öyle deniyor. "Dayday" Ermenicede "dayı" demektir. Teyze-tantik, amca-hopar, hala-horkur, anneanne-yaya. Biraz Disneyland gibi yani bizim lisan.

Bir gün daydayın Chevy'sine bindiğimizde, o kapıdaki asker volta atarken arabaya yaklaştı. Yemin ederim acayip heyecanlandım. Benim cesaret edip de başaramadığım şey gerçekleşecekti birazdan; belki de konuşacaktık. "Kaç tane ateş ediyor senin silah asker abi?" diyebilecektim belki. Asker erken davrandı. Geldi yanımıza ve, "Çocuklar ne yapıyorsunuz?" dedi. Hepimiz birbirimize baktık. Kimseden çıt çıkmadı. İkinci kez girişimde bulundu asker abi: "İsimleriniz ne sizin bakalım?" diye sordu. Hemen hareketlendim öne doğru. Neticede benim için gelmişti o asker. Tam adımı söyleyecektim ki yanımdaki çocuklardan biri bacağımı çimdikleyerek susturdu beni. Ön sıradan, bizden iki üç yaş büyük olan, olsa olsa dokuz yaşlarında bir kız, "Ayşe" dedi, "benim adım Ayşe!" Aa, yalancıya bak! Ne Ayşe'si ya? Bir dakika! Ne oluyor burada şimdi? Gerçek ismi Ayşe değildi. Ama çocuk o an, bizden olmayan kalabalıklardan bir tanesinin ismini söyleme gereği duydu. Niye ki? Kapıda zaten Ermeni Okulu yazıyor; o asker de o kapının önünde durmuyor mu? Duruyor. Ee? Niye yalan söylüyorsun? Yutar mı hiç asker abi? O bizi koruyor yahu. Onun için koymuşlar kapıya onu. Şimdi sen bize yaklaşmaya çalışan birine niye kapıyı kapatıyorsun?

Daha ilginci, servisin bütün geri kalan öğrencileri bunu nasıl onaylıyor? Niye birisi çıkıp da, "Dalga geçiyor sizinle, onun gerçek adı Silva!" diyemiyor? Niye bir anda sessizliğe büründü servis? Deminden beri çığlık çığlığa birbirinin sözünü kesen o çocuklar niye şimdi dut yemiş bülbül gibi sustu? Oysa asker kapıya gelmiş, çok eğlenceli değil mi? Konuşacağız işte...

Peki asıl kendisini Ayşe diye tanıtan kız, o yaşında ismini gizlemesi gerektiğini nereden biliyordu? Yoksa benim kafamdaki askerle o asker aynı değil miydi? Ben fanusun dışına çıkmaya çalışıyorken tam, devlet bana yalan mı söylüyordu? Yine mi kutsallarımız ortak değildi bizim?

Sadri Alışık yüzünden Ermeni kalamadım ben.
Askere karşı da Türk olamadım.
İkisini de denedim oysa...

Ayşe korkuyu tanıyor

Bundan sonrası bir macera, hem de çok eğlenceli bir macera: Şimdi ne yapacağız?

Kendimizi yeniden bir güvenlik çemberine nasıl alacağız?
Kendimize tekrar bir isim nasıl koyacağız?
Biz kendimizi nasıl tarif edeceğiz?
Hangi semboller bizim, hangileri değil?
Hangi sanatçılar bizden, hangileri değil?
Biz kimiz, onlar kim o zaman?
Buna kim karar veriyor?
Annem mi, devlet mi?
Annemin anlattığı kimlikle mi, yoksa okuldaki öğretmenin, devletin anlattığı kimlikle mi tarif etmeliyim kendimi?
Devlet bana kapı gibi garanti vermiş. Peki ben ona rağmen, niye o askere kendi adımı söyleyemiyorum?
Hem benim adım niye garip gelsin ki o askere?
Gerçek adımı duysa ne yapacak ki o asker?
Ne yapmış ki daha önce?
Silva'nın şımarıklığı yüzünden mi yoksa bütün bunlar?

Ayşe niye korkuyu tanıyor ki bu yaşta?

Her derde devadır sokak

"Şimdi ne yapacağız?" diye sordum ya. Allah yüzüme gülmüş olmalı. Caddeden taşındık.

Dokuz yaşındaydım sanırım. Ergenekon Caddesi'nden Baysungur Sokak'ta bir eve taşınmıştık. Caddeye nazaran daha az araba, daha az insan vardı. Sokak diyorum size! Kapı önüne çıkabilmekten, top oynayabilmekten, yaşıtlarımla beraber olabilmekten, kalabalıklara eşit şartlarla karışabilmekten bahsediyorum. Annemi sonunda zor da olsa ikna ettim mahalle çocuğu olmaya. Laf aramızda, hiç ikna olmadığını, hâlâ ikna olmadığını annem de, ben de ve galiba sizler de biliyorsunuz gerçi ya, isterseniz bu bahsi hiç açmayalım.

Şansızlıktan olsa gerek, mahallenin çocukları genelde on bir-on iki yaşlarında idi. On bir yaşındaki çocuklar, dokuz yaşındaki çocukları mahalle takımında top oynatmazlar... Bunun Ermenilikle, Japonlukla hiçbir ilgisi yok elbet. Küçük çocukların gaddarlığı evrenseldir. "Bizden değildir, makbul değildir" dediğimiz ailelerin çocukları ile kavuşmuştuk en sonunda birbirimize. Çoğu apartman görevlisi babaların çocuklarıydı. Gerçi o meslek sadece babanın mesleği olmazdı. Tüm aile tüm apartmanın hizmetinde sayılırdı. Her an o aileden bir şey isteyebilme hakkı vardı apartman sakinlerinin. Ziller olurdu dairelerde. "Kapıcıyı çağırma zili". O zil o apartmanın kömürlükten bozma yaşam alanlarında çaldığı zaman ailece izledikleri filmi yarım bırakırlar, asansörsüz apartmanın beşinci katındaki huysuz herifin derdini çözmeye çalışırlardı. O yaşam alanlarının mahremi olmazdı. Bazılarının kapısı bile yoktu. O zillerin Allah belasını versin...

Bizim mahallenin çocukları birçok açıdan makbul değillerdi üstelik. Kentli değiller, zengin değiller, orta halli değiller, üstüne üstlük küfür ediyorlar ve yerlere tükürüyorlardı. Yine de çabuk kaynaştık sayılır. Dokuz yaşında bir çocukla on bir yaşındaki bir çocuk arasındaki o iki yıl o yaşlarda çok önemli bir farktır. Ama durum yine de bir şekilde idare ediliyordu.

Gel zaman git zaman, en azından mahalle maçlarında defansta da olsa oynama imkânım oldu. Sarı siyah formalı, Akan Spor adında bir takım kurduk ve bana da bir forma yaptırıldı. İki numaraydı benim formam. On numara en iyisiydi; dokuz, sekiz, yedi de fena değildi ama en iyisi on'du. On numara Tanju Çolak'tı. Golcüydü. Ama formayı kapmışız, şans vermişler bir kere. On beş dakika da oynasam bir maçta benim için kârdı. Takımın en küçüğü olduğum için topu sürme, şut çekme şansım azdı. Takımdaki diğer büyük çocuklar benden daha çok topa, futbola hâkimdi.

Artık iki farklı çevrem vardı: mahalledekiler ve okuldakiler. Okuldaki çocuklar mahalleye çıkıp top oynayamıyorlardı, yani onlar fanuslarının içinden çıkamıyorlardı. Futbol her ne kadar yetenek işiyse de, biraz da kilometre işidir. Dolayısıyla kısa sürede okulun en iyi top oynayanı ben olmuştum. Onların adı Metin, Selim, Cem olan arkadaşları da yoktu. Benim vardı ve bu büyük bir avantajdı. Sınıf arkadaşlarımın mahrum olduğu oyun alanlarına sahip olmuştum artık. Üstelik mahallede bir grubum bile vardı. Düşünsenize, onlardan biri, "Hadi gidiyoruz, şu köşede çekirdek çıtlatacağız," dediğinde peşlerine takılabiliyordum.

Gerçi oynanacak oyunların kararını henüz ben veremiyordum, ama olsun. Şimdi kalkıp bunu da Ermeniliğe bağlamayın hemen. Dedik ya, yaşımız küçüktü, ondandır. Bazen kaçınılmaz olarak mahalle kavgaları da çıkardı.

Al sana annemin endişelenmesi için bir sebep daha!

Güvercin vuruyorlar...

Mahalledeki ilk vukuatımı çok iyi hatırlıyorum. Çünkü vukuat yapabilecek kadar mahalleli olduğumun ispatıydı o benim için.

Baysungur Sokak'ın sonu yokuşla bitiyordu. Biz de sondan üçüncü apartmanda oturuyorduk. Yolun solundaki tek haneli apartmanlardan biri. Aktaş Sokak o yokuşun sonunda mahalleyi kesiyordu. Mahallenin ağabeyleri maçlarını burada, Aktaş Sokak'ta oynardı. Bize de oyun sahası olarak kala kala o dik yokuş kalırdı. Yokuştan yavaş çıkılır, çabuk inilir, ama asıl, yokuş kendi oyunlarını yaratır. Mesela biri sokakta halı yıkar, köpüklü sular yokuştan mazgala akar değil mi, inşaattan çalma kumla yaparsın barajı. Su barajı yıkar. Hadi bir daha. Kalfa seni yakalayana kadar; al sana oyun. Kar yağar, yerler tutar, al sana oyunun dik âlâsı. Düz tahtalar bulunacak, elbette kayak yapılacak. Belki de bunların içinde en zor, en ustalık isteyeni maç yapmaktı. Yokuşta maç yapmaktan bahsediyorum. Düz yerde babam da oynar.

Eğer şanslıysak, yani mahallenin ağabeyleri Aktaş futbol sahasını kullanmıyorsa, saha bize kaldı demekti. Sahanın hemen yanında oldukça yüksek bir duvarla sahadan ayrılan boş bir arsa vardı. Benim dokuz yaşımın üç boyu kadar bir duvar düşünün; o kadar yüksekti işte. Topumuz oraya kaçtığı zaman işimiz işti...

Duvarın üzerindeki irili ufaklı delikleri kullanarak oraya tırmanan ve topu alan çocuklar vardı. Ne yalan söyleyeyim, ben oraya hiç tırmanamazdım.

O yıllarda Çingene çocuklar Dolapdere'den yola çıkar, mahalleleri gezer, sapanla güvercin avlarlardı. Hatta daha fazlası da var; vurmakla kalmazlar, hemen oracıkta kafalarını koparır, avladıkları güvercinleri çantalarına atarlardı. Sanırım onları evlerine götürüp yiyorlardı.

Biz evde kediyle büyümüş dört kardeştik. Güzel Kız ve Lady diye iki ismi vardı kedimizin. Babam onu Büyükada'dan getirmişti. Hayvan sevgisi ve belki de daha çok hayvana merhamet duygusu evimizde elle tutulacak kadar güçlü bir histi. En çok da Janet ablam yüzünden. Koşulsuz sevginin ölçüsünü öyle bir yerden koymuştu ki hâlâ onu geçen kimse olmadı hayatımda. Çocukların kuşların kafasını koparması benim için korkunç bir felaketti. Nasıl olur da kimse buna müdahale etmezdi? Nasıl olur da insanlar evlerinden çıkıp o çocukları kovalamazdı? Hem o çocukların anne babaları buna nasıl müsaade ederdi? Bu nasıl normal olabilir, sokakların ortasında nasıl bu kadar büyük bir cinayet işlenebilirdi? Aklım almıyordu.

Benim de bir gün sapanım oldu. Sapanları Küçük Akarca Yokuşu'nun tepesindeki Kalyon Bakkal satardı. Çatapatları, torpilleri, füzeleri, kız kaçıranları da ondan alırdık. Hani şimdi düşününce, mühimmat deposu gibi dükkân yapmış herif. Zagor'ları ise Madam Mari'nin bakkalından alırdık. İkisi de Süryaniydi diye hatırlıyorum.

Bir gün nasıl olduysa, o arsanın boyumun üç katı olan duvarına tırmandım. Cebimde de o sapan. Aynı o Çingene çocuklarının sapanlarından. Arsanın duvarından aşağı baktığımda iki çocuğun yerdeki bir kuşu vurmak üzere sapanlarının lastiğini germiş olduklarını gördüm. Hemen sapanımı çıkarıp çocuğa taşı fırlatıverdim. Çok düşünmeden yaptım bunu, çünkü zamanla yarışıyordum ve tek amacım o cinayete mani olmaktı. Çocuk, gözünü tutup yerde acı içinde bağırarak kıvranmaya başladı. Ödüm koptu! Kuşların kafalarını koparmak için ceplerinde yandan açmalı çakılardan taşıdıklarını biliyordum. Aynı arsanın bir de arka duvarı vardı, ama oraya da tırmanamazdım. Üstelik tırmanabilmek için kullanacağım delikleri diğerine göre daha azdı. O duvar da olsun benim iki boyum falan. Nasıl olduysa, herhalde can havliyle bir iki denemeden sonra tırmanıverdim duvara. Bir yandan da çocuğun gözü mü çıktı acaba diye düşünüyordum. Ama kuşun hayatını kurtardığıma emindim. Biraz sağda solda gizlenip hemen eve kaçtım. Anneme anlattığımda bana kızmadı. Ne kadar tehlikeli bir iş yaptığımın farkındaydım o çocuğu sapanla vurarak. Fakat kuşu kurtarmak gerektiğinin de farkındaydım. Annem de farkındaydı demek ki...

Bu olayla rüştümü ispatlamış oldum mahallede. Şanım yürüdü yani. Benden büyük çocukların cesaret edip de yapamadıkları bir şeyi yapmıştım.

Belki çok tehlikeliydi ama gerekliydi.

O gâvurla arkadaşlık etmeyeceksin!

Biz o dönem bütün milli maçları kaybederdik.

Gerçi yenilirdik ama ezilmezdik. 8-0'lık İngiltere maçı hariç. Milli maçlardan sonra maçı konuşmak için sokakta toplaştığımızda, "Gâvur hakem, bu gâvurların hepsi böyle, gâvurlar birbirini tutar, bize haksızlık yapıldı, o yüzden kaybettik..." cümlelerine sıkça şahit olurdum. Bence de hakem adil olmazdı. Ama gâvurluğundan mı bilmem...

Çocuklar arasında bile böyle bir dilin kullanılması benim çok ağrıma giderdi. Hem zaten ben de bizimkilerin maçı kazanmasını isterdim. Hakeme gâvur dediklerinde göz ucuyla bana bakar, mağlubiyetten benim sorumlu olduğumu hissettirirlerdi. Ne salaklarmış. Sonra bu gâvur meselesi yine karşıma çıktı. Üstelik hacı bir anneannenin ağzından...

Mahalleye bir çocuk taşınmıştı. Çocuğun babası pek ortalarda görünmezdi. Annesinin, ablasının arkasından dedikodu yapılırdı. Bu yüzden mahalledeki diğer çocukların onu ağlattıklarını hatırlıyorum. Anneannesi hacı olmasına rağmen onun da bu "iffetsizliğe" yol verdiğinden bahsedilirdi hep. O anneannenin hacılığına da şüpheyle bakılır, başörtüsünü ayıp olanı örtmek için kamuflaj olarak kullandığı rivayet edilirdi.

Bir gün sokakta o çocukla oturuyorken anneannesi pencereden kafasını uzattı ve bağırdı: "Ben sana demedim mi o gâvurla arkadaşlık etmeyeceksin, çabuk gel eve..."

Çok şaşırmıştım. Çocuklar birbirlerine karşı acımasız olurlar. Doğru. Bir çocuğun ağzından gâvur lafını duymak affedilebilir belki ama bir anneannenin? O bunu nasıl yapar? Torunu bunu yapsa düzeltip uyarması gereken o değil mi? Bunu duyduğunda diğer çocuklara kızacak olan o değil mi? O aslında mahalledeki bütün çocukların anneannesi değil mi?

Sonrasında bir başka arkadaşım beni teselli etmek için, "Onlar orospu zaten, takma sen kafana," deyiverdi!

Gâvur diyen anneanneye de, bir anneanneye orospu diyen o çocuğa da hâlâ kızgınım...

Öbür tarafı bu tarafa anlatmak

Ermeni okulları karma olmazdı; kız ve erkek okulları vardı. Şimdi öyle değil.

Bizim okulların her birinin ayrı bir hikâyesi, geleneği, birbiriyle rekabeti vardır. Esayan'dan sonra ortaokula Mıhitaryan Okulu'nda başladım. Eski Katolik ruhban mektebi. Yıllar önce yatılı bölümü de varmış. Ve hatta bu okullardan Venedik'te ve Viyana'da da olduğu söylenir. Mıhitarist diye de bir ekole bağlıdırlar. Her neyse, benim başladığım sene karma eğitime geçildi. Dolayısıyla çok erkek, az kız vardı. Sınıftaki erkeklerin çoğu ilkokuldan beri aynı okulda beraber okumuşlardı. Yani eski arkadaşlardı. İçlerinde daha önce mahalleye oyuna çıkanlar yoktu. Aynı yıl Kınalıada'ya yazlığa gitmeye başladık. Sınıf arkadaşlarımın çoğu aynı zamanda adadan da arkadaşlardı. Hem sınıflarına, hem adaya "yeni dahil olan çocuk" oldum böylece.

Onlar iyi, makbul, olması gerektiği gibi Ermeni çocuklardı. Ermeni çocuklarının sadece Ermeni çocuklarla arkadaşlık etmesiydi meşru olan. Hiç kusura bakmasınlar, ama ben hepsinden daha havalıydım. Sokak görmüşüz bir kere. Üstümüz başımız toz, çamur içinde kalmış. Gerçek kavgalar etmişiz, sapan atmışız, top oynamışız. Tecrübeliyiz yani... Elbette kısa sürede bana saygı duydular. Öbür tarafı bu tarafa anlatır oldum. Mahallenin çocukları beni Ermeni okulunun kapısına karşılamaya bile gelir oldular. Her iki tarafın çocukları belki de benim sayemde bir süre sonra tanıştılar ama hiçbir zaman arkadaş olmadılar. Sokakta sıradan bir mahalle çocuğuyken kendi kavmimde küçük çaplı kral olduğumu söylesem başım ağrımaz. Ben mahallede ayakta kalmayı başarmışım, bunu dönüp kendi kabileme kabul ettirmişim. Artık kimden korkarım ki?

Devletten bile korkmam...

Diyojen'in kampı mı, Karagözyan'ın kampı mı?

Bizim aile aslında eski Büyükadalı'ydı.

Sonradan gitmez olmuşuz. Bu yüzden de çocukluğumdan Büyükada'yla ilgili çok az hatıra kaldı bana. Yokuşlar, devrilen bir fayton hikâyesi, adaya has bir koku, yüksek bir apartman boşluğuna düşme tehlikesi geçirme hikâyem ve kediler...

Sonrası Kınalıada... Kınalıada önemliydi. Kınalıada mucizeydi... Koskoca denizin ortasında bir kara parçası, üzerinde kurulmuş hayatlar...

Karagözyan Kampı çocukları denizden dönerken (1976-1977)

Her mevsiminin ayrı bir tadı var; begonvillerin açmasının da, ağaçların yapraklarını dökmesinin de... Doğumun coşkusu, ölümün hüznü bile çok ayrı yaşanır adada. Ne gelmek kolaydır adaya, ne de gitmek. Öyle pat diye gelemez herkes. Pat diye de gidemezsin...

Kınalıada'da Karagözyan Yetimhanesi'nin bir yaz kampı vardır. Bir de Romen Diyojen'in gözlerinin gömülü olduğu söylenen tepedeki Rum Manastırı. O manastır da yazları öğrencilere kamp imkânı verir. Benim Kınalıada'ya ilk gelişim bu kamplar sayesinde oldu. Önce Ermeni kampında birkaç hafta geçirdim. Hrant Abi, zamanında bu kampın müdürlüğünü yapmış. Hrant Abi'den sonra *Agos*'un genel yayın yönetmenliğini yapan Rober Koptaş da bu kamptan arkadaşımdı. Kampta geçireceğim günlere büyük bir macera yaşayacağım gözüyle bakıyordum ama tam öyle olmadı. Bir sabah kahvaltıdan sonra benim gibi tüm misafir çocukların kafasını makineyle sıfıra vuruverdiler.

Neymiş, uzun saçta bit olurmuş. Çok kötü bir histi. Annem de buna hayli içerlemiş olacak ki, beni Ermeni kampından alıp o tepedeki Rum kampına götürdü. Bu arada Ermeniler, Rumlar falan her ne kadar aynı şeymiş gibi görünse de, pek aynı şeyler değillerdir, biliyorsunuz. Yani siz bir Ermeni olarak elinizi kolunuzu sallaya sallaya oğlunuzu alıp Rum kampına götüremezsiniz. Götürseniz de sizi o kampa almazlar. Sahi, söylemeyi unuttum değil mi, benim annem Rumdur. Ermeni olan babam. Kampa bu nedenle kabul ettiler beni.

Yazın kalanını orada geçirdim. Size bir sır daha vereyim: Rumlar Ermenileri pek sevmezler. Kendilerini daha kentli, daha elit ve daha kültürlü görürler. Pek de haksız sayılmazlar. Ben de belki ilk kez kendimi ayrıcalıklı hissediyordum.

Bir kere Rum kampı daha şıktı. Annem beni görevliye teslim ederken, manastırın büyüleyici avlusuna tıraşlanmış kafamı kaşıyarak baktım.

Manastır / Fotoğraf : Gültekin Sözen

Marmara'yı her açıdan seyredebilecek gibi adanın en tepe noktasına kurulmuş panoramasıyla, görkemli bir taş yapıdır manastır. Geniş ve kişilikli avlusu, banisi için yapılmış girişteki anıtı, kilisesinin önündeki ahşap dinlenme alanları ve her zaman serinlik duygusu veren atmosferiyle gerçekten şıktır. Hem, Diyojen'in kederli hikâyesiyle bir çocuğun hayallerinde her an bir korku filmine dönüşebilecek kadar macera vaat eden kaç tane kamp vardır ki dünyada?

Üstelik o tarihte çok az misafir öğrenci vardı Rum kampında. Nereden öğrenci bulsunlardı ki?

Gerçi şimdi daha da azaldılar ama, o zamanlarda da Rumlar memleketteki Japon turistlerin sayısından bile azdılar.

Kabile: Hayatın yeni güvenlik alanı

Ada hayatım böylece başladı.

Bütün bildiklerim erken dönemde Kurtuluş yokuşlarında, sonrasında ise ada sokaklarında şekillendi. Dedim ya, ada bir mucizeydi. Bir mucizenin üstüne kurulmuş hayatların hikâyesiydi.

O yıllarda ne Kurtuluş'taki gibi hoyrat, ne bizim Ermeni okullarındaki çocuklar gibi kırılgandık. Daha gerçektik. İnsan, insan seçer kendisine. Eliyle yoklar, gözüyle izler, kalbiyle koklar, beğenirse seçer. Ve o seçtiklerinden de ilk kabilesini kurar sonra. Hayatın yeni güvenlik alanının teslim olabileceğin bir kabile olduğunu orada fark ettim. O kabile içerisinde kuralları kendi belirleme lüksümüz vardı. Evet, o kabilenin kurallarını biz koyardık; ne anne, ne asker, ne polis, ne devlet. Sadece biz. Orada kurduğumuz arkadaşlıklarda, o küçücük yaşımda biriktirdiğim tüm kimlikler halihazırda vardı. Üstelik ilk kez bir aradaydı. Hem mahalledekiler hem de okuldakiler bir ada parçacığında toplanmışlardı işte.

Taşıdığımız bütün dertleri halletmiş olmanın gücü o kadar büyüktü ki, biraz da o güce teslim olmuşuzdur belki. Adanın en kabadayı, en kavgacı, en serseri çocukları haline gelmemiz fazla sürmedi. Ama çok eğlendik inanın. Hiç pişman değilim. Üstelik İstanbul'dan gelip sorun çıkaran, adalıları rahatsız edenlere karşı da bir koruma kalkanıydık. Gönüllü koruyucularıydık adanın. Ada her şeyiyle farklı bir dünya, farklı bir kültürdü. Hani o masalda Hansel ve Gratel yola ekmek bırakıyordu ya giderken... İşte biz yolumuzu, yönümüzü, sanki o ekmekleri ada sokaklarından toplayarak bulduk gençlik yıllarımızda. O ekmekleri kimlerin serpiştirdiğini çok sonradan öğrendim.

Münir Özkul'un, Orhan Veli'nin, Can Yücel'in, Zahrad'ın, Orhan Ayhan'ın, şimdi sayarak hava atmak istemediğim daha pek çok değerin yaşadığı bir adaymış bizimkisi. Merak edenler internetten bakıversin. Biz belki de onların bıraktıklarının izlerini sürdük farkında olmadan. Adanın her yerine serpiştirdiklerinin izini sürdük.

Üstelik hepsiyle de hemşeriydik neticede.

Kimse kimseyi kimseye yedirmezdi

Adanın hızlı çocuklarıyız.

Grupta adanın yerlisi Müslümanların da yazlıkçı Ermenilerin de evle olan dertleri sürüyordu aslında. "Niye onlarla arkadaşlık ediyorsun?" sorusu her birimizin baş belası olmuş. Olmuş da kimin umurunda. Hani o başbakanın sürekli anlattığı, Kürt'üyle, Türküyle, Çerkeziyle, hep anmayı ihmal ettiği Ermenisiyle, Rumuyla, Süryanisiyle, Yahudisiyle kurulan ortak yaşamın bir prototipi olmuşuz. Kimse kimseyi kimseye yedirmezdi. Ne adanın yerlisi, ne kebapçı, ne balıkçı, ne Ermeni ne de Rum.

Sanırım basit bir ada kavgası hikâyesi üzerinden anlatacağım sizlere durumu. "Ne alakası var" demeyin.

Mevzunun tam tarihini hatırlamıyorum. Askerden önce işte. 90'ların ortası... 20'li yaşlara varmamışız daha. Adada havuz yolu dediğimiz bir yol vardır. O yolun sonunda da havuz tesisinin içinde o tarihte eğlenilecek adadaki tek bar.

Çok para harcama lüksümüz yok. Mekâna gitmeden önce bakkaldan poşet poşet bira alıp yolda içeceğiz. O gün ekipte Sinan, Uraz, Tuba ve Ayı Hayko var. Tuba erkek bu arada. Diğer adı Ramazan. Sahil yolu boyunca MHP her tarafa afiş asmış. Bu arada, hakkını vermek lazım, MHP'nin afişleri hayırlı bir mesaj içeriyor. Bir kurukafa resmi var ve üzerinde 'Uyuşturucuya Hayır!' yazıyor. Bir tür kamu spotu anlayacağınız... Siyasetin daha sert olduğu, Kürt savaşının zirve yaptığı günler... Bir sürü insanın ölüm haberlerinin alındığı bir dönemdeyiz. Ve MHP, bugünkünden farklı olarak, işlerin dışında duran, sokak çatışmalarına girmeyen pozisyonda değil. Okullarda, sokaklarda arkadaşlarımızın faşist saldırılarda kafasının gözünün satırla, sopayla yarıldığı sıcak günler.

Bira poşetlerini Ayı Hayko taşıyor, biz de keyifli keyifli yürüyorduk. Sinan arada iş olsun diye bir evin duvarında denk geldiği afişin ucundan yırtıverdi. Sinan politika falan bilmez. MHP afişi olduğu için yırttığını hiç zannetmiyorum. Deniz kıyısında, taşların üzerinde oturmuş bir çift varmış meğer. Sarılmış, Bostancı'ya uzanan deniz manzarasında keyifli keyifli oynaşıyorlar. Çocuk afişin yırtıldığını görmüş olmalı. Fırladı yerinden, anında bastı küfrü. "Ben size o bayrağı yırttırmam ulan!" diyerek üzerimize saldırdı. Sanırım Sinan'ın afişi yırttığı yerde MHP'nin logosu vardı. Çocuk çok öfkelenmişti. Biz de dört beş kişiyiz.

Lütfi Yazgan / Fotoğraf: Gültekin Sözen

"Yahu yapma, bak kız arkadaşınlasın, tek başınasın, zor duruma düşersin," dedik, dinletemedik. Bayrak diyor, vatan diyor, küfür ediyor... Bir hamle ile Ayı Hayko'nun elindeki kutu biralara saldırdı. Alıp üstümüze fırlatacak. Ayı Hayko, biralarına saldırıldığını görünce, sahiden de "ayı" olduğu için, tuttuğu gibi vurdu çocuğu yere. Şaşırdı biraz. Kullandığı jargonun bizi ürküteceğine emindi de, biz korkmadık işte.

"Yarın Heybeliada Ülkü Ocağı'na gidip bütün bunları anlatacağım, ocaktan geleceğiz ve hepinizi öyle yapacağız, böyle yapacağız..." diye söylene söylene uzaklaştı. Kız arkadaşının yanında bu duruma düşmesini istemezdik aslında, ama küfür de bitmiyor arkadaş! Yarın raporunu verirken işi kolay olsun diye tek tek isimlerimizi saydım ona.

Ertesi gün, ocağın bizim ada sorumlusu olan Lütfi'ye gelmiş haber. Lütfi, "Hayırdır, dün yolda bir mevzu olmuş," diye sordu bana.

Lütfi taş ocağından at arabalarıyla taş taşıyan, üstü çıplak, arabayı ayakta kullanan, adanın deli dolu genci. Hatta bir keresinde kızdığı için atına yumruk atıp hayvanı bayıltan, biraz fazlaca güçlü kuvvetli bir arkadaşımız. "Öyle değil Lütfi," dedim. "Küfür etti herif. Yanında kız vardı üstelik. Biz azat ettik aslında, ama küfre devam etti. İki tane falan vuruldu, fazla da vurulmadı yani..." Lütfi çok önemsemedi. Hatta, "Herife bak yahu, o kadar küfür ediyor, yine iki taneyle iyi kurtarmış," dedi.

Biliyorum, "nereden çıktı bu hikâye" diyorsunuz. Bütün bu saçmalıkları, olayın kahramanlarının kimliklerini söyleyebilmek için anlattım:

Sinan: Annesi İstanbullu Levanten, babası beyaz Türk. Siyasetle hiçbir ilgisi yok.

Ayı Hayko: Apolitik, Ermeni.

Uraz: Türk, solcu.

Ben: Solcu, yarı Ermeni, yarı Rum.

Lütfi: Erzurumlu bir ailenin çocuğu, adanın yerlisi. Ha, bu arada Deniz Gezmiş'in öz yeğeni.

Kosta: Heybeliadalı bir Rum. Heybeliada'daki Ülkü Ocağı'na yaranmak için Türk milliyetçisi taklidi yapmaya karar vermiş. Adada "sağlam" görünmek için Ülkü Ocağı'na üye olmuş. Ertesi gün ocağa gidip, vatan savunmasını nasıl yaptığını anlatacak bir hikâye bulmuş kendisine.

Afişi yırttığı için Türk Sinan'a saldıran Rum Kosta, Rum Kosta'yı döven Ermeni Ayı Hayko, Ermeni Ayı Hayko'yu durduran yarı Ermeni yarı Rum Hayko ve Deniz Gezmiş'in Ülkü Ocağı temsilcisi yeğeni Lütfi ile olan hikâyesi böyle işte...

Arnavut Tuba, kavgaya hiç karışmazdı.

Soldan: Ayı Hayko, Sinan, Tuba, ben. Bu hikâyede olmasa da Nışan...

Mino'nun adası, adanın Mino'su

Mino!

İsmi güzel Mino...
Ermeni Mino...
Gerçek adı Mihran...

Kınalıada, Prens Adaları içinde en küçük olanıdır. İstanbul'dan gelirken ilk ada. Ama gerçekten avuç içi kadardır. Yürüyerek 40 dakikada dönersiniz adanın etrafını. Bisikletle 20 dakika; yavaş tempoda.

Sosyetesi de, berduşu da, kokonası da, paçozu da kısa bir sahil yolu üzerinde yapacak bütün numarasını. Başka cadde yok çünkü. Sahilde Mimoza Restoran var. Zengin Ermeni kadınlar oraya yemeğe giderken saçlarını yaptırıp düğüne gider gibi giyiniyor geceleri. Tahta sandalyeli, bir ayağı yere basmayan masaları ile balıkçıya versen, en kabadayı baraka yapar orayı aslında. Ama adada daha iyisi yok o tarihte. Faça kıyafetleri nerede giyeceğiz?

Elbette Mimoza'da...

İlk Mimoza'da gördüm Mino'yu. Bartev Eniştem orada sahne alıyor. Türkiye'de Ermenice müzik yapan en önemli insandı Bartev Eniştem. Hâlâ da öyledir. Mino dar, şık bir tayt giymiş.

Üstü çıplak. Yakışıklı suratı ve endamlı bakışlarıyla en ön masada oturuyor. Onun üstü çıplak ya, aksine yanında da kuş kafesi gibi saçları, pahalı takılarıyla kadınlar; İbrahim Tatlıses o kolyeyi taksa kıro diyecekleri kolyeleri dört düğmesi açık gömleklerinden fırlayan bakımlı erkekler, ezcümle, küçük adanın büyük sosyetesi tekmil dizilmiş masaya.

Bartev'i dinliyorlar ama mikrofonun artık Mino'nun masasına gelmesi için herkes sabırsızlanmaya başlamış bile. Sonunda mikrofon Mino'ya geliyor. Mino naif bir baş selamıyla tüm salonu selamlıyor ve hayatımda duyduğum en kışkırtıcı ses tonuyla okumaya başlıyor:

"Hava keskin bir kömür kokusuyla dolar,
Kapanırdı daha gün batmadan kapılar.
Bu, afyon ruhu gibi baygın mahalleden,
Hayalimde tek çizgi bir sen kalmışsın, sen!
Hülyasındaki geniş aydınlığa gülen
Gözlerin, dişlerin ve ak pak gerdanınla
Ne güzel komşumuzdun sen, Fahriye Abla!

Eviniz kutu gibi küçücük bir evdi,
Sarmaşıklarla balkonu örtük bir evdi;
Güneşin batmasına yakın saatlerde
Yıkanırdı gölgesi kuytu bir derede.
Yaz, kış yeşil bir saksı ıtır pencerede;
Bahçende akasyalar açardı baharla.
Ne şirin komşumuzdun sen, Fahriye Abla!

Önce upuzun, sonra kesik saçın vardı;
Tenin buğdaysı, boyun bir başak kadardı.
İçini gıcıklardı bütün erkeklerin
Altın bileziklerle dolu bileklerin.
Açılırdı rüzgârda kısa eteklerin;
Açık saçık şarkılar söylerdin en fazla.
Ne çapkın komşumuzdun sen, Fahriye Abla!

*Gönül verdin derlerdi o delikanlıya,
En sonunda varmışsın bir Erzincanlıya.
Bilmem şimdi hâlâ bu ilk kocanda mısın,
Hâlâ dağları karlı Erzincan'da mısın?
Bırak, geçmiş günleri gönlüm hatırlasın;
Hatırada kalan şey değişmez zamanla,
Ne vefalı komşumuzdun sen, Fahriye Abla!*"*

Ne oldu şimdi? Hangi zamandayız? Hangi coğrafyadayız? Mino ne yaptı bizlere böyle? Büyü mü? Garsonların servise başlaması için daha erken. Dakikalar oldu, alkış ne zaman bitecek? Hem kadınlar, hem erkekler âşık Mino'ya; çok belli. O, adanın en güzel kadını. O, adanın en yakışıklı erkeği.

Mino ertesi gün bir balıkçı kayığının yanında ağlara vuran ganimetin sevincini yaşıyor. Diğer gün kahvede pişti oynayan ihtiyarların yanında, bir türlü gelmeyen kâğıt için hepsini utandıracak afili bir küfür patlatıyor.

Solda Mimoza'nın penceresinde (gözlüklü) ve günlük haliyle...

---

* Şiir: Ahmet Muhip Dranas

Bir başka gün adaya meşhur bir sanatçı gelmiş konser için. İlk iş Mino'yu soruyor, çok eski arkadaşıymış.

Ben daracık sokaklara sıkışmış hayatımda kuracağım kabile için kimlik kontrolü yapmaktan vazgeçmişim diye kendime kahraman payesi vermeme ramak kalmışken... Mino tüm adayı toplamış etrafına, onlara şiir öğretiyor. Endam öğretiyor. Tavır öğretiyor.

Mino genç yaşta öldü. Ölümünden kısa süre önce, bir cumartesi gecesi Huysuz Virjin'i hasetinden çatlatacak güzellikte bir makyaj ve şahane bir kostümle sahne aldı adada.

Öldüğünden beri de ada, bu kadar görkemli ve bundan daha büyüleyici bir masal uyduramadı; kendisini anlatan.

O başka, bu başka...

O en çok yapmak istediğimiz şeyi yapıyorduk artık.

Olanca hızımızla büyüyorduk. Büyümemizi durduramıyorduk. Günler önümüzden arkamızdan koşar adım geçiyordu. Öyle ki bir baktık, sıra ölmelere bile gelmişti.

Bülent...

O da az bir rengi miydi adanın? Gençti, genç yaşta da çok iyi bir kaptandı üstelik. Serseriydi, bıçkındı. Denizi severdi, denize öyle bir dalıp gitmesi vardı ki...

Kaptanlık ailedendi tabii, abisi de kaptandı Bülent'in. İyi arkadaşımızdı. Bir gün haber geldi: Bülent'in beyninde ur çıkmış. Yıkıldık... Ağır, riskli bir ameliyat geçirmesi gerekiyordu. Alanında çok iyi, bu işin en önemli uzmanlarından bir doktor yapabilirdi ameliyatını, ama çok para lazımdı. Adada örgütlenmeye başladık. Bir masa üstüne Bülent'in fotoğrafını koyup bizim Ermeni derneklerinde para topladığımı hatırlıyorum. Hatta fotoğrafı tanıyan bir genç şöyle demişti: "Ben niye para vereyim, bu Bülent geçen yaz beni dövdü." Ona çok kızmıştım, çünkü annemden öğrendiğim bir şey vardı benim: "O başka, bu başka!" Adada kaptanlığını yaptığı teknenin sahibi zengin bir Ermeni işadamıydı. O bütün masraflarını karşıladı ameliyatın. Bülent ameliyatını oldu. Bu beladan kurtulduk zannettik. Ama bir gün öğrendik ki yeniden nüksetmiş.

Gitti Bülent, genç yaşında. Bize de cenazesini kaldırmak düştü.

Cuma namazında üç Ermeni

Naaşı camide kaldı gece.

Sabaha kadar ikişerli nöbet tuttuk Türkiye'de bir emsali daha bulunmayan, o garip minareye sahip ibadethanenin kapısında, sırayla. "Cuma namazını müteakip cenazesi kaldırılacaktır" anonsunu geçti belediye hoparlörü. Ertesi gün, ezanın okunmasına daha bir saat kala kapıdaydık: ben, Nışan ve Hagop. Hacı Amca vardı belediye işçisi, gördü bizi ve, "Çocuklar camiye girecekseniz abdest alaydınız," deyiverdi. Ömer Amca'nın berberinde, biraz da yardım alarak hallettik o işi, çok zor değilmiş zaten.

Kınalıada Camii / Fotoğraf: Gültekin Sözen

Camide en arkaya geçip safa durduk. Fakat ezan sesiyle birlikte öyle bir kalabalık bastırdı ki bir anda önden arkaya, sağdan sola tam ortasında kaldık cemaatin. Tembeller, biraz erken gelseler ölecekler sanki. İmam Cuma'yı kıldırmaya başladı. Herkes secdeye yatınca diz üstüne çöküp, herkes ayağa kalkınca ayağa kalkarak göze batmamaya çalıştık Nışan'la ben. Konuşmadan anlaşmıştık, senkronize olmalıydık, yoksa millete ayıp olacak. Bizim Hagop fena eyyamcı çıktı, herkesten daha şekilli kılıyor namazı zevzek. En son diz çökmüş halde atlattık bu işi diye sevinirken, bütün cami kafasını çevirip bize bakmasın mı? Biz de çevirdik kafamızı aynı tarafa hemen. Bu sefer de o taraftakiler bize bakıyor yahu. Tutturamadık ayarı, selam veriyormuşsunuz namazın sonunda meğer. O acılı haliyle gülümsedi cemaat çabamıza, halimize, ifademize.

Çıktık Cuma'dan. Şimdi cenaze namazı için safları sıklaştıralım dediler avluda. E, içeride ne yaptıydık o zaman? Bizim cenazelerde sadece o duruma özel ayin düzenlenir ve kilisenin içindedir tören. Söyleseydiniz ya arkadaş Cuma namazı başka, cenaze namazı başka diye önceden! Gerçi ne mahsuru var, bize fazladan iki sevap yazılmış, Bülent'in ruhuna biraz daha dua gitmiştir, en kabadayısı, ya ne olacak? Camiden tepedeki mezarlığa taşırken Bülent'in naaşını camlardan gözyaşlarıyla okunan Rumca, Ermenice, Arapça duaların arasına karışmış olsun sesimiz.

Adını andık, toprağı bol olsun kardeşimizin...

(Bu yazı 05 Şubat 2014 tarihli Taraf *gazetesinde yayımlanmıştır.)*

Denizin tuzu biter mi Ali?

Adadaki insanlarımdan biri de Ali.

Delirmek bazen gerçekliğe verilebilecek en uygun tepkiymiş ya... Belki de öyle başladı Ali'nin hikâyesi...

Evet, Ali dediğim, Deli Ali...

Kınalıada'dan hayatı boyunca hiç çıkmayan, denizin tuzunun biteceğinden korkan, eline ne zaman para geçse bakkaldan tuz alıp denize paket paket atan bizim Ali...

Ali / Fotoğraf: Gültekin Sözen

Yani paketinden çıkarmadan, öylece, olduğu gibi...

Aklınıza "deli" deyince hemen, yoksul, meczup görünümlü biri gelmesin.

Ali, adanın hurdacısı Metin'in kardeşi. Metin her şeyin hurdasını topluyor. Eski ev eşyaları da var Metin'in deposunda, umulmadık giysiler de. Deli Ali de kreasyonunu Metin'in deposundan yapıyor. Sürekli değişik şapkalar, paltolar, ayakkabılar giyiyor, bunları da bir şekilde kendini yakıştırmasını biliyor. Tuhaf ama şık.

Ada sokaklarında yüzünde bir gülümsemeyle kendi kendine konuşan, özgüvenle yürüyen bir adamdı Ali. Ada ahalisi onun sürekli halini hatırını sorar, bir şeye ihtiyacı var mı diye yoklardı. Oturduğu yerde bazen dizlerine vura vura, kırıla kırıla kahkahalara boğulurdu Ali. Neden öyle katıla katıla gülerdi, dahası neye gülerdi öğrenmemiz mümkün olmadı. Ama gülen bir adamdan korkulmayacağına, zarar gelmeyeceğine emindik.

Ali / Fotoğraf: Gültekin Sözen

Ali, Atatürk'ün arkadaşı olduğunu sanırdı. "Paşa nasıl?" dediğinde, onun sağlığından bahseder, mutlaka selamını iletirdi. "Geçen de sormuştun ya, ilettim selamını. O da çok selam söyledi sana," derdi. "Aleykümselam..." Atatürk'ün arkadaşı olduğunu sanmak, üstelik bunu büyük bir ciddiyetle sürdürmek Ali'ye çok yakışıyordu.

Bir dönem, hatırlarsınız, çöp kutuları ağaç gövdelerine kelepçeyle bağlanırdı. Ali'nin buna tahammülü yoktu. Ağaçların bundan çok sıkıldığını düşündüğünden, gece kerpetenle bütün adayı dolaşır, ağaçların kelepçelerini keserdi. Özgür kalmalarını sağlardı yani. Çok severdi ağaçları...

Ali aynı zamanda malumatfuruşla atmasyoncu arasında bir çizgide, sorulan her soruya beklenmedik cevaplar verip, şaşırtırdı insanı. Mesela, "Ali Abi, oksi ne demek?" diye sorarsın; Ali hemen, "Gökyüzünde gezinen ejderhaların ağızlarından çıkan alevin yarattığı ısı atmosfere farklı yansır. Oksi, ondan yağan yağmurdur," derdi. Aslı ne mi oksinin? Bir arkadaşımızın lakabı. Galiba kıl kurdu demekmiş. Örneğin, "Ali Abi Hayko ne demek?" diye sorun, "Karlı dağların tepelerinde yaşayan ateşli ejderhaların kanat çırparken göğsüne çarpan rüzgârın bıraktığı nemdir," cevabını almanız sürpriz olmazdı. Yani ne sorarsanız sorun, bununla ilgili bir efsane, bir hikâye, bir mitoloji yaratır ya da ayıptır söylemesi uydururdu.

Ali'ye para vermemek gerekirdi. Bira alınabilirdi, belki yanına bir de çerez ısmarlanabilirdi, ama kimse ona para vermezdi. Çünkü Ali bütün parasıyla paket paket tuz alır, onları da denize atardı. Ali, denizin tuzunun biteceğine inanıyordu. Belki de bitmesinden korkuyordu. Ada ahalisi uzun süre, Ali'ye denize tuz atarken mani olmaya çalıştı; tuza yazıktır diye. Koşuldu peşinden, elinden alındı. Hatta bakkallar tuz satmadı Ali'ye. "İyi de neden engelliyoruz adamı, bırakalım atsın" diye düşünmüş olacaklardı ki, bir süre sonra ada ailesi Ali'yi engellemekten vazgeçti. Ali de gönlünce denize tuzları paketleriyle atmaya devam etti. Kısa sürede adanın balıkçı limanının dibi Ali'den kalma Billur tuz paketleriyle doldu.

Öldü sonra Ali. Sıradan olmayan hayatı sıradan bir ölümle son buldu. Ondan geriye tuz paketleri kaldı...

Denizden çıkardığımız bir paket tuz hâlâ bende durur.

Zabıta Süreyya

Ali'nin bir arkadaşı vardı; Zabıta Süreyya. Hepimizin Zabıta Süreyya'sı tabii.

Ali'nin "deli güzelliği" Süreyya'da da vardı. Elbette resmen zabıta değildi, ama biz de, kendisi ne kadar inanıyorsa zabıta olduğuna, en az onun kadar inandık ya da inanmak istedik. Zabıtalık mertebesine hemen erişmedi Süreyya. Adım adım, hak ede ede... Adada çöp atanların peşine düşerek başladı işe. Sonra bisiklete binmenin yasak olduğu yerlerde bisiklete binenlere müdahale etmeye başladı. Şaka maka zabıtanın elinin tersiyle yaptığı birçok şeyi Süreyya iştahla yapıyordu. Bir süre sonra Süreyya'ya bir üniforma temin edildi. Zabıta gibi değil de, daha çok bir denizci gibi. Beyaz bir zabıta kıyafeti icat edilmiş oldu. Sağ kolunda da, üzerinde "görevli" yazan kırmızı bir bant vardı. O üniforma ve kırmızı görevli bandıyla Süreyya artık daha çok ciddiye alınır olmuştu. Tabii bir de düdüğü vardı Süreyya'nın. Düdüksüz zabıta olur mu? Yani her şey tastamamdı. Bu üniforma ve düdük ona başka meslekler de kazandırdı.

Kınalıada - Tophane Tayfun maçları olurdu bizim adada. Bir de Kadırga deplasmana gelirdi bize. Bu maçlar hep karakolda bitti. Tahmin edeceğiniz gibi fena döverlerdi bizi. İşte Süreyya o maçların yan hakemiydi. Sahanın bir ucundan bir ucuna "deli gibi" koşar, bayrağını çeker, ofsaytı verirdi. Ama maç durmazdı. Süreyya birkaç saniye bekler, kimsenin durmadığını görür ve yeni pozisyonlara bayrak sallamak için koşmaya devam ederdi.

Neyse biz Süreyya'nın zabıta haline dönelim. Süreyya bir süre sonra üniformasıyla vapur karşılamaya başladı. Vapurdan inen binlerce insana, "Gürültü etmeyin, çöplerinizi yerlere atmayın, bisiklete burada binmeyin," diyordu. E, haliyle vapurdan inen, adaya gelen günübirlikçiler onun deli olduğunu, daha doğrusu zabıta olmadığını anlayamazdı. Biz adalılar, günübirlikçilere bunu hiç söylemedik. Çünkü Zabıta Süreyya çok önemli bir görev halletmeye başladı iskele meydanında. Herkesi terbiye etti. Hatta adalı çocuklar, İstanbul'dan gelenlerin yanında Zabıta Süreyya onların bisikletlerine el koyduğunda onun deli olduğunu deşifre etmemek adına sessizce teslim ettiler bisikletlerini. Hayatının sonuna kadar o üniformasıyla görev yaptı ve elbette adada öldü Süreyya. Onun da sıradan olmayan hayatı sıradan bir ölümle son buldu ama hiç unutmadık ne Süreyya'yı, ne de Ali'yi.

Zabıta Süreyya (sağda)

Bugün benim hayatla yaptığım kavgada bana çok erken yaşta malzeme veren Ali gibi, Süreyya gibi pek çok insan var ada hikâyelerinde. Belki çoğunuza sıradan gelecek bu çocukluk hikâyeleri, bugün karşılaştığım her sorunla mücadele etmem için gereken motivasyonu ve değer yargılarını kazandırdı. Ali'si, delisi, Süreyya'sı, Mino'su ile bizi biz yaptı ada...

Besledi, büyüttü ve koskoca denizin ortasında küçük bir kara parçası olmayı ve mucizelere inanmayı öğretti.

Zabıta Süreyya "görev' esnasında (sağda)

"Git değiştir bu Nazım Hikmet kitabını!"

Yazları ada hayatım tüm renkliliğiyle devam ediyor, kış gelince yine Kurtuluş'taki mahalleye, Ermeni okulunun sıralarına geri dönüyordum.

Sınıfta çakmayacak kadar derslere göz atıveren, geçerli not alacak kadar parlak, durmadan disipline verilecek kadar haylazdım. Müdür tarafından sürekli okula çağırılan annem benim bu vahim durumumu "dış dünya" ile, yani sokaklarla kurduğum sağlıksız ilişkiye bağlıyor, hakkımda duyduğu endişeler günden güne artıyordu. En çok tarih dersini ve kompozisyon yazmayı seviyordum. O yaşta çocuklar şiir sevmezler. Çünkü zorla şiir ezberletilir okullarda. Zorla şiir mi ezberletilir insana be!

Resmi bayramlarda şiir okuma yarışmaları yapılırdı. Ben de katılırdım. Bu yarışmaların birinde Mehmet Akif'in "Çanakkale Şehitlerine" adlı şiirini okumuştum. Muhteşem bir şiirdir.

"Bir hilâl uğruna, yâ Rab, ne güneşler batıyor!
Ey, bu topraklar için toprağa düşmüş asker!
Gökten ecdâd inerek öpse o pâk alnı değer.
Ne büyüksün ki kanın kurtarıyor tevhidi... "

Diye gidiyor şiir, biliyorsunuz. Çok etkilenmiş, çok sevmiştim. Bence inanılmaz güzel anlatmıştır o trajik savaşı. Böylece

Mehmet Akif'i de sevmiştim. İstiklal Marşı da çok iyi bir şiirdir bence. Akif'e savaş sonrası, "Hadi bir daha yaz istersen eserini, zor zamanlardı, belki aceleye gelmiştir," dendiğinde, "Allah bu millete bir daha istiklal marşı yazdırmasın," demesini anlamıştım. Can havliyle çıkarılan ses bir daha taklit edilemez ya.

"Çanakkale Şehitlerine" şiiriyle şiir okuma yarışmasında okul ikincisi oldum. Bence birinci olmalıydım, hakkımı yediler. Okul yönetimi dereceye girenlere bir miktar ödül parası verdi. Tabii şiir kitabı almamız şartıyla. Gittik kitabevine. Şiir kitaplarının olduğu rafın önünde durdum. İlk defa zorla değil, rızamla şiir seçecektim.

Bir Nazım Hikmet kitabı ilişti gözüme. Aslında Nazım hakkında çok şey bilmiyordum. O tarihte Taksim'de, otobüs duraklarının olduğu yerde yerlere tezgâhlar kurulur, korsan kaset, ikinci el kitap, kartpostal, afişler satılırdı. Hatırladın? O raflarda satılan her şey "tehlikeli" diye bilirdik. Nazım'ı ben oradan tanırdım. Çocukluğun vazgeçilmez bir kuralı vardır. Tehlikeli iyidir. Nazım da iyidir o vakit. Kitabı aldım, okula götürüp gururla "ilk tercihim"i gösterdim müdüre. Donuk bir gülümseme asılı kaldı adamın suratında. Düşündü düşündü ve, "Hayko git bu kitabı değiştir. Sen istersen sonra kendi paranla alırsın bu kitabı, ama bizim verdiğimiz parayla başka kitap al," dedi. Şaşkın gözlerle bakarak sordum müdüre: "E hani verdiğimiz parayla istediğiniz kitabı al dediniz. Ne oluyor şimdi?" Belki yüksek sesle böyle dememiştim ama, gözlerim bunu söylüyordu. Müdür de uzatmama izin vermedi zaten.

Devlet kendi parasıyla aldığım kitabın Nazım Hikmet kitabı olmasını istemiyordu. Kitapçıya geri döndüm. Yolda kendi kendime sonradan o kitabı almaya söz verdim. Nazım'ı değiştirip Orhan Veli kitabı aldım. Kısa cümleler, kolay anlatımlar, tehlikesiz, basit bir kitap işte. Kabul edilebilir bir kitap. Yanılmışım. Kitabın sayfalarını karıştırırken Orhan Veli'nin "Sol Elim" şiirine rastladım.

*"Sarhoş oldum da
Seni hatırladım yine;
Sol elim,
Acemi elim,
Zavallı elim!"*

Sarsılmıştım. Yine sorular düşüyordu aklımdan şiiri okudukça...

Bir insan nasıl böyle bir şiir yazar? Sol eline karşı bu merhameti gösteren bir adam sokaktaki insanlara karşı nasıl yaşar? Bu nasıl bu kadar iyi anlatılır? Şimdi düşünüyorum da, hani Orhan Veli siyasi şiir yazmazdı derler ya... Olur mu öyle şey? Orhan Veli'den daha siyasi şiir yazanı az gördüm ben.

Anneme kötü haberi nasıl vereceğimi düşünmeye başlamıştım bile. Zaten yeterince tehlikeli işler yaptığını düşündüğü oğlu yeni bir tehlikeyi daha sevmeye başlamıştı.

"Ben solcu olacağım anne..."

Ermeni omzuna dokunmak

Üniversite sınavlarına hazırlık dönemiydi.

Hukuk okumak iyi bir fikir gibi geliyordu. İzlediğimiz o saçma Amerikan filmlerinin etkisinden olsa gerek. Kendimi mahkeme salonlarında savunma makamının muhteşem son konuşmasını yaparken hayal ediyordum. Oysa bizim ülkemizde ne adalet saraylarımız öylesine görkemliydi, ne toplumun vicdanını temsil eden jüri üyelerimiz vardı, ne de adalet. Üstelik hep savunmada kalmak üstüne bir hayal kurmak da biraz sorunluydu ya neyse...

Kadıköy'de bir dershaneye gidiyordum. Adı İSEM olmalı. Şube şube sınıflar, her sınıfta 15 civarında öğrenci var. Zaman içinde yeni arkadaşlıklar, paylaşılan gelecek kaygıları, vapur seyahatleri, kurs çıkışı etkinlikleri derken basbayağı sevdim ben Kadıköy'ü. Teneffüs saatlerini beraber geçirmeye başladığımız, diğer şubelerden de katılımla küçük ve yeni bir arkadaş grubu edinmiş olduk.

Süleyman diye bir çocuk vardı. İmam Hatip'ten gelme. Güleç yüzlü, yaşı bizden biraz büyük gibi duran, sevimli, hoş sohbet bir çocuk. Bir gün Süleyman heyecan içinde yanıma koştu.

"Hayko, sen Ermeniymişsin diyorlar..."

"Yahu sene ortası olmuş neredeyse, adımdan da mı bir şey anlamadın," demedim.

"Evet Süleyman'cım," dedim.
"Çok rica ediyorum, ne olur kimliğini göster bana," dedi.
Haydaaa... Niye inanmadı ki Süleyman bana? Gösterdim. Fal taşı gibi açılmış koca gözleriyle kimliği okudu, elini uzattı ve omuzuma dokundu Süleyman. Gerçek miyim diye birkaç kez yokladı vücudumu.
"Allahım bu nasıl olabilir!" dedi.
Gülümsedim. Yardımcı olmaya çalışan sakin bir tonla, "Bilmiyor musun?" diyebildim sadece.

Bilmiyordu. Bir Ermeni nasıl Türkçe konuşur? Şeytana benzemesi gereken o mahlûkat nasıl bizim Hayko olabilir? Şimdi ne olacak? Öğretilen ile hissedilen arasında ne karar verilecek? Süleyman şimdi ne yapacak? Abarttığımı ya da bunun çok uç bir örnek olduğunu düşünüyorsunuz, biliyorum. Ama öyle değil. Üstelik ben anlıyorum Süleyman'ı. Çoğunuzdan daha iyi tanıyorum onun hallerini. Onun bunu niye yaptığını biliyorsun. O bilmiyor, ama sen biliyorsun. Uzaydan gelmedim ki ben, her şeyi biliyorum. Bugün *Agos*'un kapısına ellerinde Ogün Samast pankartlarıyla yürüyenlerin hangi motivasyonla yürüdüğünü de biliyorum. Hassasiyetlerim ister istemez daha çok çarpıştığı için biliyorum belki de.

Süleyman'la arkadaş kaldık. Hukuğu da kazanamadım. İstanbul Edebiyat Fakültesi Tarih Bölümü'nü kazandım. İkinci tercihimdi.

Süleyman ile aynı fakülteye, ayrı bölümlere devam ettik.

"O kadar iyisin ki, keşke Müslüman olsan..."

Yine o dönemden çok sevdiğim bir arkadaşım vardı. Esra.

Babası bir İmam Hatip Lisesi'nde din bilgisi öğretmeni ve imamdı aynı zamanda. Esra'ya kadar galiba hiç başörtülü arkadaşım olmamıştı. Saatlerce din konuştuğumuz sohbetlerimiz olurdu. Hani bazı uzak bilgileri merak edersiniz de, soracak, sorarken manipüle etmeyeceğine güvendiğiniz biri olsa dersiniz ya. Esra benim için o insandı işte. Bazı geceler İslam diniyle ilgili kafama sorular takılırdı. Hemen Esra'yı arardım. Onun bana yetemediği zamanlarda ise imam olan babası alırdı telefonu ve uzun uzun, sabırla cevaplardı beni. İslam'ı daha iyi tanımaya çalışıyordum... Hatta o zamanlar birkaç kez Kur'an okudum. Ben İslam'ı merak ediyordum, Esra da Hıristiyanlığı. Birbirimize hiçbir zaman tebliğde bulunmadık. Paha biçilmez birer kaynak olmuştuk merak ettiklerimize.

Yıllar sonra, muhafazakâr televizyon kanallarında, çok sevdiğim arkadaşlarımın yaptığı programlara konuk oldum. O programların dilinin, jargonunun, ayetin, hadisin yabancısı olduğumu varsayanlara hep küçük sürprizlerim oldu. Bir "Ermeni"den beklenmeyecek kadar "onlardan" konuştum hep. Belki siz de tanık olup şaşırmış olabilirsiniz bu "içerden" bilgiye. Ya da onlar benden gelene aşinaydı, bilmiyorum.

Beni o dönemlerimden beri takip eden muhafazakârlar çok seviyorlar. Israrla, "Keşke sen Müslüman olsan, keşke hidayete ersen," diyorlar. "O kadar iyi bir insansın ki aynı Müslüman gibisin," diyorlar.

"O kadar iyi insanlarsınız ki aynı Hıristiyan gibisiniz," diyorum ben de bıyık altından gülümseyerek.

İyi bir şey yaptıklarını düşündüklerine eminim. Tebliği benim kurtuluşum için vaaz ediyorlar, biliyorum. Benim hayrıma olacağını düşünüyorlar. Yani benim sahip olduğum değerleri aşağılamak maksadıyla yapmıyor hiçbiri bunu. Ama öğretisinde, inancında kendisininkinin daha makbul olduğu bilgisiyle bunu yapıyorlar. Benim taşıdıklarıma bakmayı değil, onları değiştirmeye çalışmayı öğrenmişler.

Yazık, öyle olmayabilirdi.

Cüneyt Arkın filmlerine rağmen Papaz Kosta

Büyükada Aya Yorgi Ortodoks Kilisesi'ni bilirsiniz.

İstanbul'un her yanını gören manzarası, görkemli tarihi, ama en önemlisi "ruhuyla" benim için çok etkileyici bir yerdir Aya Yorgi Kilisesi.

Lise bitmiş, üniversitede tarih bölümünü kazanmışım. Bir gün bizim Kınalı kabilesiyle Aya Yorgi'ye çıktık. Hayatıma giren en önemli insanlardan biri olan Kosta'yı, işte o gün, orada tanıdım. Benden birkaç yaş büyük, Yunanistan'dan gelmiş bir papaz adayı. Türkçe ve İngilizce bilmiyordu. Benim Tarzanca seviyesindeki Rumcam sayesinde anlaştık. Kosta papaz olmak istiyordu. Ama önce evlenmesi gerekliydi. Papaz olacaksan evli, Ruhban olacaksan müzmin bekâr ve mümkünse bakir olman gerekir... Uzun hikâye, merak edenler kiliseye gidip sorsun. İşte bizim Kosta da önce stajını tamamlayacak, sonra da bir eş bulacaktı kendisine. O gün ve sonrasında arkadaş olduk. Onun stajı bitti, Yunanistan'a döndü, ben de üniversiteyi bırakıp askere gittim. Tunceli'ye, savaşa...

Kosta beni hiç unutmadı. İstanbul'a döndüğümde de, askere gittiğimde de beni hiç yalnız bırakmadı. Annem Rum olduğu için, aramızdaki doğal tercümanımız olmuştu artık. Bir aşk mektubu gibiydi yazdıkları. Beni ne kadar çok sevdiğini, bazen endişelendiğini anlatırdı mektuplarında. Bir defasında, askerdeyken yolladığı mektuplardan birinin içine İsa kartpostalıyla İncil de koymuştu. Allah'ın Tuncelisi'nde, savaşın ortasında, yarı Rum-yarı Ermeni bir "Türk askeri"ne, İncil ve İsa kartpostallı mektup yollayan bir papaz adayı arkadaşım vardı. Bana güç vermeye çalışıyordu. Çaktırmıyordu ama, içten içe korkuyordu benim için. Endişelerini bana değil, düzenli olarak telefonla aradığı anneme anlatıyordu; hem de ağlayarak. Annemin bu telefon konuşmalarında neler hissettiğini ise bilmeme rağmen, düşünmek ya da hatırlamak bile istemiyorum.

Neyse, böyle böyle geçti zaman. Ben 18 aylık askerliği sağ salim bitirdim, Kosta evlendi ve hayalini kurduğu papazlık rütbesi ona nasip oldu. İstanbul, nam-ı diğer Konstantinopolis, bu Ortodokslar için büyük bir takıntı biliyorsunuz. Ne yapıp edip şehri geri alacaklarını düşünüyorlar. Bir ara hatırlatın da onlara acı gerçeği söyleyelim; artık o iş olmaz.

Ben Kosta'ya söylemeyi düşündüysem de, kıyamadım. Bir gün bu gerçeği herkesin duyacağı şekilde söylediğimizde de ne yapıp edelim, Kosta duymasın; ricamdır.

İstanbul aşkıyla yanıp tutuşan kalabalık bir grup, bir paskalya arifesinde kutsal mekânları gezmek için şehre geleceklermiş. Kafilenin başında da genç papaz Kosta var. "Müjdeee" diye heyecandan sesi titreyerek aradı beni Kosta. "Yıllar sonra yeniden kavuşacağız." Ne yalan söyleyeyim, ben de çok heyecanlandım. Anneme sordum hemen. "Bir Ortodoks papazı ile İstanbul'da ne yapılır? Karısıyla geliyor, nereye götüreyim onları?"

Zaten az vakitleri varmış. Bir akşam yemeği, ertesi gün bir ikindi kahvesi kadar. "Papaz mapaz anlamam, bir meyhane bulup oturalım işte" diye verdik kararımızı. Ben, Belma, Uraz, Oya, Nışan, Selin, Tayfun, Kosta ve karısı...

Bizimkiler Tepebaşı'nda, bir laz müteahhitin sahibi olduğu, nefis Haliç manzaralı Euro Plaza Oteli'nde kalıyorlar. Öğleden sonra otele gittik. Kosta'yı otelden alıp, maaile meyhaneye gideceğiz. Lobide Yunanlı kadınlar toplanmış. En az seksen-doksan kişi var. Simsiyah giyinmiş, başörtülü, aynı çocukluğumdaki gibi; annemin çevresindeki kocası ölmüş yaşlı kadınlar. Ben bir köşede onlara bakarken birden lobiye iki metreye yakın boyu, göbeğine kadar inen sakalı, boynunda kocaman haçı, kafasında kalpağı ve elinde asasıyla biri indi. İnanın, biri bana Allah'ı tasvir et dese, ilhamımı bu adamdan alırdım. Kosta bu be! Yanına gittim. Şaşkınlıkla ve galiba biraz da hayranlıkla, "Kosta, ne oldu sana?" diyebildim sadece. Şaşkınlığıma aldırmadan öyle bir sarıldı ki bana. Yine ağlıyordu. Ya sulu gözün teki ya da hayatımda gördüğüm en iyi insan olmalı bu Kosta. "Biraz bekle," dedi, elinin tersiyle alelacele gözyaşlarını silerken. Daha görür görmez sıraya giren yaşlı kadınlar Kosta'nın elini öpmeye başladılar. Kosta ise eliyle istavroz işareti yaparak kutsuyordu onları. Hani Baba 1 filminin finalinde Al Pacino'nun baba koltuğuna oturduğu bir sahne var ya. Neredeyse aynı sahne, karşımda bir sürü figüran ve bir yıldızla canlı sahneleniyor.

Tepebaşı'ndan Tarlabaşı'na yürüyerek Hasır Restoran'a gideceğiz. Şu yakınlarda yıkılan Tarlabaşı Karakolu'ndan aşağı yürüyün, karakolla aynı kolda, üç-dört bina sonra, bodrum katta kadim bir meyhane bu Hasır Restoran. Mönü yok, garson ne varsa önüne koyuyor. Yanlış anlamayın, mezeler on numara.

Aradan biraz zaman geçti, Kosta hazırlandı ve çıktık. Fakat Kosta hazırlandı dediğime bakmayın, üzerini falan değiştirmedi, aynen filmdeki kostümlerle geldi. Kosta'yla beraber Tepebaşı'ndan Tarlabaşı'na doğru yürüyoruz ama, biz bayağı tedirginiz. Çünkü Tarlabaşı'na çıkınca Baba 1 filminden çok Cüneyt Arkın filmlerindeki o kötü papaz gibi görünmeye başladı gözümüze.

İstanbullu olmayanlarınız bilmeyebilir, ayıp değil. Bu cadde Beyoğlu'na paralel, Taksim Meydanı'na kadar uzanan, daha çok otomobillere terk edilmiş görünse de, solundan aşağıya Ömer Hayyam Caddesi'ne, sağından doğru Galatasaray'a, İngiliz Konsolosluğu'na, Beyoğlu'nun arka sokaklarına komşu, tam adıyla bir ana arter. Eski ekalliyetin altın çağında, birbirinden özenli apartmanların daha çok güneydoğudan gelme sakinleriyle müzisyen çingene ahalinin hizmetine sunulmuş renkli sokaklardan biridir Ömer Hayyam. Biraz serttir. Öyle elini kolunu sallayarak geçemezsin. Yolun diğer kolunda, Beyoğlu'nun ardına düşen sokaklarda ise sokak kadınları müşterilerini beklemektedir; satıcılarının eşliğinde.

Bizim papaz Kosta'nın sakalı, kalpağı ve epeyce uzaktan bile kolaylıkla görülebilecek haçından oluşan kostümü ile birlikte düşünün şimdi bu güzergâhı. O dönem böyle adamlar sadece Türk filmlerinde var. Cüneyt Arkın da bu adamların hepsini ya dövmüş, ya kesmiş ya da din değiştirmesine izin vermiş. Tedirginliğimiz biraz da buradan belki. Tayfun sokak başlarını, ben ana caddeyi kolluyorum. Tabii kafamda sürekli kuruyorum; biri bir şey yaparsa, şöyle yaparız, böyle yaparız... Meyhaneye vardığımızda derin bir nefes aldık. Kosta'nın umurunda değil, gülümseyerek selamlıyor önüne geleni. Vardık varmasına ama bir de bunun meyhane faslı var. İçeri gireceğiz girmesine de, içeride nelerle karşılaşacağız? Tarlabaşı'nda, bodrum katta bir meyhaneden içeri giriyoruz, boru değil.

Başlarım ben bizim yapacağımız organizasyona...

Tarlabaşı'nda, meyhanede bir papaz

Hasır Restoran'da o gece üç dört masa vardı.

Birinde dört beş Diyarbakırlı abi oturuyor. Biz hızlıca girdik, bir masa bulduk, çok şükür oturduk. Önce kimse fark etmedi. Biraz sonra servis yapıldı. Beklediğim gibi; kötü bir servis ama yemekler lezzetli. "Bir parça rakı içerim," dedi Kosta, yanında da evliliği sayesinde papaz olmasını sağlayan karısı var. Son tabak masaya konduğunda Kosta iki metreye yakın boyuyla kalkıverdi ayağa. Otursana mübarek, zor saklamışız seni arkalara. Üstüne bir de elini kaldırdı ve, "Yemek duası okuyacağım," dedi. Ne diyebilirdik? "E, peki," dedik. Kosta ne derse o olacak, biz sadece bunun tedbirini alacağız işte.

Hemen Diyarbakırlı abilerin masasına baktım göz ucuyla. Aralarında konuşup durum değerlendirmesi yaptılar ki Kürtlerde teamül zaten bu yöndedir. Çok uzatmadılar, karar alınmış olmalı ki, bizle beraber ayağa kalktılar. Ellerini öne kavuşturdular, Kosta'nın duası bitene kadar beklediler. Kosta dua bittikten sonra eliyle haç işaretini yapıp tek tek tüm masaları kutsadı ve bizimle birlikte herkes masasına oturdu. Sonra hiçbir şey olmamış gibi devam ettiler.

Ben de Kosta'ya, "Bak gördün mü, işte böyleyiz oğlum biz," demeye çalışıyorum. "Böyledir bizim topraklarımız. Saygı esastır. Herkes herkesin dinine, hoşgörüyle..." falan filan... E yolda gelirken üç buçuk atıyorduk hani? Türk filmlerindeki kötü papaza ne oldu? Biri, "Çıkar lan o haçı, burası Müslüman memleketi," dese... Nereye varırdı düşünsenize olacaklar? Hangisi doğru? Söylediklerim mi, içimden geçen ve panik atağımı tetikleyen endişelerim mi?

Benzer bir durum, birkaç gün sonra, Kosta'yla Belmaların evinin yakınlarındaki Yeniköy çay bahçesinde otururken de oldu.

Çay bahçesinde oturuyoruz. Kosta'da yine tekmil aksesuvar. Bir adam geldi yanımıza, meğer oradaki yalılardan birinin sahibiymiş.
"Peder beyi gördüm, saygılarımı sunmak için masanıza beş dakika oturabilir miyim?" diye izin istedi. Sonra da "Şoförümü ve arabamı tahsis etmek isterim. Peder bey belki kutsal mekânları gezmek ister," dedi. Kosta istemedi; bana gâvur azabı çektirmeyi tercih edip kibarca teşekkür etti adama. Adam da bize çaktırmadan hesabı ödeyip kalktı masamızdan.

Biliyorsunuz, bugünlerde attığım iki tweetten biri "Ruhban Okulu açılsın" mealinde. İyi bir mümin olduğumdan değil. Daha çok Kosta gelsin, daha çok Diyarbakırlı abi onlara selam versin, o daha çok gelen Kostalar da emekle, zevkle, keyifle kurulmuş bütün masaları kutsasın istiyorum.

"Biliyorsun değil mi, cennete gidemeyeceksin Hayko!"

Kosta'yla ilgili beni etkileyen, hatta biraz da kızdıran bir ayrıntıyı daha anlatmak istiyorum.

Kosta nefesi kuvvetli bir Ortodoks rahibi olduğu için birtakım mucizeler gerçekleştirebileceğine inanıyordu karısı. Bir suyu okuduğu zaman o suyun günler geçse de çürümeyeceğine, başı ağrısa Kosta'nın ona okuyacağı duayla baş ağrısının şıp diye biteceğine inanıyordu mesela. Herhalde tecrübe etmiş olmalılar ki, bu kadar kendinden emindi Kosta'nın karısı. Kadın, Kosta'nın bir mucize olduğuna inanıyordu zaten. Bir mucizeyle evliydi düpedüz.

Bir gün bana, "Kosta senin için çok üzülüyor," dedi. "Neden?" diye sorduğumda, "çünkü cennete gidemeyeceksin. Cennete gitmen için Rum Ortodoks Kilisesi'nde vaftiz olman gerekirdi," dedi. "Ben zaten Ermeni Kilisesi'nde vaftiz oldum, yetmiyor mu?" dedim. Başını umutsuzlukla salladı: "Ahh, ah... O seni kurtarmayacak," dedi.

Bunu aslında Kosta istiyordu, biliyordum...

İyiliğimi isteyen Müslümanların sık sık başvurdukları tebliğlerine benziyordu bu da. Bana hissettikleri iyi duygulardan ötürü kendilerince son derece hayırlı bir şey öneriyorlar, ruhumun kurtuluşu için bana bildikleri en iyi yöntemi sunuyorlardı aslında. Kosta'nın karısının şimdi bana söylediği de İslami bir tebliğden çok farklı bir şey değildi zaten. "Ne zaman gidiyorsunuz? Hemen yapalım vaftizi o zaman," dedim.

Bu sefer de Kosta çok kızdı. "Bu kadar çabuk din değiştirilir mi?" diye sordu. Din değiştirmek diye addediyor söylediğim şeyi. Bu sefer ben çok kızdım.

"Benden ne istiyorsunuz?"

Siz benim dayımın kim olduğunu biliyor musunuz?

Dayımın adı Hristo'ydu ama ona Yaşar derlerdi.

"Bu azınlıklar çiçek çocuklardır, kibar çocuklardır, temiz çocuklardır. Az çok varlıklıdırlar, bunlar hep sanatçıdır, hepsi iyi esnaftır," derler ya... Çok parlak çocuklarızdır ya biz... Yahu dalga mı geçiyorsunuz? Kim uyduruyor bunları?

Gelin size yolda görseniz yönünüzü değiştireceğiniz, dokunsanız belaya bulaşacağınız ama benim gizli kahramanım olan birinin hikâyesini anlatayım. Dayım Hristo'nun hikâyesini...

Ergenekon Caddesi'ndeki evimizdeyken bizi sık sık ziyarete gelirdi. Dayımı çok severdim. Biraz James Caan'a benzerdi ya da çocuk aklıyla ben dayımı ona benzetirdim. Dayım Tarlabaşı'nda büyümüş. Bakkal olan dedem onu epey zorlamış, çok sıkıntı yaratmış, fazla üstüne gitmiş çocuğun. Sonunda dayım da kırmış kafayı, bırakmış bakkalı, gitmiş Tophane'de nakliyecilik yapmaya başlamış. Elinden sigarası düşmeyen, semtin arıza adamlarından biri olup çıkmış.

O da azınlık çocuğu, Rum bir ailenin çocuğu... Yani hiç öyle sanıldığı gibi parlak, zanaatkâr, kibar filan da değil. Bildiğiniz iki ayaklı arıza. Biz bile korkardık dayımdan. Annem özellikle de benimle başa çıkamadığı zamanlarda, "Seni dayına şikâyet ederim," diye tehdit ederdi.

Başı hep aynasızlarla dertteydi dayımın. Bir gün yine bize geldi. Telaşlı. Mamama da çaktırmamaya çalışarak içeri çekti beni. "Şimdi şu cumbaya bir tüne bakalım. Polis arabası gelirse haber ver bana." Bildiğiniz erketecilik yaptırırdı bana yani... Neden kaçıyorduysa artık... Gerçi biliyoruz da, söylemek olmaz. Annem canıma okur.

Kurtuluş Sefa Meydanı'nda bir evi vardı ve nakliye kamyonunu kilit ve zincirle kapısının önündeki elektrik direğine bağlar, sabaha kadar kalkıp kalkıp kamyonuna bakardı.

Azınlıklar roman kahramanı değildir. Dayım da böyle biriydi işte. En duygulu dansları yapan, en güzel binaları inşa eden, elini kolunu sallayıp dünyanın her yerine kolayca gidip gelen, keyif kekâ, renkli gözlüler değillerdir azınlıklar. Romantik tasvirlerle, kapatılan bir meyhaneyi özlemle anar gibi anlattığınız hikâyeler aslında gerçek insanların hikâyeleridir. Gerçek insanlar... Diz kapakları ağrıyan; normal yollardan da, trafik kazaları yüzünden de ölebilen, para sıkıntısı çeken, dişi apse yapan... Bazen kabadayıdırlar, kimi zaman serseri, hepimiz gibi düşkün de olabilirler, fakir de... Her insan hayatı nasıl yaşarsa öyle yaşıyoruz işte. Birkaç nesil önce bu toprakların halkları olan unsurlardan bahsediyorum. Onlara akvaryumdaki Japon balığı muamelesi yapan dilleriniz kopsun.

Dayım çok önemliydi benim için, yakın zamanda da öldü. Öldüğünde Yunanistan'daydı. Başını büyükçe bir belaya sokup Yunanistan'a kaçmıştı dayım. Orada da rahat durmadı. Yunanlılar çok yavşak tiplermiş, memleketteki delikanlılık yokmuş onlarda. Sürekli kavga çıkarırdı.

"Bunlar kavga etmeyi bile bilmiyor," diye şikâyet ederdi.

Rumlar mı Ermeniler mi? Tabii ki Rumlar.

Annemin Rumluğu, babamın da Ermeniliği evlenmelerinde çok sorun yaratmış, bunu sonradan öğrendim.

Rumlar Ermenilere kız vermezmiş. Bir kere aralarında çok belirgin bir din farkı var. Rum Ortodokslar, çok ciddi sofular bu konuda. Ama iş o kadarla bitmiyor tabii. Orada başlıyor olabilir sadece...

Belki daha önce de söyledim ama tekrarlamakta yarar var; ikisini kıyaslamak gerekirse illa, Rumlar Ermenilere beş basar. Her zaman kentlidirler, her zaman eğitimlidirler, her zaman Rumca konuşurlar.

Tepedeki manastırda, Rum kampına gittiğimde oranın müdürü: "Öğlenleri ne yemek çıkıyor Ermeni kampında?" diye sormuştu. Mönüyü öğrenince yüzünü ekşitmişti. Ama düzenli olarak kuş sütü çıkıyor desem de, bir kulp bulmak için "Her gün kuş sütü mü olurmuş" derdi mutlaka. Ermeni okullarını beğenmiyordu.

Annemde de her zaman biraz Rumculuk vardır. Gizliydi gerçi bu ama onu açığa çıkarmak için sık sık, "Rum, Rum diyorsun da siz ne yaptınız?" diye sorardım. "İki tane meyhane hikâyeniz var koca Osmanlı tarihinde. Oysa biz Ermenilere bak; Dolmabahçe Sarayı'nı da yapmışız, sadrazam da olmuşuz. Osmanlı'dan Cumhuriyet'e kör topal da olsa gelmişiz. Senin bir meyhaneciliğini biliyorum ben, bir de müziğini, başka da bir şey bilmiyorum," derdim.

Bir defasında dayanamadı, verdi cevabını: "Oğlum siz Osmanlı'ya o hizmetleri yaparken biz Yunanistan'ı kurduk..."

Hep haklı çıkmasa ölecek sanki bu kadın...

"Ölüm de var, ölüm de var..."

İstanbul Edebiyat Fakültesi, Tarih Bölümü'nü kazanmıştım ya.

Malum fakülte Beyazıt'taydı. Hiç sevmiyordum orayı. Sevmediğin yere gidip gelmek de zor geliyordu haliyle. Tabii bir de cevabını aradığım sorular vardı kafamda: "Tarih mezunu oldum diyelim, ne iş yapacağım? Benden tarih öğretmeni olur mu? Olmaz! Akademisyen olur mu? Hadi oldu diyelim... Para kazanır mı bu akademisyen? Öldürmese de süründürür... Oysa benim sorumluluklarım vardı. Babam ölmüştü ve ailemizin maddi ihtiyaçları benim bu tür lüks fikirlere ya da hayallere kapılmama pek izin verecek gibi değildi. Babamdan kalan matbaayı annem işletiyordu. Annemle konuştuk ve ben üniversiteyi bırakıp askere gitmeye karar verdim.

Askerlik döneminde yaşadıklarımı yazmadan önce aklıma takılı kalan bir sahneyi paylaşmak istiyorum. Film karelerinden sahneler vardır ya, unutamadığınız. Benim de bir Türk filminden böyle bir sahne var hafızama kazınan. Filmin adını hatırlamıyorum.

Bir köy vardı. Köyün ağası vardı. Köyün hiyerarşik yapısı içerisinde zulüm vardı, aşk vardı. Ama bir de köyün delisi vardı... Köyün delisi, ağa ne kadar dokunulmaz olursa olsun, deli olduğu için, sınır ötesi birtakım delilikler yapabiliyordu. Dönüp

dönüp köyün ağasına, "Ölüm de var, ölüm de var!" diye bağırıyordu.

Zalime ölümün hatırlatılmasını sevmiştim. Hatta belki de, o köyde ağa kadar şanslı olmayan insanların ellerindeki tek kozun o olduğunu düşünmüştüm. Kötülük yapan, zulüm yapan birine bunu hatırlatmak çok iyi fikirdi. "Ölüm de var, ölüm de var"ın gerçeğini ne yazık ki askerde gördüm; savaşta...

Tunceli'de askerken etrafımda insanlar öldürüldü. Onlardan kalan hikâyeler bana hep, "Ölüm de var, ölüm de var," diyordu.

Lozan'ı madde madde ezberleyin, lazım oluyor

Acemi asker olarak 116. Jandarma Er Eğitim Alayı'na, yani Çanakkale'deki İt Durmaz Tepesi'nde bir birliğe teslim oldum.

O tepede korkunç şiddetli bir rüzgâr vardı, ağaçlar bir süre sonra ters L olmuştu. Yani bağlasan itin bile durmayacağı bir tepeydi İt Durmaz Tepesi. Çok soğuktu. Adamın iflahını kesecek kadar soğuk. Nazi kampına gelmiş bir esir gibi hissettim kendimi. Galiba herkes öyleydi.

Acayip bir şeydi askerlik, "Bunu bize önceden nasıl söylemezler" diye düşündüm. Gitmeden önce bunun bilgisini nasıl vermezler?

Çanakkale'deki o birlik hep Doğu'ya, Güneydoğu'ya asker eğitirdi jandarma olarak. O dönemde bir astsubay vardı. Bu astsubay eğitim aralarında sohbet ederken, adımın Hayko olduğunu duydu. Bana büyük bir rahatlıkla, "Her Türk askeri sünnet olmalıdır," deyiverdi. Şaka mı yapıyor diye yüzüne baktım. Fena halde ciddiydi. "Sen de sünnet olmalısın Hayko, bunu yüzbaşıyla konuşacağım," dedi. Paniğe kapılmıştım. "Komutanım, olur mu öyle şey!" dedim. Bir anda çükümü kurtarmak için Lozan'ın maddelerini ezbere saydığımı hatırlıyorum.

O zamana kadar askerde zorla sünnet edilen Ermeni hikâyesi bende yoktu. Olsa duyardık ya, olmadığından emindim. Fakat adam o kadar kesin konuşuyor ki, neredeyse beni bile ikna edecek sünnetin gerekliliğine. Allah'tan gitmiş sormuş ve yüzbaşı da ona Lozan'ı hatırlatmış. Bu arada hâlâ Lozan'da var mı böyle bir ayrıntı bilmiyorum. O anda Lozan can simidi gibi geldi bana. Merak edenler için söyleyeyim, kimse kıvranmasın. Zekeri kurtardık.

Acemilik dediğin iki buçuk, üç ay sürer. Fakat ilk beş haftadan sonra seçimler yapılır. O seçimlerde belirlenen meslek sahipleri usta birliklerine erken yollanır. Şoförler, garsonlar, kuaförler, kasaplar o beş haftadan sonra asıl askerliğini tamamlayacağı yerlere gönderilir. Bu sünnet hikâyesinden sonra "kendime bir meslek bulup buradan kurtulsam fena olmayacak" diye düşünmeye başlamıştım. Mesleklerden biri de "orkestra üyeliği"ydi. Bu "orkestra" işi bana bir anda çok çekici göründü.

Müzisyen olan eniştemin orgundan tek parmak bir şeyler çalmayı bilen biri olarak "piyano çalıyorum" diye yuttursam kendimi kim anlayacaktı ki? Orada kim, ne kadar müzik bilecekti ki? İt Durmaz Tepesi'nde Beethoven bulacak değiller ya! Ya da onun bilinen en iyi yorumcularından piyanist Rudolf Buchbinder'e İt Durmaz'da askerlik yaptıramayacaklarına göre... Fırladım öne, bağırdım: "Komutanım, müzisyenim ben!" Büyük bir hataymış. Subay, "Ne çalıyorsun?" diye sordu bana. Ben de, "klavye, piyano," dedim. Adam o eğitim alanında bir org çıkarıp, "Çal hadi!" demesin mi... Hiç beklemiyordum. Bu arada, keman diyene keman, klarnet diyene de klarnet çıkarıyorlar. Tek parmakla Kasap Havası'nı çalmaya başladığımda, altıncı notada subay, "Siktir git, bunu babaannem de çalıyor," deyip kovaladı beni.

Biraz sonra bando seçimlerine adam toplamaya başladılar. Bando için az gönüllü vardı. Kaçırır mıyım fırsatı. Atladım yine öne. Hemen seçtiler beni. Ne boru, ne trampet sordular bana. Nasıl sevindim ama... Askerlik boyunca müzikle haşır neşir olacağım. Hem müzik dediğin batıda icra edilir. Bunlar kesin beni İstanbul'a yollar. Hafta sonları eve bile giderim valla. Harbiye Ordu Evi'nde bando var mıydı acaba?

Bir dakika. Niye çok gönüllü çıkmadı az önce? Niye kimse beni tebrik etmiyor? Lan! Akşam yatakhanede anlattılar. Jandarma Bandosu Türkiye'de altı yerde varmış: Van, Batman, Tunceli, Zonguldak, Ankara, Çanakkale. Üstelik az önce anlattığım, hep doğuya, güneydoğuya asker gönderen bizim birlik artık cezalıymış. Eğittiği askerlerden çok fazla şehit düştüğü için 76/3 devre komple batıya gönderilecekmiş. Bando hariç!

Tüm devrelerim Bodrum'da, Kuşadası'nda sahil jandarması olup şortla askerlik yaptılar. Tunceli'ye ise bandocu lazımmış. Çünkü Tunceli'de bandocu kalmamış. Türkiye'deki ilk intihar saldırısı, şehir merkezindeki bayrak töreni esnasında İstiklal Marşı çalınırken hamile kılığında bir gerillanın kendisini patlatmasıyla Tunceli'de gerçekleşti. Belki de dünyada havaya uçurulmuş, şehit vermiş ilk bando birliğiydi.

Biz oradaki şehit askerlerin yerine gönderilecek olan bandocularıdık.

Gitti güzelim çocuklar

Tunceli'ye gitmek için Elazığ'da, toplama merkezinde toplanıyorsun önce.

Yakın şehirlere askeri konvoylarla, zırhlı araçlarla, onların da korumalarıyla gönderiyorlar. Çünkü Şemdin Sakık'ın otuz üç askeri öldürdüğü yol güzergâhıydı Tunceli yolu. O çocuklar birliklerine sivil kıyafetlerle, normal otobüslerle giderlerken öldürülmüştü. Ondan sonra da askerlerin bu riskli bölgelere kendi başlarına gitmeleri yasaklanmış.

Elazığ'a indiğimde, uçağa Bingöl'den gelen iki şehit cenazesi yüklüyorlardı. Tunceli'ye birliğime ulaştığımda beni karşılayan ilk manzara bombalamada paramparça olmuş saksafonlar, trompetler, davullardı. Ve ben ilk defa savaş gerçekliğinin bu kadar içerisinde bulmuştum kendimi.

İnsan her şeye alışıyor. Ölüm çok sıradanlaşmıştı, her gün insanlar ölüyordu. Kolluk kuvvetlerinden, gerilladan, halktan, her taraftan insan ölüyordu. "Yırtarım" diye düşünüp bandoya yazılmışsın ve bando olmana rağmen savaşın tam ortasındasın. On beş ay boyunca o savaşın bütün gerçekliğini gördüm. Tanıdığım, selam verdiğim, birlikte çay içtiğim, becerebildiğimiz kadar birlikte hayal kurduğum bir sürü insan öldü.

Bizden evvelki bandocular Astsubay Ali Alıcı, Astsubay Cafer Akıncı, Astsubay Hakan Akyar, Er Celal Atıl, Er İbrahim Sever, Astsubay Önder Yağmur, Er Ahmet Yayman, Er Yusuf Yıldırım ölmüş o bombalamada...

Bu çocuklar için, komutanın odasının karşısındaki boş alana okullardaki Atatürk büstüne benzer bir şehitler köşesi yapılmasına karar verildi. Oranın şehitliği yapılırken görev aldım. İzine gittiğimde oraya lazım olan malzemelerin birçoğunu alıp getirdim komutana. Sahte süsleme çiçeklerini kendi paramla alıp getirdim üstelik. Bombalamanın üzerinden altı ay geçmiş olmasına rağmen Ahmet'in annesi ara sıra arayarak çocuğunu telefona istiyordu. Komutan postası olduğum için telefonları ben açıyordum ve yine altı ay sonra, şehit astsubaylardan birinin, sanırım eski sevgilisi olmalı, bir kadın aradı. Olan bitenden haberi yokmuş. Onunla görüşmek istiyorum dediğinde, ne yapacağımı bilemeyip sesim titreyerek, "Bir saniye," dedim ve komutana bağladım. Komutan haberi hemen verdi. Çok şaşırmıştım. Ölenler hep istatistiktir ya; beş şehit, yedi şehit, sekiz şehit...

Bir buçuk yıl, o birlikteki şehitlerin hikâyesiyle yaşadım. Aile üyelerinin halleriyle, birinci derecede şahitleriyle, arkadaşlarıyla, onlardan kalan paramparça saksafonlarla, sazlarla yaşadım. O sazların yenisi geldi ve insanlar onları çalarak tekrar bayrak törenleri yaptı. Askere gitmeden dikkatimi çeken ölüm bilincini, ölümün varlığını anlamaya çalıştığım o metafor, askeriyede vücut buldu. Anladım "ölüm de var"ın ne demek olduğunu.

İlk defa ölüme bu kadar yaklaşmıştım.

İlk defa etrafımda bu kadar ölüm vardı ve bu çok normaldi.

İbrahim, Güngör, Ahmet, Orçun...

Güngör... Aydınlı, renkli gözlü, Ege şiveli, tatlı bir oğlan...

O uğursuz gün bayrak töreninde görev alacak. İbrahim de nizamiyede nöbetçi. İbrahim, Güngör'e, "Sen gel nöbete geç, ben şehir merkezine gideyim, hiç olmazsa kızları görürüz, mağaza görürüz, vakit geçer, yürürken değişiklik olur, sıkıldım," diyor. Bu yaptığı aslında mevzuata da aykırı ama İbrahim tezkereci olduğu için hallediyor durumu. Güngör nöbete geçiyor, İbrahim elinde sazıyla çarşıya. İntihar bombacısı kadın İbrahim'e sarılarak patlatmış kendisini. Vücudu birkaç parçaya ayrılmış İbrahim'in. Güngör sevinsin mi, üzülsün mü? Bir insan böyle bir şey yaşadıktan sonra hayatına nasıl devam eder, düşünsenize...

Hataylı Ahmet Yayman'ın hikâyesi var bir de. Ölsem unutmayacağım.

76/1 devre. Yani ben o birliğe gelmeden önce oraya varmış çok yeni askerlerden. Ahmet'in çok güzel bir el yazısı olduğu söylenir dururdu. "Sigara içmek yasaktır – Komutan" ya da "Kıyafetini düzelt – Komutan"... Hep el yazısıyla yazmış ve onları askeriyenin demirbaşı haline getirmişler. Hataylı Ahmet Yayman'ın devresi Bursalı, müzisyen Orçun var bir de... Oradaki bütün çingene müzisyenler İbrahim Tatlıses'e çaldıklarını iddia ederlerdi. Hepsi de öbürünün yalancı olduğunu arkasından kulağımıza üflerdi. Orçun o kemancılardan. Bir gece nöbetinde bu ikili yakın kulübelere denk düşüyorlar. Sohbet ederlerken Orçun, "Benim okuma yazmam yok, ben sana söylesem anneme bir mektup kaleme alır mısın?" diyor. Ahmet Yayman da, "Alırım devrem, ayıpsın," diyor ve mektubu yazıyor. Mektubu yazdıktan sonra bir de yazdığını okuyor. Altına tipik bir şiir eklemiş: "Eğer şehit olursam üzülme annem..." Orçun da, "Ben sana şiir yaz demedim ki, bunu niye yazdın? Üzeceksin şimdi kadını," diyor. Ahmet şiiri eklemekte ısrarlı. "Biz askeriz be devrem, belli mi olur, her fırsatta helallik istemek lazım," diyor.

O gece Ahmet'in canının sıkıldığını, üstünde bir karamsarlık olduğunu anlatırdı hep Orçun. Ahmet'i de aynı bomba parçalamış. Orçun yaralanıp tedavi için hava değişimine, evine gönderildiğinde, evde karısı ve çocukları ile otururken kapı çalınmış. Orçun kapıyı açıp postacıdan Ahmet'e yazdırdığı mektubu teslim almış.

Ahmet'in el yazısıyla, annesine göndermek üzere içinde şahadet şiirinin de olduğu o mektubu...

"O Ermeni piçine söyleyin,

kendisine dağda bir karakol seçsin!"

Bölükte kalan astsubaylar vardı, bekâr oldukları için de onlara lojman verilmezdi.

Bölükte barakayı andıran, kulübeden bozma yatakhanelerde yatarlardı. İçlerinde her gece kalkıp kalkıp banyocuyu, tostçuyu uyandıran, arka arkaya nöbetler yüzünden üç beş saat uyuyabilen insanlara hizmetçi gibi davranan, eziyet edenleri vardı. Komutan postası olduğumdan forsum yerindeydi benim. Ne yalan söyleyeyim o astsubaylarla çok uğraştım. Onları komutana şikâyet ettim, her fırsatta onların başını belaya soktum. Eziyetlerini durdurmaya çalıştım.

Askerliğimin sonlarına doğru postalığını yaptığım komutanın Ankara'ya tayini çıktı, göreve başka bir komutanla devam ettim. Son üç ay da, bölük çavuşu oldum. O arada komutanla beraber, ben de izine gittim. Döndüğümde başka bir komutanla devam edecektim. Oradan bana haber gönderdi bu eziyetsever astsubaylar: "O Ermeni piçine söyleyin, kendisine dağlarda bir karakol seçsin!" diye. Onlarla uğraşmamın öcünü Ermeni olduğum için üçe katlayan bir hırsla almaya çalıştılar. Kısmen de aldılar. Biraz da eziyet çektim ondan sonra. Ama şunu söyleyeyim ki, o dönem genel olarak askeriye, pozitif ayrımcılık taraftarıydı.

Sıkıntılı kimlikte olan askerlere pozitif ayrımcılık yaparak bir zarar görmelerine mani olacak tedbirler alırlardı. Ama tabii sonuçta askeriye burası ve bireysel ilişkilerinde çok fazla şey yaşıyorsun. Senden nefret eden astsubay ona göre davranıyor, nefret eden asker arkadaşın da ona göre davranıyor.

Askerden döndüğüm zaman, "Neticede bu insanlar da bu ülkenin askeridir, polisidir, nedir bu düşmanlık?" diyecek kadar empati duymuştum oradaki insanlara. Hayatımda en sağda durduğum dönem o dönemdi. Galiba psikolojik olarak da çok iyi durumda değildim. Mesela Taksim'de yürürken, hiltiyle yer kazılsa, çatışma başladı diye yere atlıyordum. Dağda çatışmaya giren çocukların yaşadıklarını yaşamamış olmama rağmen bende de hayli güçlü bir savaş travması oluşmuştu.

Memed'in Kitabı diye bir kitap vardır, Nadire Mater'in. Savaşta yer almış kırk iki askerin anlatımından oluşur. İdeolojik birliktelikleri yoktur bu çocukların. "Teröristlerin leşini serdik, kulaklarını kestik" diyen de vardı içlerinde, "Kendi halkımla mı savaşacağım" diyenler de... Ben de kendi kimliğimle o kitapta konuşanlardan, yani o askerlerden biriyim. Sanırım kitabın toplatılma sebeplerinden de biriyim aynı zamanda. Kitap yargılanmış, çok sorun olmuştu. Kitabın gazetelerde, sanat eklerindeki tanıtımında, benden bir bölümle refere edilmişti. Çok sevinmiştim. "Hiç kimse bana Ahmet'in ölümünü anlatamaz," diye bir cümlemden yola çıkmışlardı. Sanırım o kitapta, o dönemin kafa karışıklığı içinde tam olarak çözemeden anlattığım şey, işe yarayan malzemelerden bir tanesi olmuştu. Kitabın tam da sorguladığı şey buydu aslında. Savaştan çıkan insanların ruh hali, savaşın insanlarda yarattığı etki...

O kafa karışıklığıydı yani...

Anneme bak sen!

Askerden birkaç yıl sonra bütün biriktirdiklerimi anlatmak istiyordum.

Memed'in Kitabı bana ilham vermişti. Zaten 1996 yılında yayın hayatına başlayan *Agos* hepimizin ezberini çoktan bozmuştu. Hrant Abi "artık konuşabiliriz" güvenini vermişti bizlere. Yüz yıldır anlatılmayan bilginin özgürlüğüne kavuşması herkese büyük bir heyecan veriyordu. Hrant Abi konuştukça biz de konuşuyor hissediyorduk kendimizi. Biz gençler de davranmak istiyorduk. Ben de istiyordum. Peki nereden başlamalı? İlk kavgayı kiminle etmeli?

İnsan ilk içine doğduğu bilgiye sataşırmış. Bende de öyle oldu. Zaten "bizim Ermeniler"le sorunlarım olmamış mıydı? Olmaz olur mu, hem de ne sorunlar... Beğenmedim onları. Bir kere yaşam formlarını beğenmedim.

Kendi içlerinde kapanmış ve kaçınılmaz olarak milliyetçileşmiş hallerini beğenmedim.
O izole halleri içerisinde büyük harfli cümleler kurarken, dışarıya çıktıklarında "fısıldaşmalarını" beğenmedim mesela.

Sokakta çocuğuna, "Bana mama deme," diyen anneyi de

beğenmedim, "Ermeni olduğunu ulu orta söyleme," diyen babaları da beğenmedim.

Büyük çelişkiler yaşıyorlardı. Kendi küçük dünyalarındaki o otoriter hallerinin dışarıya çıktıklarında nasıl değiştiğini, yüzlerinde bir anda oluşuveren o çok farklı ifadeyi tanımakta zorlandım.

Kötü buldum, yetersiz buldum.

Bir Ermeni gazetesi olan *Marmara*'da ilk köşe yazısı yazmaya başladığım 2002 yılından itibaren uzunca bir süre ağırlıklı olarak bu konuları işledim ve çok kavga ettim. Anneme karşı verdiğim kavganın bir benzeriydi bu. Israrla, büyük toplumla hemhal olmanın, onlara güven duymanın önemini anlatmaya, bizlerin korkularının yersiz olduğunu ispatlamaya çalıştım. Gerçi kendi hikâyemde bunun mücadelesini vermiş ve çoktan kazanmıştım. "Dışarı"yı yeterince tanımadıklarını düşünüyordum.

Çok büyük bir enayilik etmişim.

2001 yılında Yaşam Radyo adında çok kimlikli, çok kültürlü yayınlar yapmayı hedefleyen bir radyo kurulmuştu. Hatırlayanlarınız vardır. Beni de "Ermeni programcı" kontenjanından davet ettiler. Bu bir ilkti. Türkiye'de Ermenilerin problemleri, müziği, kültürü üzerine bir program yapan olmamıştı o zamana dek. Teklifi kabul edince o sevmediğim, sıkıldığım Ermeni algısına geri dönmek zorunda kaldım. Tam da uzaklaşmışken yeniden içinde buldum kendimi.

Radyonun genel yayın yönetmeni Cengiz Ayvaz'dı. Cengiz Abi Metin Göktepe adına belgesel yapmış, önemli ödüller almış, saygı duyduğum bir isimdi. O yıl da 6-7 Eylül için bir belgesel hazırlığı içindeydi. Benden dönemin şahidi, konuşacak kaynak insan bulmamı istedi. Aklıma annem geldi ama ona nasıl sorayım? Zaten bütün bu "tehlikeli" işlere bulaşmışım diye canıma okuyor, bir de gelip kendi mi konuşacak? Sordum. "Çağır gelsinler, konuşurum," dedi. Yıllarca ben konuşmayayım diye kafamın etini yemiş, dış dünyaya açılmayalım, temas etmeyelim diye bizi uyarıp durmuş annem "gelsinler konuşayım" diyor... Hey Allahım, sen aklıma mukayyet ol! Geldiler, konuştu. Gözleri dolu dolu, bağıra çağıra bir hikâye anlattı. Annem nasıl oluyor da bu kadar güzel anlatabiliyordu derdini?

Ben niye bilmiyorum ki bu hikâyeyi?

Kasabanın sırrı

"Müsü İspiro, tedbir almak lazım!"

6-7 Eylül 1955. Dedemin yanında çalışan çırak uyarıyor bizimkileri: "Müsü İspiro, bugün kötü şeyler olacak." Sadece çırak değil, bütün mahalle biliyor olacakları. Çok organize bir kötülük vuku bulacak ve haberi herkese çoktan gelmiş. Hrant Abi'nin ölümünde olduğu gibi aslında. Hep böyledir bizim hikâyeler, "Kasabanın sırrı" dolaşır kulaktan kulağa. 6-7 Eylül'ün olacağı da önceden biliniyor o zaman. Dedemin çırağı, bakkal dükkânına hemen bir Türk bayrağı asmış da bakkal az zarar görmüş. Ama dükkânlara yapılan yağma ile yetinilmemiş elbette...

Evlere, kiliselere, mezarlıklara, mahreme saldırılacak daha. Akşama doğru sokaklar ana baba günü olmuş. Saldıranların ellerinde bayrak, saldırıdan korunmak isteyenlerin de ellerinde bayrak... Kalabalıklar annemlerin evinin önünden geçerken gözlerinden fışkıran nefretle birisi, "Bakkalın kızı nerede!" diye haykırmış. Bakkalın kızının o apartmanda oturduğunu bilecek kadar ailenin, muhitin yakınlarından birisi olmalı o herif. Evinin önüne siper olmasını beklediğin komşun içeriye girmenin, yağmanın, tecavüzün, hırsızlığın, gaspın kısacası hainliğin, puştluğun peşine düşmüş.

Evin üst katında oturan ailenin Deli Ayşe diye bir kızları var. Annemin de iyi arkadaşı. Ayşe mahalleye çıkar, erkeklere posta koyar, onlarla maç oynar, gerekirse küfrü basar. Bildiğin "delikanlı" bir çocuk. Kalabalıklar annemin evini parmak uçlarıyla birbirine göstererek tespit etmeye çalışırken bir hışımla penceresini açıp, yarı beline kadar aşağıya sarkıp, "Benim ulan bakkalın kızı, ne var şerefsizler?" diye bağırmış.

Nasıl bir çığlıksa o, adamlar çekip gitmiş...

Bunları radyocuya anlatırken annem utandı, sıkıldı biraz. Ben de şimdi yazarken utanıyorum, sıkılıyorum. Biliyorum, sizler de okurken utanıp sıkılıyorsunuz.

Hep 6-7 Eylül deriz ve bir anlık olay gibi düşünürüz olan biteni ya, aslında bitmek bilmeyen, upuzun iki günden bahsediyoruz. Üstelik asıl ağır meseleler 7 Eylül'de yaşanacak. Gece yarısını geçip de, takvim ayın yedisinin ilk saatlerini gösterdiğinde mahallede artık "katliam" konuşuluyor.

"Bu gece katliam başlayacak..."

Annemler ilk gece sığındıkları Türk komşularının evinde tedirgin bekleşirken o ana kadar ellerinden geleni yapan ev sakinleri kötü haberi veriyor: "Artık burayı terk etmeniz lazım. Sizi koruyamayız, bizim de başımızı yakacaksınız." Ne hissetmeli? Ne düşünmeli? Onlara müteşekkir miyiz? Onlara kızmalı mıyız? Onları anlamalı mıyız? İnanın bilmiyorum...

Bu hikâyeyi dinleyince çok utandım kendimden. Yahu ben bu kadar yıldır anneme Ahmet'le, Mehmet'le, Tayfun'la Uraz'la, sevgilim olan Türk kızlarla, ortaklaşa yaşayabileceğimiz bir hayatın bilgisini anlatıyorum ama kadının böyle de bir hikâyesi varmış meğer...

Bu kadın Yunanistan'dan Türkiye'ye elçilik göreviyle gelmiş bir kadın değil ki!

Tarlabaşı'nda büyümüş, Ayşe'yi anlatıyor, komşularının bir günlüğüne de olsa canilerden onları nasıl koruduğunu, korumaktan nasıl vazgeçtiklerini anlatıyor... O yaşamış... Dostluğu da, ihaneti de, devleti de, kalabalıkları da, çırağı da, mahalleyi de biliyor. Biliyor ve umudunu tüketmiş! Artık olmayacağını biliyor... Bundan daha kötü ne olabilir? Bugün nasihat verirken hâlâ korunaklı ve özel bir aile, kapalı bir çevre öneriyor bana.

Bu benim kendi ailemin hikâyesi, ama birçoğumuzun da hikâyesi olabilir. Herkes korkudan bir şeyler saklıyor. Birer birer bireylerden söz etmiyorum yalnız. Bütün bir toplum saklıyor bu hikâyeyi. Buna zorunlu kalmışlar çünkü... Kasabanın sırrı her seferinde biraz daha büyümüş...

O kalabalıklar, o parmağıyla komşusunun evini işaret edenler, o puştlar değil, Deli Ayşe güç versin hepimize.

Bir parça umudumuz kaldıysa, neredeyse hepsini Deli Ayşe'ye borçluyuz bizler.

Annem haklıymış

Hrant Abi çıktı sonra.

Hepimiz yerimizden zıpladık. Paldır küldür konuşuyor. Söylenemez sandığımız ne varsa birer birer, olanca heyecanıyla, samimiyetiyle anlatıyor. Türkiye'yi etkiliyor, Türkiye'nin entelektüel dünyası Hrant Abi'nin etrafına toplanıyor bir anda. Onunla beraber hareket edenlerin sayısı kalabalık olmasa da topluma etkisi büyük bir gürûh bu. Türkiye'nin en önemli meselelerinde bu insanların sözüne kulak veriliyor artık. Değişmiş işte Türkiye. Annem yanlış biliyor!

Tam ben buna inanmışım...

E ne oldu? Annem haklı çıktı işte!

Bana ısrarla, Hrant Abi'nin ne kadar büyük bir tehlikenin içinde olduğundan, bu toprakların buna izin vermeyeceğinden dem vuruyor. "Bu işlerin sonu kötü bitecek," deyip duruyor. "Olmaz öyle şey," diyorum ben de... "Hrant'a bir şey olursa bütün dünya ayağa kalkar!"

Tamam, bu konuda ben haklı çıktım. Hrant'a bir şey olunca bütün dünya ayağa kalkarmış gerçekten. Ayrıca bütün dünya ayağa kalktı da ne oldu? 6-7 Eylül'de de kalkmıştı belki, bilmiyoruz, yaşamadık ki...

Sekiz sene geçti, katiller aramızda yaşıyor. Terfi aldılar hepsi. Bakan, vali, emniyet müdürü oldu sorumlular. Dolayısıyla, kurduğum özgüvenli dünyanın içerisinde, "Ben artık büyüdüm, fark ettim, bu bilgiye haizim ve bunu yedi düvele anlatmalıyım" diye zannettiğim yerde, ne olduysa olmuştu işte! 6-7 Eylül'ü yaşayan insanların niçin artık hayata korkarak baktıklarını o günlerde daha iyi anladım...

Ne yazık ki annem haklıymış!

Aynı şeyleri bugünlerde bir daha söylüyor, şimdi belki yine haklı. Ha, annem için hiçbir şey değişmedi mi? Değişmez olur mu? Onun da duvarlarını yıktık. Hem de en içeriden. Mesela ben Hıristiyan olmayan bir kadınla evlendim. Evlendim de kötü mü oldu? Bugün annemin en iyi ilişki kurduğu dünürleri neredeyse benim eşimin ailesi. Yani yüzde yüz haklıydı demiyorum. Bütün bunların hepsi kötüydü de demiyorum.

Fakat o zaman kızdığım, kavga ettiğim, aşağıladığım azınlıkları şimdi daha iyi anlamaya başladım. Onayladığımı da söylemiyorum. Ben onaylasaydım onlar gibi davranıyor olurdum. Fakat anlıyorum. Artık onlara eskisi kadar gaddar davranmıyorum. Yani kısık sesle konuşmalarından, korkmalarından, kafalarını kuma gömmelerinden eskisi kadar rahatsız olmuyorum. Oradaki bilgiyi artık küçümsemiyorum; tamam, o doğru bir bilgiymiş. En azından doğru çıkma ihtimali yüksekmiş.

Süreç özeti gerekiyorsa eğer, ilkin Ermeni olmak, sonra Ermeni olmaya kızmak, sonra tekrar Ermeni olmayı anlamak, elbette sık sık mecburi Ermenilik ve çoğunlukla da mecburi Türk olamama hali gibi birtakım git-gellerden oluşan kısa bir tarihim var benim. Ve sanırım bunların hepsinin de toplamıyım.

Ben mecburi Ermeni'yim ya bazen. Ve bazen de Ermeni lazım oluyor ya işte. Şöyle bir bakıyorlar en yakınlarına... Çağırıyorlar seni. Benim Yaşam Radyo maceram da böyle başladı işte.

Radyoya bir Ermeni lazım oldu. Bula bula beni buldular.

Vallahi mi? Çok mu beğendiniz?

Ben radyoda "Sözde Kalanlar" isimli programa başladığımda *Agos* gazetesi kurulalı beş yıl olmuştu.

Aras Yayıncılık çoktandır vardı. Yıl 2001 desem, bu kadar lafa gerek kalmayacak sanırım. Türkiye'de Ermenilerin büyük toplumla temasa geçmeye başlamalarının ilk dönemleriydi diyebilirim. Program hak ettiğinden büyük bir ilgiyle karşılandı. Üstelik sadece Ermeniler değil, Türkler de anlatılanlarla çok ilgiliydi. İki saate yakın süren bir canlı yayındı.

Size komik bir şey söyleyeyim; ben o zamanlar Patrikhane'nin yerini semt olarak bilmiyor olabilirim. Ama mecburi Ermeni de olsam, ateist de olsam Patrik figürü benim için önemli bir şey. O koca cübbeler, kiliseler, çanlar. Folklorik de olsa Patrik'e karşı abartılmış bir saygım var. Patrik'le karşılaştığınızda elini öpersiniz ve ona, "Asdvatz Oknagan Sırpazan Hayr," dersiniz. Bu, "Tanrı yardımcınız olsun Patrik hazretleri" demektir. Ben bu zor cümleyi bir türlü ezberleyememiştim. Zaten geçmişte Patrik'le bir araya geleceğim bir durum da olmamıştı açıkçası...

Bir programa gelen konuğumla vakıf sorunları üzerine konuşuyoruz. Konuğum da bu işleri iyi bilen, itibarlı biri ve en önemlisi de Patrikhane'nin danışmanı. Patrik Mutafyan da, haber verildiği için bizim programı dinlemiş. Program bitimi konuğumu aradı, uzun uzun konuştular, sonra da beni telefona istedi. Allahım, ne heyecanlandım ama. Şaka değil, Patrik hazretleri ile telefonda da olsa konuşacağız. Patrik Mutafyan bana Ermenice, uzun uzun ne kadar önemli ve iyi bir program olduğunu, biz gençlerin bu faaliyetlerini çok önemsediğini, dualarıyla birlikte, yarı resmi ve yarı samimi bir konuşmayla ifade etti. Ben o bir türlü kuramadığım, sürekli unuttuğum cümleyi hatırlamaya çalışıyorum ama olmuyor. Rezil olacağım, elim ayağıma dolandı. En sonunda da, "Vallahi mi, çok beğendiniz mi?" deyiverdim. Hadi cümleyi geçtik de Patrik'ten Allah adına yemin istemeseydim belki daha iyi bir giriş olabilirdi...

Böyle bir başarısızlıkla başladı Mutafyan'la ilişkim, ama sonrasında çok iyi dost olduk.

Buyrun Dıramayr Hanım

Tanışmamızdan kısa bir süre sonra kötü bir kazanın haberi geldi.

Canlı yayına çok az zaman vardı ve öğrendik ki Antalya'ya bir kilise ziyaretine giden Patrik ve beraberindeki bir grup genç kaza geçirmiş. Onları taşıyan otobüs devrilmiş, insanlar camlardan fırlamışlar. O ekibin içinde bizim de arkadaşlarımız var. Bu sırada da bir baktık Türk televizyonları altyazı geçiyor: "Türkiye Ermenileri Patrik'i Mutafyan kaza geçirdi. Otobüs takla attı, beş yaralı" diye.

Hemen ilginç bir refleks ve cesaretle o turda olduğunu bildiğim bir arkadaşımı aradım ve, "Patrik'i telefonla yayına bağlayabilir miyiz?" diye sordum. Arada uzun konuşmalar, beklemeler oldu ama, sonunda, "Tamam, konuşacak," dediler. Ben hemen yayına girip heyecanla durumu anons ettim. "Birazdan Patrik ile bir telefon bağlantısı yapacağız." Havama bakar mısınız? Bağlantıyı yaptık.

Patrik telefonda sağlık durumunu, ekipten kimlerin ne hasar aldığını, kendisinin burnunun ve bacağının kırık olduğunu, birazdan ameliyata gireceğini anlattı. Bu sanırım CNN International'a satılabilecek bir haberdi. Düşünsenize, Türkiye kamuoyu, başta Ermeniler olmak üzere, ilk bilgiyi Patrik'in sesinden duymuş, öğrenmişti. Niye Türkiye'de televizyonlar böyle bir bağlantı yapmayı ihmal etmişti, anlamak zor.

Görevimi yapmış olmanın getirdiği rahatlıkla yayına giderken bir kadın ısrarla yayına katılmak istedi. Bağladık. "Merhaba," dedi. "Ben Diramayr, çok üzgünüm kaza için. Herkese Allah'tan şifa diliyorum. Onlar için dua ediyorum. Sizden ricam arada sırada çaldığınız Der Vogormia ilahisini tam da böylesi bir zamanda tekrar çalmanız."

Yayınlarda sigara molası vermek için müzik çaldığım olurdu. Kadının bahsettiği eser de Ara Kevorkyan tarafından modernize edilmiş bir kilise ilahisi. Okumaya mola verip bulup dinleyin derim. "Bakalım Diramayr Hanım, elimizden geleni yapalım," dedim. Çalmadım tabii. Ne öyle istek parça yapılan dj programları gibi! Koca Patrik'i yayına almışız, millet bizden şarkı istiyor. Ertesi gün sabahın köründe aldığım bir mail ikinci Patrik diyaloğu felaketimi ortaya çıkarmış oldu. Şöyle diyordu: "Hayko Bey, çabanızı takdir ediyorum. Fakat Ermeniler hakkında bir program yapıyorsanız, en azından 'Diramayr'ın bir isim olmadığını, der (efendi) ve mayr (anne) kelimelerinin birleşimi olduğunu, yani sizi arayanın Patrik hazretlerinin annesi olduğunu bilmeniz gerekmez mi?"

Yani, "Diramayr Hanım" demek, biraz Patrik Bey demek gibi olmuş. Yani pek hoş olmamış...

Patrik Mutafyan ve Hrant Dink

Bir radyoda haftada bir gün program yapmak önemli belki ama yeterli değildi elbet.

Hrant Abi *Agos*'un başarısından sonra Ermenice yayın yapacak bir radyo için çok istekliydi. *Agos*, büyük toplum için inanılmaz bir kaynak oluştururken Ermeni toplumu içinde de büyük yarılmalara sebep olmuştu.

Patrik Mutafyan "temsiliyet" konusunda *Agos*'u fazla cüretkâr buluyor, Ermenilerin kadim Ermeni Kilisesi ile temsil edilmesi konusunda ısrar ediyordu. Hrant Abi ise modernliğin bir gereği olarak sivil toplumun oluşmasının şart olduğunu, kilisenin devlet ile kurmak zorunda kaldığı ilişkinin bu temsiliyeti sıkıntıya sokacağını savunuyordu. Kavga o kadar büyüdü ki, çok eski iki dost olan Mutafyan ve Hrant bir süre sonra birbirlerinin hasmı haline geldiler.

Fakat en sonunda bir konuda uzlaştılar. "Ermenice radyo çok gerekli."

Radyoyu Hrant Abi kursa, Agos FM gibi olacak ve bu yarılmada taraf görülecek. Hrant Abi bu projeyi Mutafyan'ın gerçekleştirmesi gerektiğinde ısrarcı oldu ve Patrik eski arkadaşının bu talebini kabul etti. Mutafyan çalışmalar için bir ekip kurdu ve ben de radyocu olduğum için o ekibin içerisine davet edildim. Eksik Ermeniliğimle dalga geçiyorsunuz ama, önlenemez yükselişimin bu aşamasında yerini bile bilmediğim Patrikhane binasında önemli insan muamelesi görmeye başlamıştım işte, daha ne...

Radyo kurma hikâyesi uzun hikâye, ama neticede başaramadık. Hrant Abi'yi katlettiklerinde ucuna kadar geldiğimiz projeyi de rafa kaldırmış olduk. Ama ben, hem kendi programım, hem de bu komisyonun faaliyetleri vesilesiyle eksik kalan tüm "Ermenilik" donanımımı tamamlamış oldum.

O iki eski dosta gelince...

Aynı gün öldüler onlar. Mutafyan'ın, Hrant Abi'nin cenazesinde ağlayarak yaptığı konuşma, baş gösteren hastalığının izin verdiği son aklı başında hitabı oldu. Şimdilerde, Yedikule Surp Pırgiç Ermeni Hastanesi'nde, kapalı şuuru, zayıflamış bedeni ile ölüme hazırlanan bir halde yatıyor. Bizler o dönemde iki değerimizi aynı anda yitirdik.

Birbirlerine hasım olmuş bu iki eski dostun hikâyesi bir gün mutlaka anlatılmalı...

Kilisede düğün görkemli olur

Belma ile 1998 yılında tanıştık. 2002'de evlenme kararı aldık.

Belma Almanya'da doğmuş, dokuz yaşında memlekete dönmüş, Çerkez bir ailenin kızı. Şimdi size Müslüman bir ailenin kendisine Ermeni bir koca seçmiş kızının yaşadıklarını, bizimkilerin bu evlilik ile ilgili gösterdikleri tepkileri, düğün için kiliseye gelene kadar başımızdan geçenleri falan anlatacağımı düşünüyor olabilirsiniz. Onu da anlatacak birilerini tanıyorum ama, ben bunları anlatmayacağım valla. Kıçımızdaki pantolona kadar her şeyi anlatıyoruz biliyorum ama birazı da özelimde saklı kalsın.

Sadece şöyle bir müjde vereyim; bugün annemin en iyi anlaştığı dünürleri Belma'nın ailesidir. Herkes birbirini çok seviyor. Üstelik güveniyor ve mutlu. Hadi gelin işin eğlenceli kısmını konuşalım.

Düğünü kilisede yapmamız gerekiyor. Fakat kilisenin bir çifti evlendirmesi için ikisinin de Ermeni kilisesinde vaftiz olmuş olması şartı var. Karma evlilik yapanların bazıları gelini veya damadı ikna etmiş, vaftiz olması için gereken binlerce formaliteyi halletmiş, nüfus kâğıdına Hıristiyan yazdırmış ve ancak öyle kilise düğününü gerçekleştirebilmiştir. Bu insanlar birdenbire imana gelmediklerine göre sadece sevdikleri insanla beraber olabilmek için bu fedakârlığa katlanmış olmalılar; saygı duymalı.

Böyle bir şeyi Belma'dan istemek aklımın ucundan bile geçmedi elbette. Kilise düğünü niye bu kadar önemli olsundu ki? Doğacak çocukların vaftiz olabilmesi, Ermeni okuluna gidebilmesi, cemaate yakın kalabilmesi için olmazsa olmaz bir durum, doğru. Neyse ki şansımız yaver gitti. Patrik Mutafyan şöyle bir şey düşündü; çok fazla karma evlilik var artık. En azından kilisede bu insanların evliliğini tanıyan bir düzenleme yapılırsa, karma evlilik yapanı tamamen cemaatten uzaklaştırmamış oluruz. Bu, yeni neslin asimilasyona uğrama riski karşısında önemli bir tavır. Ve sanırım bu yöntemle gerçekleşen ilk düğünlerden biriydi bizimkisi.

Düğünlerde kilise içinde erkek tarafı sağ tarafa, kız tarafı sol tarafa oturur. İstiklal Caddesi'ne yolunuz düşerse Balık Pazarı içindeki "Üç Horan" Kilisesi'ne bir uğrayın. Şık kilisedir. Bizim düğün de oradaydı işte. Prenses kadar güzel bir gelin olmuş Belma çan sesinden sonra kiliseye giriyor, yukarıdan gül yaprakları serpiliyor, koro üç-dört sesten harika bir ilahi okuyor, ön tarafta papazlar, okuyucular gelinin yerini alması için hazır bekliyor. Kız tarafında bir tane Hıristiyan yok ama. Belma'nın akrabaları, üniversite arkadaşları, biraz mahalle komşuları ve ortak çevremiz. Toplamda 300'ü aşkın konuğu ikiye bölmüş oturtmuşuz sıralara. En ön sıralar aile protokollerine ayrılmış. Normalde kilisede kadınlar örtünür. Ama günümüzde bu işi şık şapkalarla hallediyorlar. Teamüldür, özellikle düğün sahipleri o şapkalardan takacak. Belma'nın annesi en şıkından geçirmiş bir tane kafasına.

Erkek tarafının protokolünde, annemin yanında Tuncay duruyor. Kürtlerin eylemi var o gün İstiklal'de, önce ona katılıp sonra düğüne gelmiş. Gerekirse polisten kaçabilmek için giydiği fazlaca spor kıyafetiyle, en şatafatlı kıyafetleri giymiş olan bizim ailenin arasına karışmış. Kimse Tuncay'a oranın aile sırası olduğunu söylememiş olmalı.

Arka sırada Belma'nın hacı dedesi duruyor. Elinde fötr şapkası var onun da. Papaz Türkçe duaları okurken her "Allah" dediğinde "âmin" deyiveriyor yüksek sesle. Hayatlarında ilk defa böyle bir töreni izleyenler ile onları izleyen Ermeniler arada gelinle damadı bile izlemeyi unutuyor neredeyse. "Çok kıskandım," diyor Oya, Belma'ya tören çıkışı. "Kraliçenin tahta çıkışı gibiydi her şey..."

Düğünden sonra dedenin yanına gitmek istiyorum. Başta çok karşı çıktığı halde hacı dedenin papaza âmin demesi var hâlâ kulaklarımda. "Sen de İslam inancına göre okumak ister misin dede?" diyorum. Gerek görmüyor. Sonradan, öldüğü güne kadar büyük bir aşk yaşıyorum dedeyle. Tüm korkular, tüm kimlikler, tüm nefretler ölüyor o gün.

Sadece Belma ile ben evlenmiyoruz. Kilisede bulunan herkes evleniyor sanki birbiriyle...

Ermenilik: Sürekli kaybetme hali...

Karma evliliklerin onaylanmamasında anlaşılır gerekçeler vardır elbet.

Dinsel, etnik, kültürel farklılıkları olan iki insanın bir araya gelişinde oluşan tehdit algısı büyüktür. Aileye yeni dahil olan gelin veya damat beraberinde yeni bir bilgi taşıyacaktır öbür tarafa. Öncelikle bu bilgiden korkarız. Sahip olduğumuz, "geleneksel" olan tüm birikimlerimiz bu yeni bilgiyle eksilecek, berelenecek zannederiz. Bir bilginin başka bir bilgiyi eksiltebileceğini zannettiğimiz ender aptallaşma hallerimizden birisidir bu durum.

Çoğunluk için mevcut olan kaygıları az çok biliyorsunuz. Ben asıl azınlıkların karma evliliklere bakışındaki en temel itirazdan bahsetmek istiyorum.

Ermenilik, soykırım faciasından sonra tek bir motivasyon ile şekilleniyor: Kaybetmek, sürekli kaybetmek...

Akrabalarını, bir nesli kaybetmek.
Yaşadığın şehri, kasabayı, köyü, yürüdüğün sokakları kaybetmek.
Evi, toprağı, bahçeyi, kümesi kaybetmek.
Okulunu, kiliseni, hastaneni, gazeteni kaybetmek.
Konuştuğun dili, lehçeyi, edebiyatı, şiiri, alfabeyi kaybetmek.

Özgür, onurlu ve eşit bir yurttaş olarak ata toprağında yaşayabileceğine olan umudunu kaybetmek.

Bütün bu haller Ermeni toplumunu da muhafazakârlaştırıyor elbette. Var olan kaygılar karşısında hayatta kalabileceği refleksler geliştiriyor insanlar. İçeriye dönük bir hayat yaşamanın, "dışarıdan" gelen her şeye karşı büyük bir önyargı taşımasının altında bu sebepler yatıyor olmalı.

Bu hale bir de "diaspora" olmanın getirdiği sıkıntılarını ekleyin. Kökünden koparılmış ağaç misali yaban ellerde tutunmaya çalışan bu insanların, akrabalarımızın yüz yıllık hikâyelerini düşünün.

Arjantin'de yaşayan Yozgatlıların, Almanya'da yaşayan Sivaslıların korkularını, hasretlerini, acılarını anlamaya çalışın.

Ne demek istediğim daha kolay anlaşılacak o zaman...

"Almanya'ya giden Türkiyeli Ermeni işçi"

Alamanya acı vatan.

İnsanların en vahşi, vicdanların en ölü, şehirlerin en yıkık günleri... İkinci Dünya Savaşı. Savaşın üstünden geçmiş olsun da bir 15 yıl geçmiş daha. Almanya'yı yeniden yaratmak gerek. İşçi gerek. Eldekiler yetmeyince işçi olarak gurbete giden Türkiyelilerin dramatik öyküsü başlıyor.

Bir deliliğin enkazını kaldırmaya gitti milyonlar.

Birkaç bin "Deutsche Mark" için yaban ellerde geçen ömürlerin hikâyesini bıraktılar bizlere.

Bizim Ahmet Emmi de onlardan biri. 1960'larda giden ilk işçi kafilelerinden. Sivas'ın Zara ilçesinden çıkıp, İstanbul'a şöyle bir uğrayıp ver elini Almanya diyerek bir tersanede kaynakçı olarak bulmuş kendini.

Bekâr lojmanlarından birbirine sığınmış; insanların ekmeklerini paylaştığı, aynı dili konuşan herkesin birbirini kardeş bellediği, yorgun iş dönüşlerinde sadece memleket hasretini konuşacak kadar takatlerinin kaldığı zor günler...

Memleket anlatmışlar her gece.

Sivas'ı, Konya'yı, Bursa'yı, Mardin'i konuşmuşlar. Şehirlerinin güzelliklerini yarıştırmışlar. Ailelerini konuşmuşlar. Çocuklarını, eşlerini, dayılarını, amcalarını ezbere bilir olmuşlar birbirlerinin.

Bizim Ahmet Emmi hayatı orada kurmuş. Üç çocuğu olmuş. İki kız bir erkek. Hepsini evlendirmiş. Hatta oğul Burak, gelip memleketten kız almış. Düğünü de âdetlerine göre memlekette yapıp öyle gitmişler Almanya'ya.

Gelinin adı Siranuş.

Almanya'da bütün komşular merak içinde tabii.

Yemeğe "Bismillah" diye başlayan, evinin başköşesinde hacca giden eşin dostun getirdiği Kâbe fotoğrafları asılı, haram ete el sürmeyen, bayramlarda eli öpülen Ahmet Emmi'nin Siranuş adında bir Ermeni gelini gelecek memleketten. Gelin kendisine gösterilen fazladan ilgiyi anlayıvermiş hemen.

Aslında gerçek, komşuların merak ettiğinden başka bir yerde saklıymış. Bizim bu Ahmet Emmi, Zara'nın en iyi Ermenice İncil okuyan, eşrafın hürmet ettiği Artin Ağa'nın oğlu Agop'tan başkası değilmiş.

"Alman" denen yabancıların ülkesinde, kendi toprağından beraberce geldiği insanların arasında, nedense Ermeni olduğunu söylemekten imtina etmiş.

Hıristiyan memlekette Noel kutlamaktansa, kader arkadaşları arasında Ramazan kutlamak daha tanıdık, daha güvenli gelmiş. Yaş yetmişi geçince de, gurbetçi ahalinin içinde Ahmet Emmi, gerçek adının Agop olduğunu alenen ilan edemezmiş elbet.

Fakat çocukların kendi kimlikleriyle yaşamasını engellemeyi gerektirecek kadar da güvenlik sorunu yokmuş artık.

Bugün Cumhuriyet Bayramı.

Gün boyu Cumhuriyet'in kazanımlarının önemini konuşacağız. Muasır medeniyetler seviyesinde olabilmek için kat ettiğimiz mesafeyi gururla anlatacağız. Kuruluş felsefemizin bugünlerde iğdiş edilmeye çalışıldığından dem vuracağız.

İyi de "Cumhuriyet kazanımları" dediğimiz olgu aynı zamanda kimlerin kayıpları? Bu ülkenin kadim halkları, inançları, kiliseleri, dilleri, gelenekleri nerede? Bugün dünyanın her köşesine dağılmış, bir ezan sesi duyduğunda memleket hasretiyle ağlayan yegâne Hıristiyan toplulukları olan, Ermeniler, Rumlar, Süryaniler nerede? Başka memleketlerde bile Ermeni olduğunu saklamak zorunda kalan insanların içlerindeki korku nereden geliyor? Muasır medeniyet denen seviye varlık vergileriyle, 6-7 Eylüllerle, gaspla, cinayetle, baskıyla, ırkçı milli eğitim müfredatlarıyla sindirilen, düşmanlaştırılan, gönderilen insanlara reva görülen muamele midir? Varlığını, kültürünü, kimliğini "ayıplı mal" gibi saklamak zorunda kalan Aleviler, Kürtler, Müslümanlar, Hıristiyanlar hangi coşkuyla kutlayacaklar bayramı? İnkârla, asimilasyon politikalarıyla, silahla, zulümle üzerine basılan tüm kimliklere bir özür borcu yok mu bu cumhuriyetin?

İyileşmeye, normalleşmeye ihtiyacımız var artık.

Sanırım bugün 90 yıllık argümanlarla, geçmişin tüm suçlarını sahiplenmeye hazır insanlardan çok fazla nutuk dinleyeceğiz. Önümüzdeki 90 yılı da ancak bu bilgilerle yaşarsak mutlu olacaklarına inanmış olmalılar.

Ne diyelim, tüm inananların bayramı kutlu olsun o vakit.*

---

* *Bu yazı 29 Ekim 2013'te* Taraf *gazetesinde yayımlanmıştır.*

Hayatımın ikinci yarısı

Adada şimdi yaz.

Çocuklar Karagözyan Kampı'ndan topluca yokuş aşağı denize inerken terliklerini her zamankinden çok vura vura yürüyorlar; acaba "biz de buradayız" demek için mi?

Kiliseden bir çocuk şarkısı geliyor. Ben bu şarkıyı biliyor muyum? Şarkı başlıyor, ama bitmiyor... Hep aynı yerde kesiliyor.

Bir filmin tekrar şarkısı gibi.

Adada adayı anlatmak... Üstelik şimdi iki çocuğun babası olarak.

Kimseye söylemeyin ayrıca, sakallarımda yer yer beyazlar var.

Çocukları seyretmesi ne güzel.
Bütün kavga onlara rağmen veriliyor.
Söylenirken de hep "onlar için" diyerek.
Onların hayatlarında Manastır'daki kamp ne kadar olacak?
Onların da Mino'su, Deli Ali'si, Süreyya'sı olacak mı peki?
Onların da güvenli alanı mı ada?

Yazdım işte. Burada bitse olmaz mı? Bu kadarı iyi gelmedi mi size? Bitse?

Biten bir şey oldu zaten.

Benim eğlenceli, yalnız, kalabalık, korumalı, korumasız çocukluğum bitti. Hoyrat, öfkeli ama her zaman neşeli ilk gençliğim. Anladığımı sandıkça karışan, çelişkilerle tanışan gençliğim. Bitti.

Hayatımın ikinci yarısı başlayacak şimdi. Kitaptaki ikinci yarı... Yok, hayatımda da öyle...

Adadayım.

Bu kitabı yazıyorum. İkinci yarısını anlatmam lazım. Yazamıyorum. Günlerdir kıvranıp duruyorum işte. İşi yokuşa sürüyorum. Huysuzluk ediyorum. Suratım kızarıp duruyor.

Bu kitap nasıl devam etmeli bilmiyorum. Bu satırları kitaba ekleyecek miyim onu da bilmiyorum. Tamam, asıl sıradaki başlığı nasıl atacağımı bilmiyorum.

Galiba korkuyorum...

Hrant Abi'yi vurdular!

Beyoğlu İstiklal Caddesi'nde, Tokatlıyan Pasajı'nın üst katında bir ofisim vardı.

Ercan Abi ile oturuyorduk. Telefon geldi Ercan'a. Ne konuştular bilmiyorum. Fakat yüzü kireç gibi oldu birden çocuğun. Abisi öldü zannettim. Öyle kötü oldu işte suratı. Telefonu kapattı, biraz sustu, düşündü.

"Hayko, Hrant'ı öldürmüşler," dedi sonra.

"Hrant'ı vurmuşlar," deseydi keşke. İkinci bir soru sorma hakkım olurdu o vakit. "Öldürmüşler," dedi. Elimle ağzımı kapattığımı hatırlıyorum. Sonra parmaklarımın arasından akan kanı gördüğümü hatırlıyorum. Burnum kanıyor...

Ofisten çıktım ve koşmaya başladım. Polis metroyu kapatmış, katil uzağa kaçmasın diye... *Agos*'un önüne doğru birkaç kilometrelik yolu koşarak kat ettim. Geldiğimde emniyet şeridi çekilmiş, kimse *Agos*'a yaklaştırılmıyor. Hrant Abi yerde, üzerine gazete kâğıdı serilmiş. Sonradan bir örtü serdilerdi. Bir polis ile itişerek, "Akrabam o benim, bırak oraya gideyim," diye bağırdığımı hatırlıyorum.

Gazete kâğıdı ile örtülür mü insan, be insafsızlar?

Kim yatıyor yerde?
Sadece Hrant mı öldü şimdi?

Herkes niye bu kadar sessiz? Bekliyor muyduk bu ölümü? Hazırlıklı mıydık?

İnsan böyle bir ölüme hazırlıklı olabilir mi?

Rakel ve çocuklar gelmiş kapıya, Allah'tan cenazeyi kaldırmışlar. Çocukları bağırıyor aşağıda, nereye saklanmalıyız? Niye herkes birbirinden gözlerini kaçırıyor? Bizim bir suçumuz yok ki, niye utanıyoruz? Daha hava yeni karardı, kapıya gelen binlerce insan kim?

Cenazeyi konuşmaya başladı bile insanlar *Agos*'ta. Erken değil mi? Yeterince ağlamadık ki? Niye yeterince ağlamadık biz? Doktor gelmiş *Agos*'a, fena olanların tansiyonunu ölçüyor. Benimki 18'e çıkmış, "İyi ki burnun kanadı," diyor hemşire bana. İyiyim aslında ben, ağlamıyorum bile işte.

Cenazeyi konuşmaya başlamışız. Kapı önüne gelen insanlara, yakalarına asacakları Hrant Abi fotoğrafı ve topluiğne temin etmek gerekiyor. *Agos*'taki en büyük koşuşturmanın sebebi bu olmuş birden.

Zaman niye durmamış?

Rakel ile çocuklar nereye götürüldü acaba? Yanlarında kim vardı ki? Topluiğneler geldi bile.

Ümit Kıvanç herkese niye bağırıyor bu kadar?
Televizyoncular gelmiş, mikrofonlara konuşacak başka Ermeni kaldı mı ki etrafta?
Aydın Engin niye bağırıyor herkese?

Kapının önü çok kalabalık oldu. Topluiğne yetmeyecek galiba. Cenaze salı günü kalksın kararı alındı. Ne kadar çabuk salı oldu böyle?

Cenaze arabasının ön koltuğuna Garo ile ben oturacakmışız. Görev dağılımı yapıldı. Ama ben o kadar cenaze yakını değilim ki? Cenazeyi almaya gitmemiz gerekiyor. Tabut Kumkapı Kilisesi'nde, ölü yıkama bölümünde. Gidip bir baksam mı oraya? Ama ben o kadar cenaze yakını değilim ki? Tabutu niye yere koymuşlar? Hrant Abi'nin eline tutuşturdukları şey ne? *Agos* nüshası olmalı o. Hrant Abi'nin kaşları fena çatık. Kızgın bakıyor sanki.

Tabut yerleşti arabaya. Yollar çok kalabalık değil mi? Yol kenarına biriken binlerce insan önce tabuta, sonra ön koltukta oturanlara bakıyor.

Garo, gördün mü? Herkes ağlıyor... Biz niye ağlamıyoruz? Ne yapacağız şimdi Garo?
Mezarlığa gidilecek.

Televizyoncular mikrofon uzatıyor. Konuşalım mı? Ben konuşmaya hevesliydim ya zaten. Ama Hrant Abi konuştukça bizim konuşmamız anlamlıydı ya? Biz konuştuktan sonra ona dönüp, "Olmuş mu abi?" diye soracaktık ya.

Kızgın mısın Garo? Daha önce hiç bu kadar kızdın mı?

Cenaze çok kalabalık olmuş diyorlar. Sevinelim mi? Annem arıyor. Ne diyeceğim şimdi ben ona? Annem ağlıyor telefonda. Kim kimi teselli edecek şimdi? Her şey yeni mi başlıyor? Her şey bitmedi mi aslında? Bilmiyorum. Annem de bilmiyor.

Annem kadar kızgınım artık ben...

Meydandaki güvercin sürüleri

"Önce söz vardı" diyor ya kutsal metin, artık yok.
Ensenden kan akıttılar.

Hrant'ın arkasından yazı yazma görevi düşen onlarca yürek kadar sıkışmışım ben. Nereden yazayım şimdi... Hangi bilgim, hangi doğrum, hangi duygum yeter iki kelam etmeye...

Ensenden kan akıttılar.
Bildiğim üç cümle vardı. Şimdi bir tane.
Serde Ermenilik var, oradan duymalıyım bu çığlığı desen, benden ancak birkaç cümle.

Azınlık masası polis departmanındaki memurunun keyfe keder yönettiği bir cemaat iken, "ben de varım" diyen, sorgulayan ve talep eden bir Ermeni halkı yarattın bizlerden...

Yani sen "ah" dediğinde orada olmayanlar, gazetenin önünde nöbet tutanlar, yüzleri kızaranlar, utananlar, bile bile öldürülmene şahit yazılanlar...

Mum yakanlar, ilk defa slogan atanlar, canı yananlar, belli bir süre sonra yine sokakta Ermeni olmaktan gizlenerek yürüyecek olanlar, şaşıranlar, biz Ermeniler...

Seni yaşatamadık.
Yani seni öldürdük.

On binler geldi gazeteye. "Hepimiz Hrant'ız, Hepimiz Ermeniyiz," dediler.

Demek ki hepimiz öldük, hepimizin ensesinden kan aktı, yani hepimiz iki seksen yatırıldık asfalta.
Ensenden kan akıttılar...

Utanıyorum...
Ödürülecek ikinci bir Ermeni olmadığından.
Yani bana dair tüm nefreti vücudunla göğüsleyerek bu toprağa gömmenden dolayı.
Yani benim için ensene kurşun yediğinden.

Utanıyorum.
Vurulduğun yerde nöbet beklemekten.
Bir pişmanlık bildirgesi, bir özeleştiri olsun, ancak arkandan yazabildiğim birkaç satır.

Beni affet...

Şiir gibi yazılardan hazzetmiyorum, diyordun. Ama başka türlüsü çıkmıyor şimdilerde.
"Yaz, durma," dediydin...
"Gel *Agos*'ta köşe al, hep yaz..."
İki satırlık nefesimi seninle tüketmemiş olmanın vicdan azabıdır şimdi arkandan yazmak benimkisi...

Güvercin sürüleri...
Bir sokak çocuğu bir taş atar ve bir tanesini avlar ensesinden meydandaki sürünün.
Geri kalanları uçuşur ve güvenli çatılara konarlar hızlıca.
Yani havada olma halidir şimdi bizlerinki. Nereye konmalı?

Tehlikenin geçmesini bekleyip her an yeniden uçmaya hazır kıta bir halk.
Şimdi ben utanıyorum.
Bir miras addedeceksek birilerimize,
ya bir güvercin ürkekliği,
ya bir arslan cesareti,
başım üstüne...

Yüz yıldır yıldırılan ve yüz yıldır ayağa kalkan bir geçmişim var benim.
Bir yolunu bulur dirilirim senin yattığın yerden.

Ne dediydi senin için bir genç:
Hrant Dink!
1954-1915

Yani ben, yani sen, çoktandır yokuz esasen buralarda.
Bir gölge, bir hayalet edasıyla, vücut bulmaya çalıştıkça elimizden alınan bedenlerimiz, umutlarımız, sahte yaşamlarımız var uzunca zamandır.

Gerçek değiliz hâlâ.
Buz gibi ölümün hangi tortuyu bırakacak bilmiyorum, her yutkunduğumda düğümlenen boğazıma, ama yalnızım, yorgunum, sensizim şimdi.

"Önce söz vardı" diyor ya kutsal metin; artık yok...*

---

* *Bu yazı 21 Ocak 2007 tarihinde* Agos *gazetesinde yayımlanmıştır.*

Hrant Dink ne anlattı ki insanlara?

Bu toprakların üzerinde binlerce yıldır medeniyet kurmuş olan Ermenilere ne oldu?

Sokaktaki insanlar onların adlarını anarken, eğer küfrü basmazsa yekten, "Nereden gelmişler ki onlar?" diye sorabiliyorsa, burada bir sorun yok mu gerçekten?

Bir yerden gelmediklerini, aksine buradan gittiklerini bilmiyor musunuz? Yaşadığınız şehirde, köyde mutlaka bu halkın bir izi olduğu halde bu büyük cehalet nasıl oluşabildi?

Bence Ermenilerin bugün yaşadıkları en büyük sorun başlarına gelen felaketlerin izi değildir sadece. Bu toplumun hafızasından silinmişiz, konuşmaya nereden başlamalı? Buldozer gibi üzerinden geçilen bir medeniyetin şeytanlaştırılmış kimliğine sahip olmanın yorucu halleridir yaşadıklarımız.

Siyasetçilerin "afedersin" demeden adını anmadığı, tüm kötülüklerin ardında olağan şüpheli olarak kaynayan kazanlara attığı bir kavmin "meseleye itiraz eden" evladıydı Hrant Dink.

Yüksek siyasi fikirlere, yakışıklı analizlere, akademik sunumlara ihtiyaç duymadan, sadece gözümüzün içine bakarak konuşmaktan korkmadığı için koca bir resmi ideolojiye takla attırabilmişti Hrant Dink.

Bir anda ülkedeki entelektüel kesimin cazibe merkezi haline gelmişti. Peki neden? Bilmedikleri hangi bilgiyi buldular onda? Normal şartlarda küçümseyecekleri, eksik bulacakları bir adamın etrafında pervane olmalarına yol açan o cazibe neydi? Soykırımı Hrant'tan öğrendiklerini gururla anlatabilecek kadar yüzsüzleşebilmeleri nasıl oldu?

Hiç mi duymamışlardı? Hiç mi okumamışlardı? Cesaret mi edememişlerdi? Toplumun memleketteki dayısına benzeterek aşkla dinlediği bu adamın hangi numarasına tav oldular? Numara yapmamasına mı yoksa?

Şimdi nerelere kayboldular peki? Ağızlarından çıkan en büyük cümle artık, "Ne cenazeydi ama!" Trajikomik bir hal bu. Arkadaşının cenazesindeki kalabalıkla övünüyorsun sen. Osmanbey'in ortasında vurulmuş arkadaşının cenazesiyle övünüyorsun...

Adalet diye kapısını çaldığımız bütün devlet kurumları kendisini katile yakın hissediyor... Devletin bütün anlayışı, bütün varlığı, bütün kurumları, cinayetin içerisinde olduğu halde üstelik. Ölülerle övünüyorsun... Ölülerle övünüyoruz!

Ölüleri nasıl kaldırdığımızla övünüyoruz!

#Ölümsüzdür

Kafamın içinde uğuldayıp duruyor.
Ali İsmail ölümsüzdür...
Berkin Elvan ölümsüzdür...
Hrant Dink ölümsüzdür...
Anlıyorum, biliyorum nereden söylendiğini.
Yakınlarımızın öldürülmesinin verdiği dayanılmaz öfkeden yüreklerimiz bir nebze soğusun diye kaçındığımız adacıklar ya bu sözler.
Ben de bağırmak istiyorum, iyi gelir, işe yarar zannediyorum.
Bağıramıyorum, yazamıyorum, iyi gelmiyor.
Onların öldürülmesinden, onların mücadelesinden bizlere kalan en ufak bir umut ışığı, ölümün kararttığı ruhlarımıza lazım olan iyilik kırıntısı çıkmıyor bu sloganlardan.
Çünkü biliyorum, ölümlüyüz bizler.
Onları öldürdüler.
Gülümseyen ifadesiyle her görenin âşık olacağı o güzelim çocuğumuz, Ali İsmail yok artık.
Ölümüyle değil, yaşamıyla bizlere anlatacağı sözleri, davranacağı halleri alındı ellerimizden.
Cenazesindeki kalabalıkla övündüğümüz, o koca yüreğinden çıkacak iki söz ile çoğalacağımız Hrant'ı susturdular işte.
Yaşayabilmeleri ihtimalinden duyduğumuz heyecanın bir parçasını ölümlerinden ummanın ağırlığı basıyor üstüme.
Reddediyorum.

Hiçbir davanın şehitliğine inanmıyorum ben.
Hiçbir ölümde kutsanacak bir taraf göremiyorum.
"Öldüler ama" ile kurulacak hiçbir cümleyi okuyamıyorum artık.
Kayıplarımızın fotoğraflarını yan yana taşıdığımız her eylem yoruyor beni.
Seri katile dönüşmüş sistemin sıradanlaştırdığı cinayetler karşısında "kayıplar albümü" tutmamız, tetiği çekenlerin dünyasına teslim olmak gibi geliyor.
Hepsi özeldi o insanların.
Hepsini ayrı ayrı özleyenler var evlerinde.
İçimizde bir yerde, her birinin yarım bıraktığı hikâyelerden yaralıyız.
Çocuklarımızın parmağına kıymık batsa, sabahlara kadar uyuyamadığımız evlerimizden hayata karşı bir söz savurmak ise mesele, içinde "ölüm" geçen her cümle isyandır.
Öfkemizi azaltmaya, duygumuzu tamir etmeye olan ihtiyacımız insanidir elbet, anlıyorum.
Ama öfkemi azaltmak istemiyorum ben.
Hesap sormak istiyorum.
Katiller cezalarını bulsun istiyorum.
Yüreğim soğumuyor.
Tam da katledilenlerin ölümlü olduklarını bildiğim için kızgınım bu kadar.
İnsan yaşamına duyulan bu özensizliğe isyan ettiğim için nefesim sıkışıyor artık.
Meydanlarda kefen ile gezenlerin yanında selfie çektiren bir başbakanın ruh haline duyduğum şaşkınlık hiç geçmesin istiyorum.
301 insanın madenlerde üç kuruş için katledildiği gün "fıtratlarında var" diyerek hayata devam edebilen insanlar var karşımızda.
Her konuşmasında Allah'ın adını anarak söze başlayanların unuttuğu "bir insanın ölümü insanlığın ölümüdür" hükmü çınlıyor kulaklarımda.

"Bir kişi, iki kişi, üç kişi ölmüş olabilir," diyerek yasal mühimmatla katledilen çocuklarımızın hatırasına küfredenler, başka çocukların ölümleri karşısında yüzümüze baka baka canlı yayınlarda gözyaşı döküyorlar.
O an eşlerini, çocuklarını düşünüyorum onların.
Evde ne diyorlar kocalarına, babalarına?
"İyi konuşmaydı," diyerek tebrik mi ediyorlar?
Çocuklarının cenazelerinde, mahkeme kapılarında gaz yiyen annelerin sesini duymuyorlar mı bu gürültüde?
Çocuklarımız ölümlüdür.
O yüzden kıymetlidirler en çok.
O yüzden gözümüz gibi bakarız onlara.
Onları öldürdükleri için kızgınız işte.
En sert gerçek ile baş başa bıraktılar bizleri.
Çocuklarımızı öldürdüler.
Üzülmüyorlar bile..."*

---

* *Bu yazı 4 Haziran 2014 tarihinde* Taraf *gazetesinde yayımlanmıştır.*

Cenazeleri usulüne göre kaldırmak

Biz Doğuluyuz.

Biz cenazeleri kaldırmayı, teamüllerimizi önemseriz. Bu toprakların tüm dinlerinin, mezheplerinin birbirine benzer "son görev" gelenekleri vardır üstelik.

Bir Müslüman cenazesini düşünelim.

Ne yapıyoruz?

Naaş musalla taşına yatırılır. Karşısında safa geçilir. Mümkün olduğu kadar birbirine yakın durulur ki kalabalıklar sığsın. İmam okumaya başlar.

Bir süre sonra son yolcu için helallik istenir. Biraz fazla bağırılır "helal olsun" diye. Ses tonumuz yükselir. Gidene yardımcı olmaya çalışılır. Bağırsak daha iyi olacak onun için, işi biraz daha kolaylaşacak zannedilir. O kadar da sevmiyor olabiliriz sağlığında onu; fark etmez. Sonra musalla taşından cenaze arabasına gitmesi gerekiyordur tabutun. Er kişi, yükü önden arkaya omuz vererek taşımaya başlar. Önde durmanın adı konmamış bir süresi olsa gerek. Henüz omuz verememişler, önde duran kişi bu süreyi uzatırsa söylenmeye başlarlar. Hatta iteklerler öndekini. Herhangi bir cenazede sırf bu yüzden kavga çıkmış olabilir bence. Patetik bir haldir bu. Omuz veremeyenler uzaktan tabuta parmaklarıyla dokunmaya çalışırlar.

Götürürüz sonra gömüleceği yere. Mezarı zaten kazılmıştır, hazırdır. İslam cenazelerinde kefenle gömerler, bizde tabutla gömüyorlar; tek fark bu. Mezara ölenin en yakını iner. Bedeni ona teslim ederiz. Bu sefer kürekle toprak atma hengâmesi başlar. Bu vazife oradaki görevlilere bırakılmaz. Toprak atmaya başlanır sonra. Orada da bir süre meselesi vardır. Üç kürek mi, beş kürek mi atacağı, kalabalığa bağlıdır. Arkadan mezara şöyle bir bakarız; mezar ne kadar doldu, sırada bekleyen kaç kişi var, bana kürek gelecek mi? Bu da patetik bir hal değil mi? Küreğe ulaşamayanlar, avuçlarıyla toprak atacaklar en sonunda. Ondan sonra hoca kalkar, onun yakınlarını, daha önce ölmüşlerini sayar. Yedisi vardır, kırkı vardır, Fatiha'sı, duası...

Bu topraklarda usulüne göre gömülmemiş ölülerimiz var bizim. Nerede bu insanların mezarları? Bir buçuk milyon insan! Neredeler, mezar yok...

Ne yapabiliriz bu saatten sonra?

O insanları bir daha gömeceğiz, başka çaresi yok. Gerçek, usulüne göre bir cenaze töreni yapacağız. Bu cenazeyi kaldırabilmek için ölü sayısının birinci yakını olan er kişi yetmiyor Ermenilerde. Olsun. İslam'da vekâlet vardır.

Biz, Müslümanlara vekâlet verdik bu cenazeyi kaldırın diye.

Hrant'ın cenazesi bunun provasıdır belki. Biz bu toprakların teamülüne göre, usulüne göre cenazemizi kaldıracağız. Fatiha'sını okuyacağız, duasını edeceğiz.

Dünyanın her yerinden, her dilinden âmin diyeceğiz.

"Hepimiz Ermeniyiz" diyenler aslında ne söyledi?

"Hepimiz Ermeniyiz" derken, şunu söyledi insanlar: "Hedef çoğaltıyoruz. Az var sizden, tek tek avlarlar sizi. Yanına gelip senmişim gibi yapacağım artık."

Sadece o cenazeyi sırtına almadı, bundan sonraki cenazenin önünü almaya çalıştı insanlar. Bu çok kıymetliydi. Bu toprakların uygarlığıdır bu. Kimse Ermeni olmaz. Ben nasıl Türk olamayacaksam, Kürt nasıl Türk olamayacaksa, o da Ermeni olamaz zaten... O başka bir şey. Bu kadar kalın mı olmak lazım bunu anlamamak için?

Bu kadar kalınlar işte! Öfkemizi, kalabalığımızı, cesaretimizi kendilerine tehdit olarak görüyorlar.

Bu toprakların çıkardığı en güçlü seslerden biriydi "Hepimiz Ermeniyiz" sloganı.

Bir bakanlığın kapısında ağlayan devleti gördüm

Birkaç yıl önce bir bakanla görüşmeye gittim Ankara'ya.

Farkındaysanız aralara giren yazıların sayısı artmaya başladı. *Taraf*'taki yazarlığım başladı çünkü. Artık kapıları çalınca daha kolay açılır oldu. Ankara'daki görüşmeye de gazete yüzünden gitmiş olabilirim.

Barış sürecinde de görev alan önemli bir bürokrat karşıladı beni. Bakanın müsteşarıymış. Çok soğuk tabii Ankara. Bakanlığa giriş, bürokrasi, polisler, duvarlar; artık benim yanımda da bir koruma polisi var.

Dedi ki müsteşar: "Ne içersin, Türk kahvesi mi, gâvur kahvesi mi?" Tamam, bu söylenebilir bir şeydir belki ama bir hayli de kabadır.

Belki ben bundan alınacağım? Bilerek mi yapıyor yoksa? Kızdırdı beni düpedüz... Türk kahvesi içesim vardı, "Nescafe" dedim. Bakanı beklerken kahveler geldi, biraz sohbet ettik. Ben hâlâ esprinin etkisindeyim, pek tadım yok. Konu konuyu açtı ve her Türkiyelinin yaptığı gibi, hava da biraz yumuşasın diye, "nerelisin" kısmına geçtik. Malatyalıymış. Hrant Abi de Malatyalıydı. Bürokrat, Hrant Abi ile tanışıkmış. Ölümünden bir süre önce de keyifli bir sohbet etmişler.

Sonra bir şey oldu...

Dudağı büküldü, kelimeleri titredi, hüngür hüngür ağlamaya başladı.

Sanki her taraf yıkıldı, duvarlar, Ankara yıkıldı aniden...

Ne yapacağımı şaşırdım. Onu teselli mi etmeli?

Karşımda ağlayan kim? Karşımda ağlayan vicdanlı bir yürekse, devlet kim? Katil kim? Katili bulacak olan kim? Ağlamamak için zor tuttum kendimi. Dışarı çıktığımda ne yapacağımı, ne düşüneceğimi bilemez haldeydim. Devleti bilmem ama o bürokrat benim dostum artık.

Aklıma düştükçe arar hatırını, ailesini sorarım...

Konur Sokak'ta bir yunus

"Ermeni lazım" olunca çağırıyorlar ya...

Hrant Abi'nin anması yaklaşınca, Ermeni de yeterince bulamadıklarından birkaç şehre gidip konuşmak zorunda kalıyoruz. Pakrat Abi (Estukyan) bir şehre koşturuyor, belki bir başka ülkeye, Garo bir başkasına. Rober Koptaş, Karin Karakaşlı... Herkes elinden geldiğince görev ifa etme peşinde...

Biz de Kemal'le önce Ankara'ya gideceğiz, sonra İzmir'e. Makine Mühendisleri, Konur Sokak'ta. Konuşmaya başlamadan önce aşağıda birer sigara içelim diyoruz. Yanılmıyorsam hafta sonu. Konur Sokak insandan geçilmiyor. Müdürünü rüyasında defalarca öldürmüş mutsuz memurlar da orada, hükümetin çaycısı da; tayyörünü, kravatını gevşetmiş, bir biranın belini kırmaya yer bakan devlet görevlileri de; Güneydoğu'nun bağrından kopmuş, oralarda iş tutmuş, atkuyruklu, küpeli, renkli Kürt çocukları da, demin eylemden gelen gençler de. Özellikle gençler Ankara'ya inat rengârenk. Güzeldir Ankara'nın gençliği.

Gelen geçene bakıyoruz. Vakit geliyor, yukarı çıkacağız yine. Bir dakika! "Kemal, gel benle," diyorum. "Nereye?" diyor. "Gel bak," bir yandan sese doğru koşarken, bir yandan da, "duduk sesi geliyor," diyorum. Kulağını uzatıyor, saçmaladığımı düşünüyor olmalı. "Vallahi bak, göreceksin..."

Yüz, yüz elli metre sese doğru yürüyoruz. Kemal'in suratında sıkılmış bir hal. "Saçmalıyor" diye düşünüyor olmalı. Ya da gaipten sesler duyduğumu sanıyor. "Bu kadar gürültünün ortasında..." diye söyleniyor Kemal.

İstiklal Caddesi'nde kukla oynatan, siyah giysili, vantriloğu andıran, sakallı bir sanatçı genç vardır. Ankara'ya gelmiş bizim gibi. Ses onun kötü, mono hoparlöründen geliyor. Yakından bile duyması zor... Belli belirsiz! Gösterisine eşlik eden müzik, dudukla çalınan bir Ermeni şarkısı.

"Duyuyor musun?" diyorum. "Vay be!" diyor... Bu kadar yakından duyuyorsun da Kemal... Önemli olan nerede olursan ol, ister on kilometre uzakta, ister başka bir kıtada... Önemli olan o sesi duyabilmek.

Makine Mühendisleri'ndeki o konuşmayı "yunuslar"a ayırıyorum.

Yunuslar

Denizlerin en güzel canlılarıdır onlar.

Şans getirirler.
Çocuklarımızın dokunmasını isteriz, vapurların arkasında gözüktüklerinde toplaşır, elimizle işaret eder, "Bak bak gördün mü?" diye tanımadığımız insanlara gösteririz.
Masumdurlar.
Aralarında garip bir iletişimleri vardır.
Bir ses çıkarırlar.
Denizlerdeki milyonlarca canlının duyamayacağı bir ses.
Tehlikeyi haber ederler.
Kilometrelerce uzaktan o sesi duyar diğer yunuslar.
Toplaşırlar, yetişmeye çalışırlar.
Artık çok geç olmuş ise ağlarlar.
Ağlama seslerini kilometrelerce öteden başka yunuslar duyar.
Onlar da gelirler.
Ağlarlar.
Siz hiç insanın bu sesi çıkardığını duydunuz mu?

Yaşadığımız bütün kakofonide, bağırışlarda, küfrün kâfirin arasındayken hem de, duyabildiniz mi?

1915'te koca bir halk yollara sürülmüşken, kucağında çocuklarıyla yarı çıplak kadınların, bebeklerin sesini duydunuz mu?

Biliyorum çok patırtı var 100 yıldır.
Ama hiç mi duymadınız?

6-7 Eylül'de yağmacı güruh kapısını tekmelerken yatağının altına saklanmış yaşlı insanlar bağırdılar.

Gazete satıcısı çocuklar, "Manşet, Atamızın evini bombaladılar," diye seslenirken cılız mı kaldı ihtiyarın sesi?

Roboski'de çocuğu devlet mühimmatı ile parçalanmış adam kendisine uzatılmış mikrofona, "Bu yapılan benim oğluma hakarettir," dedi.

Kürtçe söyledi.

Duydunuz mu?

Hrant'ı, Sevag'ı, Ali İsmail'i, Ceylan'ı hep beraber duyuyoruz, mümkünatı yok, başka türlü olmaz.

Sonra biri geliyor, Karabağ'ı duydun mu diye fısıldıyor kulağıma.

Binlerce asker, polis şehidi duydun mu diyor?

Şaşırıyorum bu soruya.

Duydum elbet, niye soruyor diyorum içimden.

Sonra deli gibi sinirleniyorum.

Bana bir acıyı tarif etmek için değil, öbür acıların kafamdaki seslerini susturmak için soruyor.

Sesler sesleri bastırsın istiyor.

Sesler çoğalıyor oysa benim kafamda, birleşiyor.

İnsanoğlu acı karşısında sadece tek bir ses çıkarabiliyor.

Duyuyorum.

Bazen başka hiçbir şey duyamaz oluyorum.

Kadınların okul girişlerinde başlarındaki örtüyü çekiyorlar o dönem, bir ses çıkıyor.

Duyma diyorlar.

Duyma, duyarsan onlar güçlenir.

Sonra kavgada mevzi kaybederiz.

Gezi'de gençleri öldürüyorlar, gözlerini çıkarıyorlar.

Demiştik, sen duydun diye oldu bütün bunlar deniyor.

Sonra o başörtülü kadınlar kızmaya başlıyor.
Duyma sokakta vurulan çocukları diyorlar.
Duyma, duyarsan yine çekiştirirler yakamızı paçamızı.
ODTÜ'de, standın başındaki kadın ürkekçe uzaklaşırken bir an geriye dönüyor, "Lütfen," diyor, "yapmayın."
Şık değil bu, içine sinmiyor, duyuyorsun.
Ertesi gün polis onlarca çocuğa saldırıyor kampüste.
Bağırıyor gençler.
Canları acıyor ve acıyı saklamak için öfkedenmiş gibi yaparak bağırıyorlar üstelik.
Duyuyorsun ama dün o "lütfen"i duyduğun için sen sus diyorlar.
Aynı anda duymamalısın ikisini de.
Yaptığın siyaset değil diyorlar.
Ben siyaset bilmiyorum.
Toma'nın altına ölmek için değil, yaşamak için yattı o adam, gördüm yüzünü.
Herkes dursun diye bağırıyorsun, dünya dursun istiyorsun o an.
Toma'nın motoru çalışıyor, sesini duyuyorsun hem motorun, hem adamın.
Polisin ses minibüsüydü o sesi çoğaltan, olmaz diyorlar.
Sen solculuk bilmiyorsun diyorlar.
Ben solculuk bilmiyorum.
Duyuyorum, kafamın içinde hep sesler var.
İçimde tutmak istemiyorum, dillendiriyorum.
Ben başka türlüsünü bilmiyorum.
En acıyan yerlerimizden tanışıyoruz biz bu topraklarda.
O acının bir sesi var.
Siz hiç insanın bu sesi çıkardığını duydunuz mu?[*]

---

[*] *Bu yazı 10 Eylül 2013 tarihinde* Taraf *gazetesinde yayımlanmıştır.*

Öldürülenlerin, ölümü hak ettiğine inandırıldık

Bu ülkede en çok en mağdurlara kızılır.

Hakim algımızla kimliği yüzünden başına felaket gelen insanlara, mağdurlara kızarız en çok.

Mesela Ermenilere çok kızgınız. Alevilere kızgınız, Kürtlere, kadınlara, LGBTİ bireylere kızgınız...

Çocuklarının kemiklerini arayan annemiz yaşındaki "Cumartesi Anneleri"ni tekme tokat kovaladık, copladık, polis arabalarına bindirdik. Kesmedi öfkemizi, onlara gaz sıktık.

Ermeni derdini anlatsa, bilmem neyin taşeronu, hain, dış mihrak oldu durdu. Kürt anlatırsa bölücüydü, trans birey anlatırsa ahlaksızdı, gençlerimizi tehdit ediyordu onların yaşamı.

Öldürülenlerin, ölümü hak ettiğine inandırıldık. Çünkü öldüren devlet ise, öldürülen masum değildir bizim için.

Yüzde sekseni kadın ve çocuklardan oluşan yüz binlerce Ermeni, sürgün yollarında vahşice katledilirken, "Ama onlar da Rus üniforması giymiş," diyerek soğutabildik yüreğimizi.

6-7 Eylül'de "Atatürk'ün evine bomba atmışlar" palavrasıyla insanların evlerine, mahremlerine, namuslarına, çocuklarına, mezarlarına el uzatanların "hassas" ruh hallerini savunduk.

"Ülkeyi bölecek onlar" dediklerimizin, devlete zimmetli beyaz toroslara bindirilip faili malum eller ile gömülmesine yol verdik biz.

Aziz Nesin Allah'a küfür etmiş dediler diye 35 insanın üzerine benzin döküp yaktık onları Sivas'ta. Biz katilin cinayeti işlemesindeki hafifletici sebeplere âşık olduk hep. Biz kendimizi hep katile yakın hissettik. Katil o cinayetleri biraz da bizler için işledi diye inandık.

Üzücüydü ama gerekliydi bu olanlar.

Ancak bizleri de bu cinayetlerin ortağı kılarlarsa hesap soramazdık onlardan. Milli hassasiyetler hep cinayet işledi bu topraklarda. Yolda bulunmuş nüfus cüzdanını cinayet mahalline bırakan uyanık katil gibiydiler oysa. "Türklük adına öldürdüm" diyerek Türklerin vicdanlarına kilit vurdular. Eski devlet bütün bu olanlar için özür dilemeye başlarsa ilk sıraya Türkleri koysun. Çünkü kendi iktidarını kuvvetli kılmak için bütün cinayetlerini onun adıyla işledi.

Hiç hesap soramadık. Katile gönül rahatlığıyla katil diyemedik. Sonra el birliğiyle bir yöntem icat ettik.

"Yüzleşme Toplantıları" adı altında birtakım toplantılar yapılmaya başlandı. Oralarda bir masa etrafında oturan insanlar karşılarında oturan dinleyicilere başlarına gelenleri anlattı. Kimdi bu insanlar? Bir Kürt, bir Alevi, bir başörtülü, bir Ermeni, bir trans birey... Espri olsun diye ben topluluğa "Türkiye'nin looser'ları" diyorum. "Kaybedenler gürühu" yani... Her toplantıda tekrar tekrar dertlerini anlatmaya başladı insanlar. Salondaki kalabalıklar olan biteni ilk defa duyuyormuşçasına ilgiyle dinlediler. Toplu terapi seansları gibi, anlattırdıkça iyileşeceğini düşündüğümüz insanlara bir süre sonra yeni bir görev biçmiş olduk. "Anlat, yine anlat, 'sana ne oldu'yu anlat..."

Dinleyenlerin etkilenerek ayrıldığı her toplantının sonunda "anlatıcılar" biraz daha yorgun, yine canları yanmış, kendi hikâyelerinden sıkılmış halde evlerinin yolunu tuttular...

Onların işi, bizden daha zordu.

Asıl size ne oldu?

Toplantılar mı çok sıklaştı yoksa?

Bilmem kaçıncı benzer temalı bir toplantıda, sözün bana gelmesini beklerken, dağarcığımdaki en etkili, en acılı hikâyeyi hatırlamaya çalışırken yakaladım kendimi.

En büyük felaketimi dinleyen insanlar en iyi toplantıyı gerçekleştirmiş olacak öyle mi?

Üstelik bu rutine binmiş, yüzleşme salonlarında Ermeniye ayrılmış sandalyenin nöbetçi elemanı haline gelmişim artık. Özel günler ve haftalarda, 19 Ocaklarda, 24 Nisanlarda medyaya, STK'ya Ermeni lazım olacak ve bu kutsal görevi yerine getirdiğim için kendimi şanslı sayacağım yani? O kadar ki, çağrıldığım bir etkinliğe katılmaya müsait değilsem telefondaki ses, "Bize başka bir Ermeni önerebilir misin?" diyebilecek kadar pervasızlaşmış.

Ben bunları düşünürken anlamadan söz bana geliverdi. "Evet, söz Hayko Bağdat'ta. Anlat bakalım sana ne oldu?"

Birkaç saniyelik bir suskunluktan sonra, "Arkadaşlar, asıl size ne oldu?" diyebildim sadece...

Bütün bunlar sizlerin şahitliğinde olmadı mı?
Bütün bunları beraber yaşamadık mı biz?

Siz 6-7 Eylül'ü şimdi mi duydunuz?

6-7 Eylül'de binlerce insanın evine girildiğinde, tecavüzler edildiğinde, mezarlıklar açıldığında, kiliseler yağmalandığında...

Ne olmuş olabilir?

Bir trajediyi daha ne kadar anlatabilirim size?

Peki bütün bunlar olurken aynı zamanda size ne oldu?

Yani Yahudilerin trene bindirildiği hikâyelerden milyon dolarlık filmler çıktı, romanlar çıktı, hikâyeler çıktı...

Peki, o trenlere bindirilen Yahudileri gören Almanlar ne yaptı?

Eve döndüklerinde ne yaptılar mesela?

Çok pratik bir şey soruyorum. O gün hayata nasıl devam ettiler?

Bu yüzleşme dediğin şey, mağdura maruz kaldığı zulmü anlattırıp durmak değil ki!

Yüzleşme dediğin şey, senin bu zulme nasıl yol verdiğin ve bu hayatı nasıl yaşadığın...

Yüzleşecek olan ben değilim, sensin!

Ben neyle yüzleşeyim, eninde sonunda sana bir sürü bunun gibi kötü hikâye anlatacağım. Tahmin edebilirsin bunları. Dinlemek daha iyi geliyorsa, ben bir kez daha anlatayım, ama yüzleşecek olan sensin, çünkü sen bunlara yol verdin.

Sen, kötülüğe yol verdin.
Sen, kötülüğe ikna oldun.
Sen bu cinayetlerin haklı olduğunu düşündün.

Söyleyin, asıl size ne oldu?

Piyano

Birkaç yıl önce TRT'de denk geldim.

Bir 6-7 Eylül belgeseliydi; bir çocuk ve piyano hikâyesi. Belgeselde anlatan yaşlıca bir kadın, çok şık, bakımlı... Yağmalama gecesine şahit olmuş bir Türk ailenin küçük kızı.

Olayların gerçekleştiği semt Tarlabaşı. Yani aynı gece annemlerin evlerine girmeye çalışan kalabalıkların yürüdüğü sokaklar.

Küçük çocuğun müzik kulağının olduğunu fark etmiş ailesi. Karşı komşularında bir piyano olduğunu biliyorlar. Piyanonun sahibi olan ev sakinlerinin hangi milletten olduğunu boş verelim. Çocuğun, haftada bir gün piyano dersi alıp alamayacağını sormuşlar, piyanonun sahibesi hemen kabul etmiş. Kadın gözlerinin içi parlayarak o piyanoya ilk dokunduğunda çıkan sesi, o sesi duyan kulağı, o mucize alete dokunabilmenin verdiği özgürlük hissini anlattı uzun uzun. Sonra birdenbire suratı değişti, dudakları titredi ve ağlamaya başladı. Mırıldanarak devam etti: "O gece piyanoyu camdan attılar."

Biz şimdi piyanosu camdan atılanların hikâyesini konuşuyoruz ya, bir de piyanonun camdan atıldığını görenlerin hikâyesi yok mu? Sadece o cinayetin ortağı olmak gerekmiyor. Bir de böyle etkilenenler yok mu? Mesela sen, ertesi gün çocuğuna, o komşularının artık orada yaşamadığını ve onların arkadaşı olan o evdeki çocuğun artık mahallede top oynamayacağını nasıl anlattın? Yalan mı söyledin, doğru mu söyledin?

Ahlaki bir yerden sorgulamadan soruyorum bunları.
Kendini ne söylemek zorunda hissettin o çocuğa?
Kendi çocuğuna komşunun evinin yağmalanmasını nasıl anlattın?
Hak ettiler mi dedin?
Ağladın mı anlatırken?

Her ne yaptıysan yaptın, senin uygarlığın buradan devam etti, kültürün buradan devam etti. Aslında sen hakim kültür olarak da buna yol verdin... Ne oldu o zaman, mesela katile katil diyemeyince, gaspçıya gaspçı diyemeyince? Katilin cinayeti işlemesindeki hafifletici sebeplere ikna oldukça o katil cinayet işlemeye devam etti.

Ne olurdu bunlara izin vermeseydik?
Nasıl bir uygarlığımız olurdu, nasıl bir kültürümüz olurdu?

Yol verdik de ne oldu peki; bak çocuğun üzerinde havan topu patladı, annesi eteklerine topladı parçalarını Ceylan Önkol'un; hiçbir şey olmadı sonra.

Uğur Kaymaz'ın yaşından bir fazla mermi çıktı üzerinden; hiçbir şey olmadı sonra.

Otuz dört insanı bombaladılar, paramparça ettiler Roboski'de; hiçbir şey olmadı yine.

Hrant öldürüldü bir şey olmadı, Sevag öldürüldü bir şey olmadı.

Soma'da, madende üç yüz insan öldürüldü, üç kuruş fazla kazanılsın diye; hiçbir şey olmadı.

Ben bu konuları yazarken sadece bir Ermeni meselesi, Rum meselesi olarak görmüyorum olanları. İnsan diyorum, vicdan diyorum, hak diyorum, adalet diyorum... El birliğiyle kaybettiğimiz değerlerimizi geri çağırıyorum.

Bu kez de bir piyano eşliğinde...

Bu film artık bitmeli

Hollywood'un korku filmleri vardır hani, finali büyük sürpriz ile biten...

Benzerlerini mutlaka izlemiş olmalısınız. Bir adam, karısı ve çocuklarıyla yeni bir eve taşınır. O eve yerleştiklerinde kadın uzun süredir özlemini çektiği çalışma odasına, bahçeye, mutfağa kavuşur. Çiftin bazı sorunları vardır ama o ev onlara iyi gelecektir. Çocuklar için bahçede salıncak vardır, belki havuz bile vardır. Biz filmin ilk bölümlerinde bunun bir korku filmi olduğunu unuturuz; o evi, o aileyi ve onların gündelik hayatlarını izlemeye başlarız. Bir süre sonra evde hiç olmaması gereken bir şey olur. Biz de işte o anda hatırlarız tekrar, korku filmi izlediğimizi. Gaipten bir ses duymaya başlar ev ahalisi. O ses, ev sahiplerini rahatsız etmeye başlar. Evde siluetler belirmeye başlar. Ve biz izleyiciler o gaipten gelen sese çok kızarız. Çünkü evdekilerin hayatı tam düzene girmişken, çocuğu korkutur o ses mesela. Çocuk gece koşar, annesinin babasının yatağına girer. Kadının psikolojisi bozulur, doktorlara falan götürmek zorunda kalır adam. Sonra adam bu çaresizlik içerisinde tedbirler almaya başlar. Eve tesisatçı çağırır. Papaz çağırır. Biz filmin o anına kadar oturduğumuz yerden aileyle birlikte o sesi susturmaya, yok etmeye çalışırız.

Sürprizli kısmı gelir filmin, bir çekmece açılır, bir fotoğraf çıkar içinden. O sesin kaynağının kime ait olduğunu çok merak ediyoruz ya. Anlarız, o evin eski sakinlerinden bir kadındır ve bir cinayete kurban gitmiştir; cesedi de o evin bodrumundadır. Ve aslında o ruh da tam olarak ne yaptığını bilmiyordur. Yaşıyor mu, öldü mü, arafta mı, cennette mi, cehennemde mi? Bilemeyiz. O, usulüne göre gömülmediği için, cinayete kurban gittiği için kızgındır. Çıkardığı ses, iletişim kurulabilecek bir ses değildir henüz. Ve o andan itibaren evin sakinleriyle o sesin arasında bir diyalog, bir iletişim başlamasını isteriz. Artık o sesin gitmesini, yok olmasını değil de, beraberce işbirliği yapmalarını bekleriz. Hatta bazen ev sakinlerine kızarız, "Yahu anlamadın mı, o seni korkutmaya çalışmadı, sana fotoğrafı uzatıyordu, sen korktun kaçtın. Keşke fotoğrafı alsaydın da görseydin," deriz. Filmin son bölümünde ev sakinleriyle beraber cesedin yerini ararız. Ona usulüne göre bir cenaze yapacağız çünkü. Onu başka türlü huzura erdiremeyeceğiz. Belki de o ses, biraz da o evin sakinlerini korumak istiyordur. Çünkü katil serbesttir belli ki...

Türklerle Ermeniler arasındaki durum budur işte. Uzun süre bu sesi çıkaranlara kızdılar. O yüzden yeni cinayetler işlendi. Hrant'ı o yüzden öldürdüler. Bizleri o yüzden tehdit ediyorlar. Oysa bu ses için bizim yapacağımız bir tek şey var, o da dinlemek. Kimse evinin bahçesinde bir mezar taşı istemez, biliyorum. Çocuklar oynayacak orada. Ama ölü zaten evin bodrumundaysa ne yapabiliriz?

Yolu yok, usulüne göre bir cenaze yapacağız Ermenilere. O ölüleri gömeceğiz, katili bulacağız, ancak böylece cinayetleri durduracağız. O ses bize yardımcı olacak.

Biz şimdi o sesi çıkarıyoruz. Filmin neresindeyiz bilmiyorum. Kasabada hâlâ bu sesi çıkaranları susturmak istiyorlar ama susturdukları her ses yeni seslerle çoğalıyor. Hrant'ı susturdular, ne oldu?

"O evde yaşamak istiyorsan, yapman gereken görevlerin

var." Buna ikna olduysak, çok iyi; hep beraber yapalım bunu artık. Filmin sonuna geldik demektir. Bu film artık bitmeli. Korku filmleri, gerilim filmleri belli bir saate kadar izlenebilir, fazlası yorar. Her an o diken üstünde durma hali ev sakinlerini de, o sesi çıkaranları da, sinema salonu izleyicilerini de yorar. Ermeni meselesini artık bitirmeliyiz. Mesela başbakan bir taziye mesajı yayınladı.

Şunu sordu herkes: "Samimi mi?"

Devletten niye samimiyet bekliyorsun ki?

ABD Başkanı Barrack Obama bu yıl "genosit" deseydi, "çok samimi bir çocuktur zaten, sağ olsun" mu diyecektik? George Bush'a gidip, Cumhuriyetçi Parti için destek bileti alıp, onun o yıl "genosit" demesini isteyenler, bir soykırımın acılarının dinmesinin George Bush eliyle olacağına mı inanmışlardı? Yüz binlerce insanı Irak'ta öldürmüş katille mi çözeceğiz biz bu işi?

Devletler bu işleri mi yaparlar? Bazı senatolar dünyada bütün insanların mutlu olması, huzurlu olması, sorunların bitmesi için mi kararlar alırlar? Aynı senatolar savaş kararları almaz mı? Bir sonraki oturumlarda Afganistan için, Suriye için, Irak için ya da başka yerler için savaş kararları alan adamlar değil mi bunlar?

Devletlerden böyle bir şey beklenmezken, niye Türkiye devletini bunun dışında tutalım? Eninde sonunda birtakım dengeler, devletlere geri adım attırır. Bunlar soğuk işlerdir, reel politik işlerdir.

Beni bir günlüğüne başbakan yapsınlar ve diyeyim ki, "Bu bir soykırımdır, bunun yakınlarına bütün tazminatları ödenecektir, özür dileriz, al bak, bir tane de anıt diktik sana buraya..." Bir sonraki gün aynı hükümet görevine devam etsin, ben de normalime döneyim. Tek farkla, ben sokakta daha kötü halde yaşayacağım ertesi gün. Korku içerisinde yaşayacağım. Çünkü bu işler tabanda çözülür. Tabanın psikolojisinde, tabanın merhametinde, tabanın hayata bakışında, tabanın olgunluğunda çözülür.

Bugün beni Konya'ya götür, Kayseri'ye götür, bırak sokağın ortasına, "Ermeni var," diye bağır, pekâlâ kovalayabilir insanlar beni. Niçin açılıyordu Ermenistan kapısı, hatırlayan var mı? Niye açılmadı sonra, hatırlayan var mı? Boru mu geçiyordu oradan mesela, o yüzden mi açılacaktı?

Bu ülkenin başbakanı taziye mesajı sunuyorsa, "Âmin, Allah razı olsun," deriz. Ertesi gün o devletin bütün mekanizmalarında üzerimize baskı olarak kurduğu her hal ile mücadeleye devam ederiz. Ermeniler dediğin saksıdaki çiçek değil ki biraz su verince sana müteşekkir olsunlar. Biz sadece Ermeni değiliz ki, biz her şeyiz. Kadınız, çocuğuz, erkeğiz, trans bireyiz, işçiyiz, emekçiyiz, Gezi'ciyiz, sağcıyız, solcuyuz, her şeyiz biz. Her türlüyüz... Başbakanın, taziyeden sonra ona "güzel adam, iyi adam, büyük adam" diye ilan veren birkaç sermayedarı, birkaç Ermeni Vakfı yöneticisini ve Ermeni Patrikhanesi'ni duymak istiyor sadece. Bunlar statüleri gereği tarih boyunca egemene yakın durmuşlardır. Yaşam alanı lütfeden egemene müteşekkirdiler.

Başbakan onları ölçü alarak şöyle bir şey söyledi; "Bizden olanlar, bizimle olanlar ziyaretimize gelip teşekkür ettiler. Diasporanın etkisinde olanlar ise, bakmayın siz onlara."

Kimden bahsediyorsun?

Agos'tan bahsediyorsun, benden bahsediyorsun, başka kaç kişiyiz zaten? Üç beş kişiden bahsediyorsun. Diasporanın etkisinde olanlar dediğin kim? Diaspora kim?

Diaspora dediğin, soykırım mağdurları zaten!

Memleketinde yaşayamayan, Arjantin'de yaşayan Malatyalıdır diaspora.

Bu devlet soykırım yaptığı için ata toprağından ilişkisi kesilmiş adamdır diaspora.

Benim amcaoğlumdur. Ve sen her zaman yaptığın gibi, iyi Kürtler, kötü Kürtler; iyi Aleviler, kötü Aleviler; iyi Ermeniler, kötü Ermeniler mantığında yürütüyorsun bu işi.

Çünkü gidiyorsun Diyarbakır'a, "Kıblemiz bir, burası peygamberler şehri," diyorsun... BDP - PKK çizgisinde olanlara Zerdüşt, Ezidi, Leninist, Allahsız komünist diyorsun. İşte iyi Aleviler var, bir de Ali'siz Aleviler, Ateistler, Alman Cumhurbaşkanı'nı kandıranlar var diyorsun.

Şimdi milyon dolarlık servetleriyle sana yakın durmak zorunda kalmış vakıfların bazılarının yöneticileri iyi Ermeniler, bizler kötüyüz öyle mi?

Başbakan'ın taziyesi

Soykırımın 100. yılı yaklaşırken hep birlikte bazı analizler yapıyoruz.

Amerika bu yıl "genocide" kavramını mı kullanacak, "büyük felaket" mi diyecek?
Ermenistan – Azerbaycan ilişkileri bu noktadayken Türkiye yeni bir hamle yapabilir mi?
Fransa parlamentosunun aldığı "soykırımların inkârının suç sayılması" kararı esnetilebilir mi?
Doğu Perinçek'in İsviçre ile mahkemelik olan hali Türkiye'ye avantaj oluşturur mu?
Bu konu AB üyelik sürecinde önümüze nasıl bir engel çıkarabilir?

Ne dersiniz?

Sanki Eurovision yarışmasında dost – düşman ülkelerin puanlamasını yorumlayan Bülent Özveren kafasıyla pozisyonumuzu belirlemeye çalışıyoruz değil mi? Oysa konuştuğumuz konu Malatya'da, Sivas'ta, Diyarbakır'da, Samsun'da yaşayan kendi vatandaşlarını katletmiş zalim bir iktidara, ittihatçı politikaların sonuçlarına olan mesafemizdir sadece.

Karşımızda duran soru çok net:
Kendimizi katile mi, maktule mi yakın hissediyoruz? Katilin cinayeti işlemesindeki hafifletici sebepleri mi parlatacağız, yoksa katledilmiş komşumuz için yas mı tutacağız? Bu toprakların usulsüz gömülmüş insanlarına resmi ağızdan küfür mü edeceğiz, onların ruhuna fatiha mı okuyacağız?

Şimdi, soykırımdan 99 yıl sonra, ülkenin en yetkili makamı bir kâğıda uzun bir metin yazıp önümüze uzatıyor. O metinde hangi dengeler gözetilmiş, ne kadar samimi olunmuş, neyin hesabı yapılmış umurumda bile değil açıkçası. Konu devletlerin reel politik çıkarlarıysa, ne Obama'nın bir kelimesinde, ne Fransa'nın bir kararında, ne de Türkiye'nin bir sayfalık açıklamasında samimiyet aramak gerçekçi değil zaten.

Bizlerin işi başka olmalı.

Tepede olgunlaşmış ya da buna mecbur kalınmış yeni bir yaklaşımın tabanda hep beraber inşa edeceğimiz barış ortamı için sağladığı imkânı sonuna kadar kullanmak zorundayız.

Bu metinde üzerinde durmamız gereken çok önemli bir satır var. 1915'te öldürülmüş insanların huzur içinde uyumaları için dua edilmiş. Ben yıllardır savunduğum bu üslubun, içinde yaşadığımız iklime hâkim olması için üzerime düşen sorumluluğu alıyorum. Bu ülkenin siyasi iktidarı, muhalefet partileri, medyası, sivil toplumu, sendikası, öğrencisi, hepimiz bütün gücümüzle 99 yıllık inkâr ve nefret dilinin kötücül etkilerini silmek için kolları sıvamalıyız. Bir asır süren suç kültürünün etkilerinin bir hükümetin, bir sayfalık metnin, iki yakışıklı sözün mucizevi etkisiyle ortadan kalkmayacağını biliyoruz.

Şimdi davranmak zamanıdır.

Eksik bulduğunuz metinlerin yerine yenilerini yazınız.

Şekilsiz bulduğunuz eylemlerin yerine yenilerini örgütleyiniz. Samimiyetsiz bulduğunuz beyanların yerine yeni cümleler kurunuz. Başka ülkelerle ilişkilerimizin değil, kendi vicdanlarımızın normalleşmesini sağlayınız.

Çünkü bu katliam ile yok edilmiş Ermeni halkına dünyanın tüm dillerinde taziyeler sunuldu zaten.

Eksik olan en önemli lisan Türkçedir.

Bugün devlet, sunacağı taziyeyi 9 dilde tercüme ettirmek için enerjisini boşa harcamamalı.

1915 kurbanlarına Türkçe dua etmek yeterlidir.

Dünyanın her yerinden, Ermenice "âmin" diye karşılığını alacaktır, emin olunuz. Belki de ihtiyacımız olan sadece budur.

Başbakan Erdoğan, kaybettiğimiz yakınlarımız için taziyelerini sunuyorsa, bu toprakların geleneğinden gelen, verilecek tek bir cevabımız vardır.

Allah razı olsun, âmin.

Yarın mı?

Her zaman yaptığımız gibi, onurlu ve özgür bir gelecek için mücadeleye devam edeceğiz. Sadece yüz yıl önce değil, bu iktidar döneminde de katledilen yakınlarımızın, çocuklarımızın hesabını sormak için direneceğiz. Ankara'nın karanlık dehlizlerinde gizlenen, terfi alan, baş tacı edilen katilleri adaletin karşısına çıkarabilmek için uğraşacağız.

Kısacası herkes işini yapmaya devam edecek.

Devlet devletliğini;
Bizler insanlığımızın gereğini.

Herkes görev yerine...*

---

* *Bu yazı 26 Nisan 2014 tarihinde* Taraf *gazetesinde yayımlanmıştır.*

Bu da benim gazete ilanımdır

Erdoğan'ın 1915 soykırımında katledilen Ermeniler için sunduğu taziyeyi asla hafife almadım.

Devletin 99 yıldır sürdürdüğü nefret ve inkâr politikasının değişme ihtimaline karşı üzerime yüklenen sorumluluğu kabul ettiğimi geçen yazımda çok net belirtmiştim. Bizler, atalarımızın hatıralarına gönderilen bu selamı hak adına alıyoruz, aleykümselam...

Fakat birkaç gündür bu nezaket ortamını sulandırdığını düşündüğüm bazı gelişmeler ile karşılaşıyoruz. Mesela Kadim Ermeni Kilisesi'nin (AKP marifetiyle) Ermeni halkı tarafından seçilmeden, vekâleten göreve atanan tek "Patrik"i Aram Ateşyan şöyle buyurmuş: "Sayın Başbakan'ın bu açıklamasıyla ortaya koyduğu yaklaşım acılarımıza su serpti. Açıklama Türkiye'ye karşı olanlara da verilen bir cevaptır. Patrikhanemiz ve şahsım adına memnuniyetimi bildiriyor, teşekkürlerimi sunuyorum..."

Kim kardeşim bu Türkiye karşıtı düşmanlar? Ne demişler de düşman olmuşlar? Memlekette veya dışarıda, hem soykırımın mağduru olup hem de sırtını Türk devletine dayamadan, onurluca acısının peşine düşmüş insanların içinde de var mı bu düşmanlardan?

Surp Pırgiç Hastanesi Y.K.B. Bedros Şirinoğlu ise ailesi adına verdiği ilanda şöyle anlatıyor hislerini:
"Bizlere ilkleri yaşatan Başbakanımız, güzel adam Sn. Recep Tayyip Erdoğan. Taziye mesajınıza en içten teşekkürlerimizi arz eder, ben ve ailem adına kötü günlerde hayatını kaybeden Müslüman kardeşlerimin torunlarına taziyelerimi sunarım."

Elbette bu jestin içerdiği mesajı algılıyorum. Fakat bu ilanda, "yaşadığımız ilkler" meselesinde sayılması gereken önemli bir ayrıntı atlanmıyor mu? Yaşımızın erdiği dönemi hesaplayacak olursak 12 yıllık AKP iktidarı, en çok Hıristiyan'ın katledildiği ve katillerinin aramızda hesap vermeden gezindiği dönem değil mi?

Tek tek uğraşamayacağım, ben en iyisi kendi ilanımı vereyim.
"Sayın Başbakan, bu meselenin çözümü için dayanacağımız yegâne güç gerçekliktir, samimiyettir. Türkiye hükümetinin veya dünyadaki herhangi bir parlamentonun beyanında, reel politik hamleleri aşan bir samimiyet arayışı içinde değilim.

Bu mesele adalet meselesidir. Samimiyeti ise halk inşa edecektir. Taziyeniz bu inşa süreci için çok önemlidir. Ben atalarımın İttihatçılar tarafından soykırıma tabi tutulduğuna, yaşadıkları yerlerden sürülürken bıraktıkları malın mülkün mirasçılarının kul hakkı olduğuna, onların hatıralarının saygıyla anılması gerektiğine inanıyorum. Katil ile aramıza mesafe koymanın önemine, Türkiyeli çocukların sırtlarına bindirilen bu anlamsız yükün kaldırılması için çabalamaya mecbur olduğumuza inanıyorum.

Fakat bunun için 'yapılacak işler' listesini yanlış bir sıralama ile dizdiğinizi düşünüyorum.

Verdiğiniz namus sözünü tutunuz.
Ergenekon, paralel devlet gibi isimler verdiğiniz yapılar sizi hedef aldığında neler yapabileceğinizi gördük, izliyoruz.

Peki bizim için neden davranmadınız?

Hrant Dink'in katillerini bulunuz.

Cinayet dosyamızda adı geçen ve her birine terfiler verdiğiniz kamu görevlilerinin sorgulanmasını ve yargılanmasını sağlayınız. Ankara'nın karanlık dehlizlerinde, yani yanı başınızda gizlenen günümüz Ermeni katillerini ortaya çıkarınız. Arkadaşımız vurulduktan 8 yıl sonra elimizde sadece Ogün Samast ve onunla kahramanlık posteri çektiren devletin fotoğrafı var. Bu malzemeyle adalet arıyoruz.

Anlaşılan o ki, Ermeniler de kendilerine devletlu fetvacılarını, muktedir korucubaşlarını, gazetecilikten vekilliğe göz kırpan kendi Mehmet Metiner'lerini icat eder oldular. Kulağınızın dibinde onların sesi çınlarken aslolan gerçeklerden uzaklaşmayınız. Soykırımın yaralarını sarmak istiyorsanız icraata son kayıplarımızdan başlayınız.

Sevag Balıkçı'nın, Hrant Dink'in katillerini bizden iyi tanıyorsunuz, onları saklamayınız.

Saygılarımla"*

---

* *Bu yazı 30 Nisan 2014 tarihinde* Taraf *gazetesinde yayımlanmıştır.*

Az daha milletvekili oluyordum

Baksanıza, şaka maka köşe yazarı olmuşum.

Söz soykırımdan açılınca, sağında solunda eksik kalmasın diye kitabın eğlencesini bozdum. Tamam, söz yine çok eğleneceğiz. Madem kişisel hikâyemi anlatıyorum, kesinlikle atlamamam gereken bazı dönemler var. Gelin birkaç yıl geriye gidelim. Zaten bizde zaman çok hızlı gidermiş gibi yapar, ama sonra bir bakarız, bir arpa boyu yol kat edememişiz.

2011 seçimleriydi. Sizlere değişik vesilelerle "bir Ermeni lazım" durumlarından bahsedip duruyorum ya. Bu seçimlerde de AKP, CHP ve BDP gibi partilerin adayları arasında bir Ermeniyi de gösterecekleri sıkça konuşulur olmuştu. "Bir Ermeni milletvekili" aday adaylığı meselesi ilk AKP çevresinden soruldu bana. Ne oldu? Şaşırdınız mı? Son dönemlerde yaşadığımız siyasi iklimin sertliği içinde artık dostluğumuzu kaybettiğimiz sevgili Hilal Kaplan'ın önerisiydi bu. Kabul etmedim elbette. Daha sonra Markar Esayan'ın da davet beklediğini duyar olduk. Bu performansıyla ilk seçimlerde "inşallah" diyelim artık Markar için...

Eşzamanlı olarak daha önce Baskın Oran seçimlerinde organize olmuş kesimler, BDP destekli bağımsız adaylık için benim ismim üzerinde uzlaştılar. Bu fikri genel başkan Selahattin Demirtaş'a iletmek için temsilci bir kadro kuruldu. Garo Paylan,

Mithat Sancar, Roni Margulies, Ahmet İnsel, Cengiz Algan, Pakrad Estukyan ve ben. Mithat Abi zaten Ankara'da yaşıyor. Geri kalan kadro bir Transporter minibüs kiralayıp şoför koltuğuna Garo'yu geçirip düştük yollara. Eğlenceli bir yolculuktu.

Böyle bir kadronun yol boyunca ağır siyaset konuşacağını düşünüyor olabilirsiniz. Düşünmeyin. Esprilerle, sohbetlerle, vasıflı şoförümüzle uğraşarak vakit geçirip anlamadan vardık Ankara'ya.

Yolda Ahmet İnsel'in önerisiyle bir karar alındı. Meclis'e gidecek ekipte benim de olmam garip kaçarmış. "Kız istemeye gitmiş" gibi olurmuşuz. E ne olacak? Beni bir restorana bırakıp kendileri gittiler Selahattin Bey'in yanına. Bütün bunların bir mizansen olduğunu, beni orada bırakıp İstanbul'a döneceklerini düşünmedim desem yalan olur. Teklif BDP yönetimine sunuldu. Arkadaşlar! Sunuldu değil mi? Bakın anlatıyorum. Sunulmuştur canım, hepsi koca koca adamlar...

Böylesi bir adayın gösterilmesinin milliyetçiliğe ve resmi ideolojinin hoyratlığına karşı içerdiği anlam anlatıldı. Ya da bu bana bizim fazladan yüklediğimiz bir anlamdı. Sonrası cevabı bekleyerek geçti. Olumlu ya da olumsuz bir dönüş yapılacaktı bizlere. Hâlâ bekliyoruz.

Önerilen İstanbul 2. bölgeden daha sonra Sırrı Süreyya Önder seçildi. Sırrı Abi'nin *Agos*'a, "Uygun Ermeni aday bulunamadı," diye demeç vermesi ise hâlâ aramızda kavga sebebidir. Ama artık kızgınlıkla değil, birbirimizi kızdırmak için kullandığımız tatlı bir atışma malzemesi haline geldi diyebilirim.

Ermeni adayın o seçimlerde niye tercih edilmediği konusuna gelince, bazı öngörülerim var elbet. Fakat "birlik ve beraberliğe bu kadar ihtiyacımız olan bir dönemde" söylemeyeyim.

Bütün bu olanlardan sonra minibüsteki arkadaşlar Mithat Abi'yi arayıp, "Hayko bu milletvekilliği adaylığına çok inandı Mithat. Çok etkilendi, nasıl olsa milletvekili olacağım diye işi gücü bıraktı. Acayip para sıkıntısı çekiyor şu sıra... Zaten bir garip davranmaya başladı," diyecekti. Bir süre sonra da ben arayıp, Mithat Abi'den uzun bir pazarlık sonucu en son 800 TL borç isteyecektim. O parayla meyhaneye gitmeyi düşünüyorduk elbette. Neyse, ne ben bunları size anlatmış olayım, ne de siz duymuş olun. En başta bu hainliği yapanlara ayıp etmiş olurum.

Her ne kadar planı ben yapmış olsam da...

Azı karar çoğu zarar

Referandumdan ve aday olamadığım genel seçimlerden hemen sonraydı.

2012 işte. Benim için önemli sayılabilecek bir gelişme yaşadım. İMC TV'de program yapmaya karar verdim. Roni Margulies'le fikrimi paylaştığımda aklımdaki hinlik çok netti: "Hep bize halimizi soruyorlar. Artık biraz da biz insanlara hallerini hatırlarını soralım..."

Roni gibi iflah olmaz bir geveze için kaçırılacak fırsat değildi elbette. Cuma geceleri bir saat süren, bir Yahudili, bir Ermenili, bol sohbetli bir programda uzlaştık. Ne yalan söyleyeyim, bu kadar geniş bir kitlenin karşısına, üstelik düzenli olarak çıkma fikri beni heyecanlandırdı. İMC TV batıda ne kadar popüler bilmiyorum, fakat "Ankara'nın doğusunda" ilk üç kanaldan biridir diyebilirim.

İlk konuğumuz sevgili Ahmet Hakan'dı. Teklifi götürdüğümüzde hiç düşünmeden, "Evet," dedi. Ahmet Hakan sonradan başlayacağım *Taraf* yazarlığında da köşesinden bana destek verip durdu. Sağ olsun...

Politikacılardan Osman Baydemir, Ahmet Türk, Hüseyin Çelik, Galip Ensarioğlu, Binnaz Toprak, Abdullah Demirbaş,

Fırat Anlı gibi konuklarımız oldu. Gazetecilerden ise Rıdvan Akar, Mete Çubukçu, Balçiçek İlter, Mümtazer Türköne, Bülent Keneş, Rober Koptaş, Cengiz Çandar, Ömer Laçiner, Yıldıray Oğur, Mihail Vasiliadis, Ragıp Zarakolu, Ümit Kıvanç, Orhan Kemal Cengiz gibi dostlarımız bizi yalnız bırakmadı.

Ahmet Kaya'yı andığımız programda ise Gülten Kaya'ya sarılarak özlem giderdik.

Televizyon bana önemli bir şey hatırlattı.

Daha çok insana konuşmak yükü azaltıyormuş...

Git başka ülkede tweet at

Kimse kendini kandırmasın.

Sosyal medyanın askerleriyiz hepimiz. Özellikle ben artık bir bağımlı olduğumu itiraf edebilecek noktaya gelmiş durumdayım.

Üstelik, "TV'de izlediğimizde ciddi bir adama benziyorsun, sosyal medyada tam bir zevzeksin," diye defalarca uyarı almama rağmen kendimi durduramıyorum.

Sosyal medyada "ağır abi" taklidi yapmak istemiyorum. Artık siz de biliyorsunuz, değilim zaten. Kılıçdaroğlu'nun 19 Mayıs'ta Samsun'a çıkacağını okuduğumda, "Ben de 30 Ağustos'ta İzmir'den denize dökülceğim," demekten geri duramıyorum mesela.

En kritik maç zamanlarında, "Bizim Ruhban Okulu ne oldu gençler?" diye sormaktan ve gelen cevaplar ile hep beraber eğlenmekten daha fazla ne keyif verebilir?

Resmi ideolojinin kimliğime yüklediği tüm anlamlar ile dalga geçmekten, artık yüz binlerce takipçi ile bir olup bunların saçma olduğuna karar kılmaktan daha politik bir iş biliyor musunuz? Attığım her tweetten sonra, "git başka ülkede yaz bunları" diyen ırkçılık karşısında günden güne kalabalıklaştığımızı görmüyor musunuz? Sosyal medyada kendi yalnızlıklarına hapsolduklarını var saydığımız gençlerimizin gerektiğinde nasıl meydanlara çıktıklarını öğrenmedik mi?

Müptezel bir sosyal medyacı olduğumdan, siz yine de benim kanaatimi ölçü almayın, ama sosyal medya muhteşemdir diyorum.

İnsanlara ulaşmamda çok büyük bir katkı sağladı bana.

Halkalı boyunlu kadınlar

Bütün bu olan bitenden ne anladım ben peki?

Bir sürü şey haykırıyorum hayatta...
Çocukluk hatıralarım iyi hatıralar mı, kötü hatıralar mı bilmiyorum... Çocukluk hatıralarımı seviyor muyum, sevmiyor muyum, bilmiyorum... Bunlardan daha mı güçlü çıktım, daha mı yaralıyım bilmiyorum...

Kalabalıkların ve çoğunlukların motivasyonlarını taşıyamadım işte. Kendimi teslim edebileceğim kutsalları yendim tek tek... Ama iyidir ya, bazen lazımdır ya, insanlara, herkesin meşru bulduğu bir şeye dayanırsın... Bu güven verir insana. Ben ısrarla bu güveni, başka başka yerlerde kendi ellerimle, el yordamımla icat etmişim. "Kabile" demişim buna, uydurmuşum...

Belki anlattığım kadar ideal değil hiçbir şey. Belki ben öyle tarif ediyorum bütün bu olan biteni. Belki ben öyle görmek istiyorum. Belki de hayatın sırrını çözdüm. Belki de öyle gerçekten...

Bu kitapla beraber tüm olanlara bir daha bakıyorum. Bu kitabı ben de okuyacağım. Merak ediyorum...
Bendeki tortuyla aynı mı? Bana bir şey öğretecek mi bu kitap? Bu kitabı okuyarak hayatım hakkında ben de birkaç şey öğrenebilirim belki.

Halkalı boyunlu kadınları ilk kez çocukluğumda, televizyonda görmüştüm. Güney Amerika'da bir kabile...

O kabilede, insanlığın evrensel estetik ölçülerinin dışında bir bilgi var. Çocuk yaştan itibaren, kadınların boyunlarına halka takıyorlar. Takılan her halka, onun görünüşünü, vücut yapısını değiştiriyor yavaş yavaş. Her halka ile büyük ve yeni acılar çekiyor kadın. Vücudu o halkayı benimseyene, bütünleşene kadar sürüyor bu acı.

Tam alışmışken sıradaki halkayı takıyorlar.

Kabilenin en uzun boyunlu kadını, o kabilenin en güzel kadını olarak anılıyor. İfrit oluyorsun baktığın zaman. Dünyanın geri kalanı için korkunç bir görüntü bu... Yaradılış değişmiş. Makul olan, meşru olan, ideal olan değişmiş...

Fakat o kabilenin sanat eseri muamelesi yaptığı kadın gururlu ve mutlu bakıyor hep.

Ve o kadınlar boyunlarındaki o halkaları bir daha asla çıkaramıyorlar. Boyun kırılıyor çünkü çıkardığın anda. Vücudun, omurgan, halkaların yardımı olmadan, kafanı gövdende tutamıyor artık. Halkayı çıkardığında ölüyorsun...

Halkalı boyunlu bir kadının hayata bakışı bizden farklı bir avantaj sağlıyor ona.
Bir kafa boyu, belki bir buçuk kafa boyu yukarıdan bakabiliyor hepimize.

Sanırım, yaşadığım her şeyi bir halkaya benzetmeye başladım ben de kendi hayatımda. Dışarıdan bakıldığında bütün bu bilgilerimle, bütün bu yaşadıklarımla, meşru olan, makul olan aidiyetlerin tamamından azade, farklı bir görüntü veriyorum. Çünkü o bütün öğretilmişin, bütün anlatılmışın dışındaki halleri algılamak zorunda kalmışım, kalabalıkların içerisindeki öteki olarak.

Ve her anladığımda bir halka daha takmışım. Zaman geçmiş onu hazmetmem için.

Ermeni olmayı, Ermeni olmamayı; Türk olmayı, Türk olmamayı, Sadri Alışık'ı, annemi, 6-7 Eylül'ü, adayı, Mino'yu, Ali'yi, evliliğimi, çocuklarımı, siyaseti, hayatımı...

Her meselede yeni bir halka takılmış boynuma.
Sevineyim mi, üzüleyim mi bilemiyorum.

Halkaları çıkardığın anda ölüyorsun ya zaten...
Kafamı, kafamın içerisindekileri taşıyamam artık o halkalar olmadan ya...
Yeni halkalar takmaya cesaretim var mı bilmiyorum.
Bu benim elimde mi?
Buna ben mi karar veriyorum?
Bu halkaları ben mi alıp taktım kendime, birileri mi zorladı?
Bazı halkaları biraz erken yaşta mı taktılar hepimize?
Bir öncekinin acısı bitmeden yenileri mi takıldı?
Ben mi tuttum taktım yoksa, bilmiyorum...

Ama illa ki kendimi hep bir kabile üzerinden tarif edeceksem, "Bu kabile dünyada var olan kabilelerden hangisine benziyor?" diye sorsanız, lafı hiç uzatmadan, "Halkalı Boyunlu Kadınlar'ın kabilesinden olmak isterim," derdim size.

Oralıyım galiba ben...

Hayko Bağdat, Beyoğlu-Kınalıada 2014

GOLLIK

*Oğullarım Aras ve Teo'ya.
Hayatları boyunca düşecekleri
hiçbir gollik halden utanmasınlar diye...*

Bu hikâyede adı geçen tüm golliklere teşekkür ederim.
Hayko Bağdat
Beyoğlu, Şubat 2015

ÖNSÖZ

Gollik ve beraberliğe en çok ihtiyaç duyduğumuz bugünlerde...

Eskiden mizahçıları tarif ederken, "Kendisiyle dalga geçmeyi beceren insanlar" diye başlardım söze.

Ne olduysa oldu. Mizahçıların da kızgınlığı arttı. Kırmızı çizgileri belirginleşti. Girilmez alanları oluşuverdi.

Toplumun genelindeki esneklik sorunu, mizahçılara da "insan olduğunu" hatırlatmış galiba. Gitgide katılaşan bir toplumun alışkanlıklarını edinmişiz hepimiz. Söylediğimizin anlaşılmasını isterken dinlemeyi unuttuğumuzu, eleştirirken eleştirilmeye karşı tahammülümüzü yitirdiğimizi görüyorum.

Nereden mi biliyorum, bir kere en başta kendimden biliyorum. Ben de bu toplumla birlikte değişiyorum. Bağırarak konuşulan yerde kısık sesle derdini anlatmaya kalkana aptal deniyor ya artık. Ben de bağırıyorum. Taraf olmazsak bertaraf olacağız ya, en yakın tarafa atıyorum ben de kapağı. Yanımda birileri olmazsa, bir çoğunluk oluşturamazsam yalnız kalacağımdan korkarak, benzerlerimi yaratan torna tezgâhına ben de uzatıyorum başımı. Yüzeysellik mi prim yapıyor, o zaman en yüzeysel benim. Gündelik olan, geleceği şekillendirecek "yeni bilgi"den daha mı kullanışlı, ben de gündelik yaşıyorum. Sertleşmek mi gerekiyor, tamam ulan, ben de sertleşiyorum be!

Böyle böyle vahşi bir kendini savunma güdüsüyle yaşar hale geldik galiba.

Mizahçının başı kel mi? O da esnekliğini kaybedecek. O da kızgın kızgın konuşacak. O da taraf olacak, o da derinliğini yitirecek, o da güncel olanı tercih edecek. Her şey bir kerelik. Kullan at! O da kullanıp atacak.

O da insan, o da saldırganlaşacak.

İyi de, o zaman birbirimizi nasıl anlayacağız? Nasıl duyacağız birbirimizi, aynı anda hep bir ağızdan bağırırsak? Kendi kucağımızda büyüte büyüte evlat irisi haline getirdiğimiz dertlerimizi nasıl çözeceğiz? Esnekliğini kaybeden binaların daha çabuk kırılıp yıkıldığını bildiğimiz halde... Hem de sosyolojik fay hattında yaşarken bu çivisi oynak dünyanın...

Hayko Bağdat, *Salyangoz*'da yarı Ermeni yarı Rum evinin kapısını açtı bize. "Girin ya" dedi. "Çekinmeyin". Girdik içeri. Benim tahmin ettiğimden az, yayıncının tahmininden fazla, okumayı sevmeyen Türkiye içinse gerçekten büyük sayılabilecek bir kalabalıkla doldu Hayko'nun evi. Hayko'nun maması Madam Keti "Türk kahvesi" yapmaktan helak oldu kadıncağız.

E, ne oldu? Oturttu bizi evin en misafirperver koltuklarına Hayko. Elimize kahvemizi tutuşturmakla kalmadı, bize evindeki aile sandığını açtı. En özel şeylerini önümüze katıksız sürdü. Dokunmamıza izin verdi. Arkadaşlarıyla tanıştırdı bizi. Sokaklarıyla, korkularıyla; bizden sebep korkularıyla.

Gülerek, gözyaşı dökerek, sevinerek, bazen hoyratça, ama çoğu kez şaşırarak sandığı karıştırdık. On binlerce insan. Kolay mı o kadar kişiyi ağırlamak? Sığmadık içeri; denizin ortasındaki adaya yayıldık bu kez; Kınalıada'ya. Kurtuluş'a, Pangaltı'ya. Ermeni mahallelerinde kuyruklar oluştu; Ermeni görme kuyrukları. Sabahlara "Günaydın"la başlayanlar "Pari luys"u da eklemeye başladılar yanına. "Ermeni"yi küfür olmaktan çıkarıp "insan"lığını geri aldı Hayko. Bizden paye isteyerek değil, bize insanlığımızı geri vererek.

"Asıl size ne oldu" diyerek...

Bunu nasıl yapıyor bu adam?

Nasıl biliyor musunuz? Artık biz mizahçıların bile yapmadığı şeyi yaparak. Kendiyle dalga geçerek. Ama bunu şeklen ve hile ile değil, içtenlikle yaparak. Kilit kelime bu: "içtenlik". Gerçi sonca demce çok da kullanılır oldu bu kelime. Bir şey azalırsa, kavramına ilgi artar.

Bu kavram erozyonunda Hayko dedi ki bize; "Bakın abicim gözümün içine. Siz karar verin, doğru mu söylüyorum, yalan mı? Bir çıkarım mı var, bir derdim mi? Bir acım mı var, acı taklidim mi? Kızgınlığım mı var, nefretim mi? Anlaşılmak için mi anlatıyorum, anlatmamın büyüsüne kapıldığım için mi?"

Cevabını siz kendiniz söyleyin.

Şimdi de bize, "Gelin birlikte 'gollik' olalım" diyor.

Salyangoz'da gözyaşı dökmüştük. Bu kitap yine gözyaşı garantili, ama gülmekten gözünüz yaşaracak bu kez. Kendiyle dalga geçmenin ifratına varıyor *Gollik*'te Hayko Bağdat. Bize toleransımızı geri veriyor *Gollik*'le. Neredeyse yeni bir mizah yazarının da müjdesiyle birlikte.

Benzerlerine Woddy Allen'da ya da bazı çağdaş Yahudi mizahçılarında rastladığım çuvaldızın ucu kendine dönük üsluplarına benzer bir üslup icat ettiğini söyleyebilirim. Kısa kesmeyi seviyor Hayko. Belki etlenip katmanı arttıkça daha da güleceğimiz yemeğin malzemesinde biraz pinti davransa da, bu 'minutage' onun metinlerindeki doyum hissi yerine tadımlık hissi öne çıkartıyor. Demek yine "bir oturuşta okuyabileceğiniz" bir kitap var elimizde. Bittiğinde "E, biraz daha olsaydı ya" duygusuyla başından kalktığımız bir yemek tadında...

Ne demek gollik? Bildiğin hakaret. Üstelik kendisine yakıştırıyor bu sıfatı.

"Hayatın salaklaştırdığı anlar kadar gerçeğiz." Hayat dediğim, bize sunulan değil, şeklini verirken bozduğumuz oyun hamuru. Yedeği, tekrarı, başka rengi olmayan. Biz ona ne şekil verirsek, o şekli alan. Beceremeyip elimize yüzümüze bulaştırdığımız. E işte sırf bu yüzden bile hepimiz "gollik"iz aslında.

Ama yok, bunu bize gerçekten inanacağımız biri anlatmalı. Belki o zaman kendi çizdiğimiz ve kırmızıya boyadığımız çizgilere bakıp, "Lan oğlum, kim çizdi bunu?" deyip ötesine geçememek yerine, bu sınırları kendi elimizle çizdiğimizi hatırlayabileceğiz. Böylece yarattığımız düşmanın biraz da kendi gölgemize benzediğini göreceğiz.

Üstelik kendi cemaati kızacak; biliyor. Kendisine bu yakıştırmayı yapan insanın söylediği ciddi şeyler ya anlaşılmazsa, ya ciddiye alınmazsa diye. Haklılar. Ama o çok ciddi şeyler var ya, büyük toplumun, yani insanlığın gollik'liğinden başka bir şey değil zaten, inanın.

Hem hatırlasanıza; biz Kemal Sunal'la bütün Şabanları sevdik. Şaban'la gollik aynı mahallenin çocukları. Aynı şey değilse de aynı şey için mücadele ederken bulduk onları. Dertleri insan olmak, insan kalmak olan iki iyi insan. Şimdilerde mumla aradığımız cinsten. İnsanlık hallerimiz bozulmasın, masa dağılmasın diye çabalayan.

Biri Türk, biri Ermeni. İkisi de Türkiyeli... Şabanları çok sevdik, çünkü Şabanlar bir çocuk kadar dürüsttüler, temizdiler, bagajsız ve hakikiydiler. Severlerse tam severlerdi Şabanlar, isterlerse herkes için isterlerdi. Kazanırlarsa herkesle bölüşürlerdi, yumruk atmayı bilmeseler bile en önde girerlerdi doğruluğuna inandıkları kavgaya.

Eğer Şabanları sevdiysek, gollikleri de seveceğiz demektir.

Üstelik gollik ve beraberliğe en çok ihtiyaç duyduğumuz bugünlerde...

"Hoş geldin *gollik*".

Kemal Gökhan Gürses, Kınalıada, Şubat 2015

Ben yazar oldum galiba

Her şey Pelin Batu'nun bir telefonuyla başladı:

"Hayko, İnkılâp Yayınları'ndan bir arkadaşım sana ulaşmak istiyor. Telefon numaranı verebilir miyim?"

Elbette ver canım, yine bir panel, konferans falan vardır kesin. Zaten gediklisi oldum bu işin. Neredeyse haftada iki geziniyoruz memleketi. İyi de, İnkılâp Kitabevi panel mi düzenlemeye başladı? Hiç duymadım. Belki bir televizyon programında görüp söylediklerim için tebrik edeceklerdir beni.

Bana bak, sakın kitap yazmamı istemesinler benden? Yok daha neler! Kitap yazmak ağır iştir. İki köşe yazısı yazdık diye hemen yayınevlerinin radarına takılacak değiliz ya. Kesin CNNTürk'te Ahmet Hakan'ın o son programında, Abdülkadir Selvi'ye yaptığım hararetli çıkışı beğendi bunlar. Zaten çok mail gelmişti o meseleden sonra.

"Alo, Hayko selam. Aren ben. İnkılâp'tan. Salı sabahı seni aldıralım arabayla da bize ziyarete gel. Senem Hanım, sen, ben bir toplantı yapalım. Sana bir teklifimiz olacak. Kitap yazmanı istiyoruz."

Kalktım gittim. Çaylar, kahveler, sohbetler o biçim. Beş dakika geçmeden samimi olduk bile.

Senem lafı uzatmadan baklayı azından çıkarıverdi:

"Sen çok tanınıyorsun artık. Bize Müslüman mahallesinde salyangoz olmayı anlatan bir kitap yaz. Hem ihtiyaç var, hem de çok satacağını düşünüyorum."

Küfür yemiş gibi bir surat ifadesi takınarak hemen itirazlarımı sıralamaya başladım:

"Dalga mı geçiyorsunuz yahu? Anlatıldı ve bitti o işler. Ben yeni kurtulmuşum beni her görenin 'Ermeni muamelesi' yapmasından. Başka kavgaların içine girmişim. Her Türkiyeli köşe yazarı gibi gündemle, güncel siyasetle uğraşıyorum. Bu zamanda dönüp yok mahallede Ermeni olmak şöyleydi, askerde böyleydi diye kitap mı yazılır? Milleti dalga geçirtmeyin benimle..."

Israr ettiler. Benim çevremde, yaşadığım semtlerde belki bu bilgiler varmış. Ama Türkiye büyük bir ülkeymiş ve bu konularda hâlâ çok gerideymişiz. Benim üslubum bunları anlatmak için pek bir idealmiş.

Hadi oradan be! Her şeyi siz biliyorsunuz sanki...

"Konuşuruz sonra," dedim, çıktım gittim. Bizim Kemal Gökhan Gürses'e anlattım konuştuklarımızı. Kemal'in gözleri büyüdü, dudakları inceldi, heyecanla başladı bağırmaya: "Oğlum gerçekten çok haklılar."

Kemal'in fikri çok önemli benim için. Hayatı yazı, çizi, sanat içinde geçmiş ne de olsa. Fakat ona "alüminyum doğrama işine giriyorum" desem, iki saat içinde sahibinden satılık fabrika bulacak kadar heyecanlı bir herif.

Hiçbirine inanmıyorum ama kitap yazmak fikrinin her insanı cezp eden bir büyüsü var ya! Ne ara olduysa yakama yapışmış bırakmıyor peşimi. İtiraf edin, hanginize "kitap yapalım mı sana" diye bir soru gelse aslında hayatınızın tam da kitaplık olduğuna dair Kuran'a el basarsınız.

Eh, deneyelim madem...

İyi de nereden başlayacağım?
Ermenilik halleri mi anlatacağım?
Ağır siyaset mi yapmam gerekiyor?
Hangi hikâyem gerçekten hikâye, hangisi fasa fiso?
Kronolojik gidelim değil mi?
İyi de ben çok az hatırlıyorum galiba?

Uzatmayayım, oturdum yazdım işte duygumu. Bana soracak olursanız ne hayat hikâyesi anlattım, ne dönem, ne de siyaset...

Her sabah uyandığımda benimle beraber güne başlayan, yemekleri beraber yediğimiz, sokakları beraber arşınladığımız, aynı anda uykuya daldığımız o iç sesimi, yani duygumu anlattım.

Yedi kere de vazgeçtim yazarken. "Benimle dalga geçecekler. Tüm bunlardan kime ne?" Her defasında Kemal yetişti imdadıma. "Senin bir şeyden anladığın yok be adam! Ben sana yaz diyorum, göreceksin sonucu."

Deli herif! Hem bana bir şeyden anlamıyorsun diyor, hem de yazacaklarımın devasa etkisinden bahsediyor! Keşke gerçekten alüminyum doğrama meselesini önerseydim ona.

Birileri bir ara, "Bir yıl içinde 1000 adet satan kitap yayınevinin masrafını çıkarır, ilk kitap için bu pek kolay değil ama sayıyı yakalarsan ikinci kitabı da isterler senden," demişti. Öyleymiş, böyleymiş, anlamam ben ne de olsa.

Yayınevi benim kitabı 5000 basacakmış. Vay be, 5 senelik stok yapıyorlar galiba. Kemal'e sorsan kıyameti koparıyor. En az 50.000 girmeliymişler ilk baskıyı. Hadi artık, finalini yaz Hayko. Dağıtımcı bekliyor...

Çıktıktan üç gün sonra tükendi o ilk 5000 kitap. Sizler bu satırları okurken çoktan geçen yılın en çok satan kitaplarından biri oldu bile *Salyangoz*. Korsana düşenler sayılmıyor tabii.

Ardından nümayiş başladı.

En baba televizyon kanallarında konuk olmalar, en çok satan gazetelere tam sayfa röportajlar vermeler. En çok satanlar listesinde üst sıralara demir atmalar...

Siyasi parti liderlerinden bakanlara, baş örtülü kadınlardan devrimci gençlere, bürokratlardan trans birey seks işçilerine, en sevdiğimiz sanatçılardan en önemli iş insanlarına, başsavcılardan şube polislerine, binlerce mektup, mail, telefon, ziyaret...

Gitmediğim şehir, üniversite kalmadı. Binlerce kitap imzaladım. Mısır'dan, Vatikan'dan, Türkmenistan'dan, Amerika'dan, Nijerya'dan, Bosna'dan, Avusturalya'dan, İtalya'dan, Fransa'dan ve daha sayamayacağım onlarca ülkeden elinde kitabımı tutan Türkçeli bir dostun fotoğrafı geldi. Belki de bunların içinde en ilginci "Halkalı Boyunlu" bir kızın eline tutturulan *Salyangoz*'un karesiydi.

Bütün bunları hava atmak için anlattığımı düşünüyorsunuz değil mi?

Halt etmişsiniz siz onu. Olayı anlatıyorum size yahu... Anlamaya çalışıyorum, size danışıyorum işte.

Ben bildiğin meşhur yazar muamelesi görüyorum artık. Bu kadar mıydı yani mesele?

Yazmaktan o kadar korktuğum, kötü hikâyeleri anlatırken içimin titrediği, iyi hikâyelerde heyecanlandığım, kelime seçimlerimi beğenmediğim bir uzun metin yazmak, "meşhur bir yazar" olmak için yeterli mi yani?

Bütün bunları mütevazılık olsun diye yazdığımı düşünüyorsunuz değil mi?

Halt etmişsiniz siz onu. Olayı anlatıyorum size yahu... Anlamaya çalışıyorum, size danışıyorum işte.

Yazarlığı falan boş verin şimdi. Oldu mu gerçekten? Duydunuz mu beni gerçekten? O iç ses insandan insana geçebiliyor mu yani?

Yunusların frekansında ses çıkardığımız zaman kimse duymazdı hani? Hani biz azdık?

Bu kadar kalabalık mıyız? Eğer gerçekten öyleyse şimdi rahat rahat oturup ikinci kitabı yazacağım sizlere. Bu defa haller anlatacağım. Mademki ilk seferinde beni duydunuz, şimdi anlatacaklarımın hiçbiri yabancı gelmeyecek, emin olun.

Başlarım Ermenisinden de, Türkünden de, Kürdünden de.

Başka bir şey anlatacağım sizlere. Aynı malzemeyle değişik bir ses çıkaracağım bu sefer.

Bir önceki kitabın son hikâyesi "Halkalı Boyunlu Kadınlar"dı. Bir takipçim twitter'dan bu fotoğrafı yolladı bana. Eşim Belma ile Köln'deydik. Epey sersemletti bizi...

Gollik ne demek bilmiyorum ben. Hayvan yavrusu diyen var. Öyle bilmiyorum ben.

"Gollik'e bak" derdik biz çocuklar aramızda. Öyle anlar olur ve sen öyle bir duruma düşersin ki... Yüzün, ifaden, duruşun, halin... Gollik gibi kalırsın ortalıkta. O an için dünyanın sonu geldi sanırsın. Sonrasında hayatında en çok güldüğün hatıran oluverir. Bir gollik'in gollik'liğine en çok gollik'in kendisi güler üstelik. Anlatmaktan da korkmaz valla. Ne de olsa hepimiz biraz gollik değil miyiz?

Mademki artık meşhur bir yazarım, alın size *Gollik*..

Bana sorarsanız, aslında bütün bunlar hikâye...

Kızı istemeye gidiyorum; gelen gelir...

Aşk bu kardeşim. Her şey ilk yirmi saniyede oluveriyor.

Bakıyorsun, beğeniyorsun, heyecanlanıyorsun, merak ediyorsun, aklın karışıyor ama en çok da seviniyorsun. Neye sevindiğini bilmeden sevinmenin verdiği gariplik hali, çok bulamazsın ki benzerini. Şimdilerde aşkın vücutta oluşturduğu kimyasal değişimin reçetesini yazmaya çalışıyor yaşam koçları. Sanki sormuşuz gibi... Yirmi saniyede başlayan büyülü hallerimizi otopsiye yatırmaya pek bir meraklılar. O anlamsız zaman dilimini örgütlemek kadar kötü bir fikir duymadım oysa ben.

Dağınık olduğu için büyük, büyük olduğu için aşk adıyla vaftiz ettiğimiz az bulunur anlarımıza dokunmasalar keşke.

İlk yirmi saniyeden sonra süregelen saniyelerde, dakikalarda, saatlerde, günlerde, aylarda, yıllarda o merak duygusu hep yürüyor üstelik. Bir insana dair merak edilebilecek ne varsa hepsine talip oluyorsun. Huyunu, suyunu, uyanışını, mutlu oluşunu, ağlayışını, kahkahasını, gözyaşını, huysuzluğunu, öpüşmesini, sevişmesini, çirkefliğini...

Fakat yemin olsun ki aklına ne öncesinde ne de sonra

sında hiç düşmeyen, "acaba" diyerek bir çekince koymadığın bilgi, ilk ve en büyük coşkuyla telaffuz edilen soruymuş:

O da bizim cepheden bana bakanlar için:
"Kız Türk müymüş?"

Öbür cepheden kıza bakanlar için:
"Çocuk Ermeni miymiş?"

"Size ne ulan" deyip geçilebileceğini düşünenleriniz vardır elbet.

Halt etmişsiniz siz onu...

Annen soruyor bu soruyu. Baban, kardeşin, deden soruyor. İkinci halka akrabalar kuşatıyor çevreni hemencecik. Komşular musallat oluyor sonra. Tanımadığın insanların kahve sohbetlerinin mezesi oluyor yirmi saniyelik hikâyen. Memleket meselesi oluyor. Bütün dünya toplanıp kesin kararını veriyor, resmen tebliğ ediliyor sana:

"Olmaz öyle şey!"

6-7 Eylül yüzünden olmaz...
Soykırım yüzünden olmaz...
İstanbul'un İngilizler tarafından işgali yüzünden olmaz...
Cüneyt Arkın'ın filmleri yüzünden olmaz...

Hatta;

Haçlı seferleri yüzünden olmaz...
Rum patriği kendine Ekümenik diyormuş diye olmaz...
Sarı Gelin türküsünün kimin olduğuna henüz karar vermediğimiz için olmaz...
İki kavim birbirini hiç sevmiyormuş diye olmaz...

Böyle yazınca "olmaz" diyenlerin hepsi manyak gibi görünüyor değil mi? Öyleler zaten. Fakat dedim ya, en yakınların onlar. Üstelik durumun halledilemez tarafları mevcut. Bir kavgaya giriştiğinde kazanmanın seni mutsuz edebileceği yegâne rakibin annendir.

Kaçarı yok, ikna edeceğiz aileleri. 'Uygarlık' tarihinin aleyhimize çalışan bütün bilgilerinin karşısına yirmi saniyelik bir hikâye koyacak ve başaracağız.

Ya uygarlık kazanacak, ya biz işte. "İlk nasıl tanıştınız, düğününüz nasıldı" diye ortamlarda anlatıp duranlarınız vardır. Hiç kusura bakmayın, bizimkisi daha civcivli hikâye.

Aileleri biraz tanıtayım sizlere.

Belma Almanya'da doğmuş. Anne ve babası memleketteki diğer anne babalardan görece daha fazla 'Hıristiyan' görmüş. Bu büyük avantaj, koy cebine.

Annesi gurbette yaşıyor olmanın etkisiyle her Almancı gibi pek bir milletsever, bayraksever, Türk geleneklerine âşık ama Alman gibi yaşamaktan vazgeçemez hallerde.

Babası daha rahat bakıyor hayata. Ekonomi daha iyi olacaksa Türkiye dolar para birimine geçsin deseler ona fark etmez.

Kardeşi modern çocuk. Fotoğraf kursuna gidiyor, dans kursuna gidiyor, hep ortamlarda. Ama konu "Ermeni damat"a gelince hafiften Yozgatlı taklidi yapar olmuş zevzek.

Cemil Dede var. Sonradan Belma'dan çok ona âşık olacağım. Sen Almanya'da lüküs içinde yaşa, biraz yaşlanınca en sofusundan hacı ol, sana iyi gelen bu halinin zamanlaması bizim evlilik dönemine denk gelsin, sen de dini kurtarmak adına beni damat diye isteme... Şans işte.

Cemil Dedemiz

Anneanne bildiğin Adile Naşit. O da dedeye ayak uydurmuş, hacı olmuş.

Bizimkiler Belma'nın ailesinden daha da zor. Baba yok diye annem iki kat endişeli. "Çocuğum elden gidiyor" diye ortalığı ayağa kaldırmış bir Rum kadını. Eski İstanbullu. Hatta İstanbul dediğin şehri annem tarafından biz kurmuşuz diyeyim ama bozulmayın.

Jermen Ablam en büyüğümüz. Evlenene kadar dinle, milletle pek alakası olmamış. Ama eniştte biraz tutucu bu konularda. Enişteyle aynı eve taşınınca 15 dakika sürmüş Jermen'in iyi bir Ermeni haline dönüşmesi.

Janet Ablam en merhametlisi. Ama bu evlilikle İsa Peygamber'e ihanet edeceğime dair fena halde endişeleri var.

Jaklin Ablam benden. Zaten ben de hep ondan oldum. Diğerleri kıskanmasın. Ya da kıskansınlar, oh olsun onlara.

Birbirlerinden korktukları için bize karşı olan iki aile birbirleriyle adı konulmamış bir ittifak içinde aslında.

"Bu düğüne mani olmak gerekiyor!"

Onlar çabalayadursun, biz Belma ile Vestel'in taksitli beyaz eşya kampanyasından buzdolabı, çamaşır makinesi, bulaşık makinesi ve o dönemin en büyüğü olan, 72 ekran, arkası kocaman televizyonlardan sipariş etmişiz bile. Kız tarafında bana nasip olacağı bilinmeden koca bir çeyiz ise çoktan düzülmüş zaten.

Bir papaz ya da bir imam ya da bir nikâh memuru bulduk mu oldu bu iş.

Gelip istesinler o zaman...

Böyledir bu iş. Baktılar mani olamıyorlar "bari usulüne göre olsun" diye tuttururlar.

Olsun güzelim, ne olacaksa olsun. Hem usul dediğin nedir ki? Televizyon hazır diyorum ben sana.

Öyle değilmiş. O kadar çok usul varmış ki aynı köyden, aynı dinden, aynı mezhepten iki genç evlenmek istese yarı yolda kan davası başlatacak kadar saçmalıklarla dolu bir mevzuatı "gelenek" diye dayatmışlar atalarımız. Sanki biz değil sülalelerimiz aynı eve taşınıyor.

Neyse uzatmayayım, kızı istemeye gitmek gerekiyor. Üstelik bir gün öncesinden aceleyle karar alınmış. Bir hafta sonrasına tarih verilse arada vazgeçerler diye "he" demişiz biz de Belma'yla.

Bir pazar günü bizimkiler toplaşıp sizinkilerin kapısını çalacağız. Bizimkiler dediğim benim küçük ailem. Sizinkiler dediğim, kim üstüne alınırsa o artık. Çiçektir, çikolatadır, takıdır hallettim ben. Evde bir hazırlık telaşı var ki gören bizim evin kadınları grup kurmuş, Eurovision şarkı yarışmasına hazırlanıyor zannedecek. Annem, ablamlar pek bir şık olmuşlar.

Soldan sağa, Janet, Noracik, Artun, Jermen, Arevik, Belma, ben, Keti, Jaklin.

Soldan sağa, Işıl, Atilla, Belma, yine ben, Nezahat Anneanne, Ahmet, Cemil Dede

Sonradan Belma'dan dinlediğime göre kız evinde de durum farksız.

Cemil Dede en janjanlı takım elbisesini giymiş, evin en büyük koltuğunda oturuyor. Zaten her sabah kalktığında da ilk iş takım elbisesini giymek olurdu rahmetli canım dedenin.

Baba evin en sakini ve aslında o evde bana en lazım olan kişi.

Anne çok marifetli. Öyle bir sofra kurmuş ki süslemelerin arasından yiyecekleri arayıp bulman gerekiyor. Gerçi bizimkiler sonradan "sıcak yemek ile meze aynı anda sofraya konmaz. Türkler bilmiyor işte sofra adabını" diye dedikodusunu yaptı.

Kayınço artist gibi olmuş, benden yakışıklı.

Anneanne klasik ve şık bir kıyafet seçmiş kendine. Almanya'da yaşarken paskalya zamanlarında giydiklerinden olmalı.

Ding dong...

Biz geldik. Ev Yeniköy'de. Sahil, güzel semt, elit semt. Başka bir semt olsa bizimkiler yoldan dönmeye ısrar edebilirdi belki.

Allahtan bir kat çıkacağız. Çıktık bile.

Hoş geldiniz, hoş bulduk...
Herkes yarı resmi bir ifadeyle tokalaştı, öpüştü, salondaki yerlerini alıverdi.

Dede pek konuşmuyor. Bizimkilerde ise dedenin muadili Jermen Ablam. En suratsızları bu ikisi. Havadan sudan konuşuluyor. Belma'nın annesi ile benim mamam ortalama bir sohbet tutturmuş. Diğerleri ne yapıyor pek farkında değilim. Konu bir türlü esas meseleye gelmiyor. Sanki "bu mutlu günde" diye başlayan repliği söyleyesi yok kimsenin. Herkes kendinden şüphe eder hale gelmiş.

Rumluk elden gidiyor.
Ermenilik elden gidiyor.
Türklük elden gidiyor.
Hacılık elden gidiyor.

Bütün bunlar gideceğine biz o evden gitsek daha iyi olacak hissi var millette.

"Sofraya geçelim," dedi Belma'nın annesi. Evden gönderecek olsa da o görkemli sofrayı göstermeden olmaz. Geçtik, köşe kapmaca oynarcasına, nereye oturacağımıza emin olamadan bulabildiğimiz ilk sandalyeye yerleşiverdik. En son Belma'nın annesi oturdu. Ve oturur oturmaz Janet Ablamın endişesinin yersiz olduğunu ispatlayan bir mucize gerçekleştirdi İsa Mesih.

"Çatıııırrrttttt..."

Ne oluyor demeye kalmadan dönüp baktığımızda dört ayağı dört bir tarafa ayrılmış sandalyeden fırlamış, henüz havadan yere ineli saniyeler olmuş müstakbel kaynanamın masa hizasındaki iki bacağını görmeyelim mi?

"Eyvah!" diye bağırdı annem. "Yavrum iyi misin, canın yanıyor mu?"

"Buz getirin buz, neresini vurdu acaba?" diye mutfağa koşuverdi anneanne.

"Ah be Işıl, yine mi" diye mırıldandı Ahmet kayınpeder.

"Sandalye çürükmüş sandalye, kadıncağızın bir suçu yok," diyordu Janet o sırada Atilla Kayınço'ya.

"Kalk kızım kalk, Allah korudu seni," diye yine işi ilahiyata bağlayıvermişti Cemil Dede.

Ne kadar sürdü bu seremoni, inanın hatırlamıyorum. Biraz sonra kırık sandalye yerden kaldırıldı, içeriden bir tabure getirildi, normal düzene geçildi, herkes usulca masadaki yerlerine yerleşti. Ortalık biraz sakinleşir gibi oldu. Ya da ev sahipleri için öyle oldu diyelim.

Biz başımıza geleceği biliyoruz oysa. Zaten Janet çoktan annemi masa altından çimdikleyip kulağına Rumca, "Mama ne olur yapma," diye mırıldanmaya başlamış bile. Jermen son çaba olarak korkutucu bakışlarıyla anneme işaret çakıyor. Ne mümkün, hayatta duramayacak kadın, ne zaman durmuş ki?

Daha fazla da tutamadı zaten annem kendisini.
"Vay saloz, nasıl da yuvarlandın öyle," demesiyle dakikalarca sürecek kahkaha krizine girmesi bir oldu. Surat kıpkırmızı, işaret parmağıyla Işıl'ı gösteriyor, konuşamıyor ama ne demek istediği çok belli.

Böylesi durumlarda gülen insanı durdurmaya çalışmak ile kendi gülmeni durdurmak arası yarı ciddi bir surat ifadesi yerleşir insanın yüzüne. Bizim ailenin tamamında bu kaypak mimikler ile endişe at başı koşuyor.

Annem kazandı.

Cemil Dede başta olmak üzere her birimiz teslim olduk

kahkahanın cazibesine. Işıl bir ara, "Ay Keti Hanımcım sorma, uçtum resmen uçtum," derken ellerini tutuyordu annemin.

Az önceki tiyatro sahnesindekine benzer artistik hallerden eser kalmamıştı ev halkında. Birbirlerini yerden kaldırmak için birbirlerine dokunmuşlardı işte.

Irkçılık diye bir hastalık varsa, "çatırt" diye kırılıvermişti ortasından, sandalyeyle beraber.

Sonrası kolay oldu. Sohbetler sürdü, hikâyeler anlatıldı, çarçabuk arkadaş olundu bile. Arada kızı isteyip almamız ise bu hikâyede detay kaldı.

Son hatırladığım muhabbet, annemin kahve falı baktığı duyulunca Işıl'ın elindeki fincan ile yanına oturup, kafa kafaya verip ettikleri sohbetti.

O dönem kayınpeder ticarette fena madik yemiş. Annem çok kızar erkeğin ticari başarısızlığına. Karşıdaki herif de pek bir insafsızmış. "Bütün sıkıntıları atacaksınız kızım, falda böyle görünüyor," diye moral veriyordu annem.

Işıl ise artık aileden saydığı, sırlarını açtığı yeni akrabasına dert yanıyordu:

"Ah be Keti Hanımcım, o herifin bizim aileye yaptığı kötülüğü gâvur olsa yapmazdı."

Annem buna pek gülmedi nedense.

Bu yaşta vaftiz mi olurmuş?

Okulda başlayan aşklar vardır.

Bizim zamanımızda kıskanılacak hallerdi bunlar. Fiyakalıydı bir kere. Daha ortaokul bitmemiş, sen 'takmışsın koluna hatunu, geziyorsun akşamüstü mahallede'. Bıyıkların yeni çıkmaya başlamış, en büyük aktivite olarak halı sahada 2 kişi fazladan doldurduğun takımlarla futbol benzeri karambol oyunlar oynuyorsun; bizim Nışan manitayla sinema karanlığında belki de öpüşüyor bile.

Üstelik bu aşklar üç yıldan fazla sürdü mü de fena halde kurumsallaşır. "Yenge" kavramını kendi yaşıtlarımızdan birine kullanmaya başladığımız ilk kadındı Selin. Nışan ile Selin'in aşkı tam 21 sene sürdü. İlk onlar evlendi bizim kabilede. Murat Kaspar'dan sonra ilk çocuğu onlar yaptı. İlk boşananlardan da olmadılar üstelik. İlişki ve resmiyet arasındaki dengeyi kurumsallaştıran ilk çift oldular yani.

Ayıptır söylemesi, benim bu kurumsallaştırma denilen nane mollaya katkım büyüktür. Selin'in "Gınkahayrı'yım" ben. Aslında kelimenin ne anlama geldiğini açıklamadan hikâyeye devam edip hepinizi "gollik" gibi ortada bırakasım var da yazarlığıma yakışmaz.

Anlatayım.

Kelime, birleşik kelime bir kere. Yani iki kelime birleşirken bazı hecelerin düşmesinden oluşuyor. "Gnunk" ve "hayr". Yani vaftiz ve baba. Türkçeye sorsan "Vaftiz babası". Ermenicede ise "gınkahayr". Okurken seslice telaffuz etmeye çalışıp içine düştüğünüz garip durumun farkındayım ama takılmayın. Şükredin ki "hağortagtzutiun" ile ilgili bir hikâye anlatmıyorum.

Selin sarışın, güzel, balerin, iyi insan. Hepinizden eski arkadaşım. "İyi günde, kötü günde" yeminini tutmuş ender çocuklardan olmuşuz birlikte. İstanbullu bir ailenin çocuğu. Öyle birkaç kuşak da değil hani. Anne tarafı Ermeni. Silva Tantik, bugüne kadar tanıdığım en "çocuğuna arkadaş" kadın neredeyse.

Bir de yaya var ki hâlâ yaşıyor olsa e-bay'de dünyalara pazarlarım. Yaya, bildiğin canlı tarih. Hemşinlilerin konuştuğu dilin Ermenice olduğu, hatta Hemşinlilerin çok afedersiniz Ermeni oldukları tüm dünyada büyük bir sırken, yaya pat diye söyleyivermişti bir gece misafirliğinde ortalığa.

Bir de Selin'in abisi olduğunu iddia ettiği Haluk diye birinin bahsi geçiyor sürekli sohbetlerde.

Haluk iyi solcuymuş, evdeki o tehlikeli kitaplar ondan kalmaymış, çoktandır yalnız yaşıyormuş. Yalan bence. Öyle bir insan gerçekten olsa bir kere olsun denk gelmez miydik arkadaş? Sonraları başka vesilelerle arkadaş olduğum, beraber Fenerbahçe maçlarına gittiğimiz, hatta Fener tribününde devrimci "FenerbahChe" grubunu kuran o sarışın çocuğun bizim Selin'in abisi olduğunu öğrenmesem, hâlâ gözümde yalancı bir aile olarak kalacaklardı.

Selin'in babası Mustafa. O zamandan beri hiç değişmemiş, bembeyaz, havalı Richard Gere saçları ile senin, benim babalarımıza çok benzemeyen bir hali var. Toplasan bunca yılda altı kelime ya konuşmuşuzdur, ya konuşmamışızdır.

Bir de babaanne var ki kadını götür Topkapı Sarayı'na bırak, saltanat hayatına kaldığı yerden devam etsin. "Saraylı" tanıdıklarım arasında konumuna en yakışanı. Başka tanıdığım yok diyedir belki de.

Nışan şık çocuk. O yaşlarda taşıdığı gustoyu bugünlere kadar çoğaltıp elle tutulur hale getirmeyi iyi başarmış. "Başka bir dünya mümkün değilse, başka bir ortam mümkündür" ihtiyacında olanların kendilerini ona teslim etmeleri gereken özel bir insan.

Ailesi Sivas eşrafından. Babası Gode lakaplı büyük tüccar Levon. Fakat ailece gurur duydukları "Gode" efsanesi, delilik sınırında gezmenin kod adıdır bence. Avrupa Birliğine girersek ilk iş olarak tüm Gode'leri Lape'ye kapatmamız gerekecek, hatırlatın. Annesi, kardeşi, amcası, dedeleri, yayaları, dayıları, teyzeleri, kuzenleri... Belki hepsini biraz anlatmak gerekir ama bu kadar Sivaslıya tahammül edemezsiniz diye vazgeçiyorum.

Konuyu dağıtmayın; Gınkahayr'ı konuşuyorduk.

Bunlar kalktı evlenmeye karar verdi. "E, ne güzel işte" diyorsunuz da mevzu bu kadar olsa hikâye diye yazmaya başlamazdık herhalde.

Ortalıkta yine büyük bir dert dolaşıyor. Selin'in babası Türkmüş. Dolayısıyla Selin vaftiz olmamış ve nüfusunda Müslüman yazıyormuş. Kilisede nasıl evlenecekler ki? Adı üstünde, kilise bu! Yaşamını vaftiz ile kutsamadığı bir insanın Tanrı'nın huzurunda evlilik yemini etmesine nasıl izin versin?

Verse ölür sanki de, kilisenin derdini anlamış gibi yapalım burada, kadimdir...

Selin aslında anne tarafına daha meyilli. Çocukluğundan beri haç takıyor boynuna. Bana soracak olursanız babaanne ile yaya arasındaki misyonerlik yarışını yaya çoktan kazanmış da ondan takıyor haçı bizimki.

Selin'i vaftiz etsek, kilise düğüne hemen "olur" diyecek mi peki? Ne bileyim, vaftizin üzerinden makul bir süre geçmesi falan mı gerekiyor Hıristiyanlık bünyeye tam otursun diye? Yok, gerekmiyormuş. Yap vaftizi, et yemini, Nışan senindir.

İşlemlere başladık. Selin bizim patrikhaneye gitti. Patrikhane kıdemlisinin adı da Silva. Silva Hanım bir formdan bazı sorular sormaya başlamış Selin'e.

- Rütbeli papaz istiyor musunuz törende?
- Kaç düz papaz olsun?
- Koro iyidir, koro gelsin mi?
- Kilise içi süslemelerini yapan organizatör var mı?
- Kaç kamera olsun çekim için?
- Fotoğrafçı ile anlaştınız mı?

Keşke ben de gitseydim kızcağızın yanında. Çekingenlikten formu öyle bir doldurmuş ki İngiltere Kraliçesi tahta çıkacak olsa bütün bu şatafata onay vermezdi. Müdahaleyi telefonla gerçekleştirdim.

"Silva Hanım merhaba, ben Hayko Bağdat, Selin'in Gınkahayrı..."

Ortalıkta bir vaftiz varsa ortamın en önemlisi vaftiz babasıdır arkadaş. Vaftiz edilecek çocuktan da, onun ailesinden de, papazdan da, korodan da önemlidir. Baba yarısıdır artık. Çocuğun tüm hayatı boyunca maneviyatından sorumlu olacaktır. Babana gidemezsen ona gidersin.

O benim işte...
Töreni telefonda organize ettim hemen. Tüm kadro; bir düz papaz, iki okuyucu, Selin, Silva Tantik, Nışan, Belma ve ben. Yeter zaten. Tören Taksim'de, hani benim de ilkokulu okuduğum Esayan okulunun bahçesindeki o küçük kilisede yapılacak. Surp Harutyun Kilisesi. Az mı mum yaktık orada sınavlarda geçer not alalım diye. O kilisede vaftiz töreni yapılır diye cenaze yapılmaz üstelik. Çok şık hareket.

Bir de Onnik Dayday vardı biz öğrenciyken, kilise girişindeki odada memur. Onnik Dayday kiliseye mi, yoksa okula mı çalışırdı hatırlayamadım şimdi. Okulun bahçesinde oynayan tüm çocuklara çalışırdı ama, kefilim. Top verirdi bize. Bir çocuk ona top veren daydayını hiç unutmaz. Ben de öyle unutmadım Onnik Dayday'ı. Allah rahmet eylesin, toprağı bol olsun.

Geldik mekâna. Selin üstüne başına nispeten rahat kıyafetler giyindi. Soyarlar falan neme lazım! Papaz gençten bir herif. Okuyuculardan biri papaza akran. Diğeri ise aslında iki sene önce ölmüş de gömmemişler lazım oluyor diye.

Gınkahayr, yani ben, tören boyunca "çocuğun" kafasına doğru elime tutuşturulmuş haçı tutacağım; teamüldendir. Fakat bizim çocuk biraz büyükçe diye sorun yaşıyoruz. İnsanın gülmesi geliyor. Sen de olsan inan gülerdin. Benim, Selin'in, Silva Tantik'in, Nışan'ın gülmesi geliyor. Canım Belma... Sadece bir Ermeni sevgilisi var diye düşmüş bu hallere. Yine de en ciddimiz o galiba. Alman ekolü diye öyledir belki de.

Papaz okumaya başladı. Elimde haç, kıdemim büyük ama bir Ermeni Kilisesi'nde gördüğüm en kıytırık tören gerçekleşiyor. Büyük olur bizim törenler, görkemli olur. Biraz pintilik etmişim galiba. Bari koroyu çağırsaydım.

Arkadaki okuyuculardan ölü olanının sesi biraz "yep yep" çıkıyor. O sesi tarif etmek için çok düşündüm ama bulamadım. En yakın tarif "yep yep" galiba. Bizim düz papaz, hafiften onun çıkardığı sesin desibelinden rahatsız olmaya başladı. Duayı okuyor ama mimiklerinde "nereden geldi bu yep yep" ifadesi sabitleşmiş.

Hayr Mer, Havadamk, Der Vogormia falan okundu bitti. Kilisenin Horan bölümünden vaftiz bölümüne hareket ettik. Benim el hâlâ havada. Yoruldum, el değiştirsem vaftiz bozuluyor mu ki?

Vaftiz bölümünde afili bir kurna var. Vaftiz olan bebekleri orada suya batırıp çıkarıyorlar. Kutsal meron, çocuğun alnına, ellerine, ayaklarına orada sürülüyor. Anlamadığınız kelimelere sonradan internetten bakarsınız. Hikâye anlatacağım diye misyonerlikten başım belaya girmesin. Vaftiz bölümünde papaz kurnaya elini atar atmaz arkada duran işlemeli vitray pat diye düşmesin mi? Vidası çıkmış. Vitray düşünce çırılçıplak 100 voltluk bir ampul kabak gibi çıkıverdi ortaya. Renkli camlardan süzülen o naif ışık karakoldaki sorgu ışığına döner dönmez "kilise ruhu" diye bir şey kalmadı ortamda.

Papaz, okumayı kesip o sosis parmaklarına yıldız tornavida taklidi yaptırarak vidalamaya başladı vitrayı. Kilisede büyük sessizlik. Benim el hâlâ havada ama Allah çarpsın çok yoruldum artık, indireceğim.

Papaz vidalayadursun, yep yep okuyucu tekrar Horan'a yönlendirdi bizim küçük kafileyi. Geçtik, beklemeye başladık. Hâlâ sessizlik var ve bir Ermeni Kilisesi töreninde o kadar süren sessizliğin garip olduğunu bilmeyen bir tek Belma var aramızda. Elim hâlâ havada bu arada.

Düz papazın, "Nereye gittiniz be!" sesiyle irkildik birden ki bu tören ritüelinde yoktur normalde. Papaz, olayın gerçekleşeceği yeri terk ettiğimiz için fena kızmış. Kaş göz işaretiyle yep yep'i işaret ettim ben hemen. Zaten araları desibelden bozuk, ben bari kendimi kurtarayım. Hızlıca vitrayı takılmış kurnanın yanına geri döndük. Gerçek vaftiz orada başladı. Kutsal yağı Selin'in alnına, ellerine sürdü papaz. Ayaklarına da sürecekti ama Selin bot giymiş, "Neyse, boş ver," dedi. Neyi boş ver arkadaş? Bir vaftizde o yağın ayaklara da sürülmesini bilmek için papaz olmaya gerek var mı? Keşke rütbeli papaz da isteseymişim.

Finale geldik. Son dualar okunacak. Papaz ani bir hareketle dönüp sorusunu soruverdi: "Gınkahayr, anunı inç bidi ılla?"

"Vaftiz babası, çocuğun vaftiz adı ne olacak?"

İyi de biz buna hazırlanmadık ki? "Selin" var ya zaten? Olmazmış. Ermenice ve hatta mümkünse İncil'den isim bulunacak. Çok az vaktim var, düşün Hayko düşün. Garantiye kaçtım. "Meryem" dedim. İsa'nın annesinin ismine yok diyecek değiller ya?

Son dua artık, bitecek bu işkence. Fakat bizim yep yep finalde yine coşmasın mı? Pavarotti misali bir bağırıyor ki herif, biraz kalabalık olsak alkış tutmak gerekecek.

Papaz dayanamadı artık, döndü arkaya: "Yeter be adam! Ya sen oku, ya ben okuyayım. Ne çene varmış sende, terbiyesiz..."

Zor attık kendimizi dışarı. Okulun bahçesinde bir köşeye geçtik. Ben sağ elimi dinlendiriyorum, resmen haç çarpmış beni. Belma, ilişkisini gözden geçiriyor, kafasından geçen "bu mu kardeşim Ermeni Kilisesi dediğin" olmalı, Selin artık Hıristiyan olmuş, mesut...

Yep yep hâlâ mırıldanıyor kendince ama hepimiz duyuyoruz:

"Mahkemeye vereceğim ben bu pezevengi, her törende böyle yapıyor yahu."

Koşun, Patrik ile röportaj var!

Patrik Mesrop Mutafyan iyi dostumdu.

Fakat bu hal, onu yarı tanrısal bir varlık olarak görme saflığımı hiç gidermedi. Belki de çocukluğum yüzünden. Öyle durmadan kiliseye giden, aile dostumuz olan papazlara sahip, dini ritüelleri evinde yaşatan insanlardan olmadık biz hiç. Din adamı dediğinden de az vardı ortalıkta üstelik. Hatta televizyonda daha çok papaz vardı diyebilirim. Ama onların da hepsini Cüneyt Arkın ikiye böldü.

Dolayısıyla papaz nedir bilmeden büyüdüm ben. Biraz büyüyünce kendim papazı bulayım dediysem de solculuk dönemine kurban oldu bu arayışım. "Din afyondur" derken Hıristiyanlığı da içine katıyor muydunuz bilmem ama kilise ile olan aşkıma mani olduğunuz kesin.

Kiliseye ve din adamına olan ilgimi, aradan geçen koca zaman diliminden sonra solcu bir radyoda Ermeniler hakkında program yaparken, kimselere çaktırmadan giderdim ben.

Solcu radyoya imam çıkaracağım desen laf olur. Ama neticede Ermenilik avantajlı hal. Patrik çıkaracağım dediğimde alkışlarla karşıladılar beni. Üstelik daha önce Patrik

Mutafyan'ın geçirdiği bir trafik kazası sonrası canlı yayın bağlantısı yapmış, Yaşam Radyo'yu merkez medyanın haber kaynağı haline getirmişim. Kim tutar beni? Promosyon İncil dağıtalım desem devrimci faaliyetten sayılacak.

O kazanın ve telefon bağlantısının üzerinden az zaman geçmiş. Paskalya yaklaşıyor.

Mesrop Badriark ile yine bağlantı yapayım diyorum. Ama Badriark, "Patrikhaneye gel de ses kaydı alalım, daha doğru olur," demiş. Daha kilise bulamamışken patrikhane sunuluyor önüme. Mutafyan hastaneden çıkmış, patrikhanedeki odasında istirahat ediyor. Bir ayağı alçıda. Tek başıma gitmek istemiyorum. Böylesi mucizevi bir ana tanıklık edecek birilerini bulmam lazım.

Belma'dan rica ettim. "Çocuklara Ermenice öğretmeliyiz. Diliniz kayboluyor. Ben de öğreneyim ki onlarla evde konuşabileyim," diyerek Patrik'in kursiyeri olmuş bir eşim var neticede. Yani tanıdığım insanlar içinde Ermeni Kilisesi'ne ve onun patriğine en yakın olan kişi Türk eşim.

İkimizden biri yanlış yolda olmalıyız ama henüz hangimizin olduğuna karar verememişiz.

Hazırlıklara başlamak lazım. Allahım çok heyecanlıyım. Ne giyinmeliyiz ki? Giderken bir şey götürmek gerekiyor mu acaba? Çikolata? Ulan Patrik'e çikolata mı götürülür? Yahu haç kolye götürecek değiliz ya? Patrikhane dekoruna uygun bir vazo, tabak falan mı...

Al işte iyice saçmalamaya başladım. Belma niye bu kadar sakin? Türk tabii o, ne anlar bu işin ehemmiyetini? İyi de kadın benden daha iyi tanıyor Patrik'i? Bir bilene sormalı. Saat yaklaşıyor, aman geç kalmayalım.

Bir dakika! Ses kaydı alacağım. Alet götürmek lazım yanımızda. "Belma spor çantamı getir çabuk." Evde bir alet var. Hem de alet deyip geçme! Sony FHB900... Çift kasetçalar, cd, radyo, ekolayzır... Teyp kısmının "A" tarafı hem harici kayıt yapıyor, hem kasetten kasete. Play ve rec tuşlarına aynı anda basarsan harici kayıt yapıyor; unutma. İki hoparlörü de almaya kalkarsam çantaya sığmayacak. Tekini alsam yeter. Zaten oraya parti yapmaya gitmiyoruz neticede.

Olay mahalline vardık.

Patrikhaneye daha önce gideniniz var mı? Kumkapı'da hani? O zaman hiç dalga geçmeyin benimle, hepinizden daha tecrübeli sayılırım. Muhteşem bir yapı. Hele gördüğü o son tadilattan sonra görkemi ikiye katlanmış. Hani öldüğümüzde cennet veya cehennem yolculuğu öncesi ruhlarımızın bekletileceği varsayılan araf var ya. Bence araf o bina olmalı. Detay vermeyeceğim, merak eden gidip baksın.

Loş ışıklar altında kalmış geniş merdivenlerden üst kata, Patrik'in özel odasına doğru tırmanmaya başladık. Bir görevli, Belma, ben ve spor çantam. Odaya girdik. Kucaklaştık, selamlaştık. Belma, "Geçmiş olsun, nasıl oldunuz?" diye sordu. Bak bak patavatsıza bak... Nasıl konuşuyor koskoca Patrik ile? Bu soruyu sormanın bir protokolü olmalı mutlaka. Tamam, ben de bilmiyorum ama en azından susuyorum işte.

Neyse ben tesisatı kurmalıyım. Belma bir pot daha kırmasa bari. Böyle bir odada elektrik fişi var mıdır ki acaba? Hah, şurada var bir tane. Allahtan son anda çantaya o uzun kablolu karaoke mikrofonunu koymuşum. Mesafe uzak, hayatta ses alamazdım yoksa.

Mutafyan ayağı alçıda olduğu halde sırt üstü uzanmış, üzerinde rahat, bol bir eşofman var. Patrikler eşofman giyiyor

Mesrop Mutafyan (Fotoğraf: Vasken Değirmentaş)

yani! Belma sorunca fark ettim. Tavandan aşağıya sarkan, üzeri acı biberlerle dolu bir ip var. İpin en altına tutturulmuş bir soğan ve soğanın etrafına iliştirilmiş kuş tüyleri duruyor orta yerde. Tam yatağın üzerine denk gelmiş mekanizma. Bu ne olabilir ki?

Anlatmaya başladı hikâyesini Patrik. Ama Belma'ya anlatıyor. Çünkü ben yere uzanmış bir halde, arkalara gizlenmiş prize Sony'nin fişini yerleştirmeye çalışıyorum.

Fakat kulağım onlarda. Kimselerin bilmediği mucizevi bir hikâyenin sırdaşı olacağız birazdan. Yerden kalksam iyi olacak.

"Paskalya orucu yedi hafta sürer," diyor Patrik. Vay canına!... Tamam, sustum, onu dinleyelim.

"Bu acı biberler cehennem ateşini temsil eder. Soğana iliştirilmiş tüyler ise yedi büyük günahı. Yalan, kibir, gıybet vs. Her hafta orucunu tamamlayıp günahın temsili olan tüylerden birini koparırsın. Ruhun arınır zamanla. Son haftayı tamamladığında Paskalya gelmiş olur. Soğanı alıp vurursun üzerine. Ve bembeyaz içi çıkar karşına. Aynı ruhun gibi..."

"Ne diyorsunuz!" diye haykırıverdim. "İçinden beyaz mı çıkar?"

Sessizlik oldu birden. İkisi aynı ifadeyle dönüp baktılar bana.

"Soğanı kırarsan içinden mavi çıkacak değil ya oğlum? Hem sen niye herkesin kullandığı küçük kayıt cihazlarından getirmedin de koca seti taşıdın buraya?"

Elimdeki karaoke mikrofonunu sakince yere bırakıp yanlarına yaklaştım. Karaoke mikrofonu nedir arkadaş, niye var ki bu hikâyede?

Sessizce iki medeni insanın makul sohbetini dinlemeye başladım. Gelenekler, dinsel objelerin gerçek hayattaki metaforik karşılığı, Ermenice kursundaki diğer öğrencilerin hallerini çekiştirmeler, patrikhanenin bu cephesinin iyi güneş alıyor oluşu, Almancanın yapısal özellikleri ile Ermenice arasındaki kategorik farklar, bir süre sonra bacağı çok kaşındıran alçı sargı, "aslında kilo vermek gerekiyor, rejime başlansa fena olmayacak" ile biten bir sohbet... İnanın en az sekiz yerde muhabbete ucundan dahil olmaya çalıştıysam da cesaret edemedim.

Belki de hâlâ az sonra gerçekleşmesini beklediğim "mucizevi herhangi bir olay"ın heyecanına yenik düştüm. Üstelik ses kaydı bile alamadım. Karaoke mikrofonu yürümedi. Sony FH set iyiydi ama.

Patrihaneden çıktığımda radyoculuk görevimi yapamamış, Badriark ile iki kelime sohbet edememiş, Belma'ya yıllarca dalga geçebileceği bir malzeme vermiş ve hiçbir mucizeye tanıklık edememiş halde evin yolunu tutmuş olarak buldum kendimi.

Bitmedi, Mutafyan'la başka denemelerim de var. Anlatırım bir ara...

Bizim Patrik de fazla laikmiş arkadaş...

Söz konusu Sony FH B-900

Müzisyenlik aileden gelir bizde

Bu ülkede "Bando Birlikleri" hakkında bir kitap yazıldı mı hiç?

Anadolu'nun bağrından yirmi yaşındaki gençleri toplayıp fiziksel yapılarına bakarak nasıl müzisyen haline getirdiklerini kimse mevzu etmedi mi yani?

"Dudağı kalınmış, tromboncu yapalım bunu."

"İri yarı bu herif, suzafoncu yapalım. Ancak taşır koca sazı..."

"Tuu diye dilini öne çıkararak tükür bakayım; hah, iyi tükürdü. Trompete verin bunu."

"Kahramanmaraşlı var mı içinizde gençler? Bando davulcusu eksik hâlâ..."

"Bu salaktan bir şey olmaz, boru trampete yollayın hemen!"

Mübalağa ettiğimi düşünen vardır belki. Allah çarpsın doğru söylüyorum. Tarlasında sabanını bırakıp gelmiş adamdan klarnetçi çıkarmak her babayiğidin harcı değildir elbet. Ama ordumuz yılda ortalama birkaç yüz müzisyen yetiştirmenin yolunu bulmuş işte.

Biliyorum, çünkü ben de o bandoculardan biriyim.

Hikâyesini *Salyangoz*'da anlatmıştım; azıcık hatırlatayım:

"Acemilik dediğin iki buçuk, üç ay sürer, fakat ilk beş haftadan sonra seçimler yapılır. O seçimlerde belirlenen meslek sahipleri usta birliklerine erken yollanır. Şoförler, garsonlar, kuaförler, kasaplar o beş haftadan sonra asıl askerliklerini tamamlayacakları yerlere gönderilir.

Kendime bir meslek bulup oradan kurtulsam fena olmayacak. Mesleklerden biri de 'orkestra' seçmeleri. Müzisyen olan eniştemin orgundan tek parmak bir şeyler çalmayı bilen biri olarak 'piyano çalıyorum' diye yuttursam kendimi kim anlayacak ki? Orada kim, ne kadar müzik bilecek ki... Çanakkale'nin İt Durmaz Tepesi'nde Beethoven bulacak değiller ya.

Fırladım öne, bağırdım: 'Komutanım, müzisyenim ben!'

Çok büyük bir hataymış. Subay, 'Ne çalıyorsun?' diye sordu bana. Ben de, 'Klavye, piyano,' dedim. Adam, o eğitim alanında bir org çıkarıp, 'Çal hadi!' demesin mi... Hiç beklemiyordum. Bu arada, keman diyene de keman, klarnet diyene klarnet çıkarıyorlar. Tek parmakla Kasap Havası'nı çalmaya başladığımda, altıncı notada subay, 'Siktir git, bunu babaannem de çalıyor,' deyip kovaladı beni.

Biraz sonra bando seçmelerine adam toplamaya başladılar. Bando için az gönüllü vardı. Kaçırır mıyım fırsatı. Atladım yine öne. Hemen seçtiler beni. Ne boru, ne trampet sordular bana. Ne sevindim ama... Askerlik boyunca müzikle haşır neşir olacağım. Hem müzik dediğin batıda olur. Bunlar kesin beni İstanbul'a yollar. Hafta sonları eve bile giderim valla. Harbiye Ordu Evi'nde bando var mıydı?

Bir dakika. Niye çok gönüllü çıkmadı az önce? Niye kimse beni tebrik etmiyor?

Akşam yatakhanede anlattılar. Jandarma Bandosu Türkiye'de altı yerde varmış: Van, Batman, Tunceli, Zonguldak, Ankara, Çanakkale. Üstelik az önce anlattığım, hep doğuya, güney doğuya asker gönderen bizim birlik cezalıymış artık. Eğittiği askerlerden çok fazla şehit düştüğü için 76/3 devre komple batıya gönderilecekmiş. Bando hariç.

Tüm devrelerim Bodrum'da, Kuşadası'nda sahil jandarması olup şortla askerlik yaptılar. Tunceli'ye ise bandocu lazımmış.

Türkiye'deki ilk intihar saldırısı, şehir merkezindeki bayrak töreni esnasında İstiklal Marşı çalınırken hamile kılığında bir gerillanın kendisini patlatmasıyla gerçekleşti. Belki de dünyada havaya uçurulmuş, şehit vermiş ilk bando birliğiydi. Biz oradaki şehit olan askerlerin yerine ilk gönderilecek olanlardık."

Bu hikâyede gizlemişim sizlerden.

Benim babam da bandocuydu arkadaş.

Çocukluğum babamın albümlerindeki fotoğraflara bakarak geçti benim. Hepiniz fark etmişsinizdir. O eski askerlik albümlerinde, yirmi yaşında olduğu rivayet edilen adamların hepsi kırk beş yaşından yeni gün almış gibi tiplerdir. Bugünün yirmi yaşındaki bir çocuğunu koy onların yanına, "Babam ve Oğlum" filmini yeniden çekersin, o kadar yani...

Fotoğraflar sanki Trablusgarp Cephesi'nde çekilmiş gibiydi. Safari benzeri şapkalar, dört tekerlekli fakat kamyona benzemeyen garip araçlar, baraka benzeri yapılar, her fotoğrafın arkasında çöl misali uçsuz bucaksız kum manzaraları.

Fakat babamın elinde çoğunlukla bir tenor saksafon mevcut. Üstelik askerlik bitince müzisyenlik mesleğini icra etmesine yetecek kadar da donanımlı dönmüş eve bizim peder.

Sivilde müzisyenlik devam ediyor, eşzamanlı olarak bir matbaada makine ustalığı yapıyor. "Ustalıktan kazandığı haftalık ne kadarsa, bir gecede alaturadan o kadar bahşişi cebine koyardı," diye anlattı hep annem. Sabaha karşı eve gelir, saksafonu ters çevirip bir avuç parayı yatağın üstüne dökermiş. Pek havalı bence.

Bizimkiler Tarlabaşı sakinleriymiş. O meşhur "Eski Tarlabaşı" insanları yani. Mahallede kimse çok zengin değil ama herkesin Beyoğlu'na çıkmak için gereken şapkalara, şık elbiselere, rugan ayakkabılara sahip olduğu haller işte.

Oturdukları ev şimdi kentsel dönüşüm diyerek üç tane sonradan görme zengine peşkeş çekilen eski Rum evlerinden. Küçük bir salon. Ama küçük de olsa cumbası mutlaka olacak. Yarım yamalak bir hol. İki kişinin ancak sığacağı kadar bir yatak odası. Adam olana yeter...

Eşya dediğin bir aslan ayaklı yemek masası, lazım olandan büyük bir büfe, mutfakta bir tel dolap, burç gibi yükselen yatak başlarına sahip iki kişilik bir döşek. Ha, en önemlisi bir de ampullü radyo. FM bandı o zamanlar var mı yok mu bana hiç söylemediler.

Peder her gece işe gidiyor, annem gencecik kadın haliyle evde yalnız, oturuyor pencerenin önünde, bekliyor sabahlara kadar.

Karamürsel Ordu Evi, Yugoslavya Konsolosluğu Lokali, Şişli Gazinosu, Aksaray pavyonları, Burgazada gece kulüpleri aklımda kalan mekânlar.

Yıldırım Gürses, Ajda Pekkan, Beyaz Kelebekler, Mavi Çocuklar, Erkin Koray, Barış Manço aklımda kalan isimler.

Bunların arasındaki ilişkileri siz kurun artık, benim hayal gücüme teslim olursanız "Bir Zamanlar Amerika" filmini anlatmaya başlayabilirim çünkü.

Hatta bir gece annemin de dayanamayıp babamın peşinden çaldığı mekâna gittiği bir hikâye var ki evlere şenlik.

Burgazada Paradisos'ta bir gece...

Sahneye çıkacak şarkıcıdan önce babamların orkestrası yemek müziği icra ediyor.
Bizimki sahnede saksafonunu üflerken gecenin solisti denilen adam utanmadan annemin masasına yaklaş sen, kadını dansa kaldırmaya teşebbüs et. Babam da sahneden insin, yapışsın yakasına çirkin mi çirkin herifin, başlasınlar yumruklaşmaya.

Zavallı kadın, evden çıktığına bin pişman. Pederin daldığı herif sonradan pek bir meşhur olmuş ama. Bütün memleket tanımış onu.

Babam keyfi yerinde iken hem o gece anneme asıldı diye kavgaya tutuştuğu, hem de sonrasında orkestrasında çaldığı Cem Karaca'yı gururla anlatırdı hep.

Üstte mamamla babamın evlendiklerinde taşındıkları, Tarlabaşı'nın Tarlabaşı olduğu zamanlardaki evleri...

Solda, İstanbul pavyonlarından biri. Saksafonda babam Herman, mikrofonda Yıldırım Gürses. Sağda, babam askerde.

Annem sonradan müzisyenliği bıraktırmış pedere. Fakat bizimki müziği hiç bırakmamış aslında. Elvis Presley öldü diye kaç sene ağlayabilir ki bir insan?

Müziğe vedasını eve bir hediye getirerek taçlandırmış üstelik.

"Keti, akşama salonda biraz yer aç. Sana bir hediye aldım," diye müjdelemiş meseleyi anneme.

Salonda yer aç dediği, aslan ayaklı yemek masasını yarım metre sağa çek demek olmalı. Salon zaten o kadar ya.

Akşam olduğunda mahallede bir gürültü, patırtı. Evin önünde bir koca kamyon, hamallar bağırarak tartışıyor...

"Apartmandan sığmayacak, ön camı sökmek lazım, caraskal getirseydik keşke."

Bütün gün uğraşıp babamın ev hediyesini salonun ortasına yerleştirmişler sonunda.

Emek sinemasının emektar kuyruklu piyanosu!

O gelince evden gitmek zorunda kalan aslan ayaklı yemek masasının yerine piyanonun üzerinde edilen kahvaltıları, akşam yemeklerini anlatıp anlatıp sinirlenirdi hep annem.

Zor zamanlarda piyano da, tenor saksafon da satılıvermiş sonradan eskicilere. Napolyonlu duvar tabağının satıldığını ise ben de gördüm.

Evlendiğimde elime geçen ilk parayla eve bir piyano aldım. Üstelik, "Belma akşam sana bir sürprizim var, salonda yer aç," repliğini bire bir tekrarlayarak.

Bizde müzisyenlik babadan oğula geçti yani. Evimizde mutlaka bir piyano olmalı, yoksa çok ayıp olur bandoya da, Elvis Presley'e de, Cem Karaca'ya da.

Napolyon için ise bir şey yapamadım henüz...

Aşkın ve Devrimin Partisi'ni kuruyoruz, hadi halay çekelim!

Memlekette solun tarihini merak ediyorsanız zevksiz düğün salonlarının hikâyelerinin peşine düşmelisiniz.

Çünkü bütün teşkilatları oralarda kurdu devrimciler.

Daha doğrusu, bitmek bilmeyen toplantıların aylar süren tartışmalarını sonuca bağlayabilen şanslı azınlık o salonlarda ilan etti yeni örgütünün adını diyelim de kızmasınlar bana.

Şimdilerde Taksim Hill Hotel karşılıyor bu ihtiyacı.

Anlatacağım hikâyenin mekânı yine böyle bir salon: "La Bella Düğün Salonu". Durun, hemen vazgeçmeyin okumaktan. İçinde Ahmet Kaya, Ahmet Türk, Masis Kürkçügil, Ayı Hayko, Uraz, Nışan, Evrim ve ben varız. Bir de üç otobüs çevik kuvvet polisi bekliyor kapıda.

Bizim Uraz'ın yatacak yeri yok aslında.

Ailesi 12 Eylül'de Paris'e kaçan dönemin hızlı solcularından. Uraz, on dört yaşında Kınalıada'ya geri döndüğünde frankafon olduğundan pek bir önemsemişiz herifi. Biz

Zagor'dan *Blue Jean* dergisine yeni geçmişiz, bizimki sahilde Fransızca Emile Zola okuyor. Dolayısıyla Enternasyonal sol ile ortak hareket ediyoruz hissi gelmiş bizlere. Uraz konumunun farkında, anlatıyor da anlatıyor. Dediklerinin yarısını hayata geçirecek olsak, 90'larda adada özerkliği ilan edeceğiz. Edeceğiz etmesine de Kürtlere ayıp olmasın diye Diyarbakır'a vermişiz önceliği.

Annesi Aslı Teyze, babası Zafer Abi dünya tatlısı insanlar. Evle kavga ettikçe onlara sığınıyorum hep. Laf aramızda hâlâ yapıyorum bunu ben.

Zafer Abi yeni kurulacak partinin destekçilerinden. Sene 1995 olmalı. Şimdi adını saymaya kalkarsam kesin çuvallayacağım pek çok teşkilat toplanmış, Özgürlük ve Dayanışma Partisi'ni oluşturmak üzere harekete geçmiş. Hal böyle olunca "dayanışma yemekleri" kaçınılmaz olur.

Zafer Abi gece için 10 tane yemek davetiyesi satın almış, üstüne düşen görevi fazlasıyla yapmış. Biletlerin sekizini Uraz kapmış, gelmiş adada kadroyu kurmaya çalışıyor.

Ben zaten doğal müşteriyim. Evrim zaten Uraz'ın kuzeni. Etti sana üç kişi. Fakat bizim grupta Uraz frankofon diye, kitap okuyor diye benim kadar onu ciddiye alan başka kimseyi bulmak mümkün değil ki! Tam tersine, biz limandan tekne kaçıracağız, serserilik yapacağız, o ise evde Ernest Mandel'den *Marksizme Giriş*'i hatmedecek diye neredeyse dayak yiyecek bizim çocuklardan.

Örgütlenmek için her yolun mubah olduğunu ilk o tarihte öğrendim ben.

Uraz, Nışan ile Ayı Hayko'nun bu devrimci faaliyete katılması için önlerine reddedilemez bir teklif koydu.

"Bedava rakı, yemek ve eğlence var oğlum, gelsenize?"

Geldiler...

La Bella Düğün Salonu, Osmanbey'den Şişli'ye doğru giderken Nişantaşı hizasından sola dönünce, Katolik mezarlığının duvarına paralel uzayan cadde üstünde. Tekstilcilerle dolu bir iş hanının en üst katında.

Masamıza oturmamızla "Çav bella, çav bella, çav çav çav" diye bağırarak şarkı söylemeye başlamamız arasında on beş dakika ya geçti ya geçmedi.

Bizim çocuklar siyaset bilmez, hatta okuma yazma biliyorlar mı ondan bile emin değilim. Fakat "Dünya Devrim Şarkıları 2", Grup Yorum ve Ahmet Kaya kasetlerinin tamamını ezberlemişlerdir. Rahmetli Ayı Hayko sağken de öyleydik, şimdi geriye kalanlar her sofraya oturduğumuzda da, üçüncü kadehte başlarız yine aynı şarkıları okumaya.

Geceye katılım çok yüksekti. ÖDP'nin kuruluşunda yer almasa da sol cenahın en önemli simaları nezaketen yemeğe icabet etmişler.

Hele bir masa var ki, aynı kadro şimdi bir araya gelse, devlet yeniden paniğe kapılır.

Kürtlerin kapatıla kapatıla artık isim koymak için alfabede harf bulmakta zorluk çektikleri partilerinden sonuncusunun genel başkanı gelmiş. O dönem eşbaşkanlık icat edilmemişti henüz. Rahmetli Murat Bozlak Başkan orada. Yanında koskoca Ahmet Türk oturuyor. Ne kadar da gençmiş o zamanlar. Ermeni çocukları solculuğa bulaştı mı ilk öğrenecekleri efsane isim yerini almış masada: Masis Kürkçügil. Ertuğrul Kürkçü bir arka masada ama gözü hep bu masaya kayıyor.

*Herhalde bu fotoğrafta kimin kim olduğunu bulmak
sizin için o kadar zor olmasa gerek.*

Bir dakika! Susun biraz bakayım... Ahmet Kaya mı oğlum o? Allaaaahhh, Ahmet Kaya burada be! Koş Uraz koş, bırak tabağındaki kızarmış sivri bibere portakallı ördek muamelesi yapmayı. Fotoğraf çektireceğiz Ahmet Abi'yle.

Sonradan annem o fotoğrafları gördüydü de başım büyük belaya girmişti. Dün gibi hatırlarım. Murat Bozlak yüzünden olmalı. Sadece Ahmet Kaya olsa annem bile laf edemezdi, eminim.

İki çift siyaset konuşurlar mı ki bizimle? Allahtan Uraz o kitapları okumuş. Ben tıkanırsam o devreye girer. Arada Fransızca kelime filan kullanır inşallah. Pek muhatap olmadılar. Öyle ya, işleri başlarından aşkın. Koskoca devrimci parti kuruluyor neticede. Kim ne yapsın iki solcu genci?

Bu arada salon adına yakışır şekilde coşmuş. Dışarıdan baksan erkek tarafı düğün için eğleniyor dersin. Uraz gel gidip halay çekelim, Masis ile zaten bir ömür beraber olacaksın sonradan.

Halay da pek bir neşeli yahu. İyi de bizim Ayı Hayko niye geçmiş halayın başına? Yarım saat yalnız bıraktık, içine devrim ateşi düştü çocuğun.

Alevi türküleri başladı işte. Ellerimizi yanlara açıp döne döne eşlik etmeliyiz.
Nişan pek başaramıyor, bence ondan kızgın olmalı. Ya da az önceki sarhoşun durup dururken ettiği garip laflara alınmış olabilir.

Ayıcık (Hayko) o güzel kadınla bir şeyler konuşuyor. Dinlemezsem çatlayacağım.

"Nerelisiniz hanımefendi?"

"Sivaslıyım"

"Aaa, ne tesadüf, ben de. Alevi misiniz?"

"Evet"

"Bu kadar olur yahu! Ben de Aleviyim. Adınız?"

Üçkâğıtçı, beleşçi, hokkabaz herif...

Aşağıda onlarca polis var Uraz, bizim çocuklar endişelenmesin? Çıkalım artık istersen.

Nışan çoktan inmiş aşağıya.

O laf eden sarhoş meğer merdivenlerden düşmüş. Kapı girişinde polis otobüslerinin arasında bir şeylere kızmış, bağırıyor.

Nışan, düşen adama yardım ediyorum ayağına, polislere çaktırmadan pantolonunu aşağıya çekmeye çalışmış sarhoşun diyorlar. Sonradan sordum, "Hak etmişti," dedi.

Ayı Hayko bir türlü inmiyor aşağıya. Galiba Alevi olduğuna ikna etmiş kitleleri. Evrim en son sahnede şarkı söylüyordu da millet Grup Yorum üyeleri zannettiydi bizim masayı. Hadi kardeşim, toplanalım artık, polisler homurdanmaya başladı.

Bizimkilerin finalde polislerin yanından bir yürüyüşü var ki cesaretlerini gören devrimci saflara katılır.

Bence sabaha bir şey hatırlamayacaklar. ÖDP'ye sorsan onlar da bizimkileri hatırlamaz kesin. Ben asla unutmayacağım ama olan biteni.

Ahmet Kaya ile fotoğraf çektirmişim be, çocuklarıma bırakacağım ben onu...

Manchester United'ı eledik biz be!

Galatasaray'ın Şampiyon Kulüpler Kupası'na katılmasına ramak kalmış. Sene 1993.

Rakip İngiliz şeytanları Manchester United. Old Trafford'daki ilk tur maçı 3-3 berabere bitmiş. Öyle bön bön okumayın. 3-3 berabere bitmiş diyorum. Orada, o takıma üç gol atmak ne demek haberiniz var mı sizin?

Galatasaray'ın kadrosu efsane: "Hayrettin Demirbaş, Bülent Korkmaz, Reinhard Stumpf, Kubilay Türkyılmaz, Yusuf Tepekule, Hamza Hamzaoğlu, Suat Kaya, Falko Gotz, Tugay Kerimoğlu, Arif Erdem, Hakan Şükür."

Manchester'ın kadrosu dünyada efsane: "Peter Schmeichel, Steve Bruce, Lee Martin, Gary Pallister, Roy Keane, Paul Ince, Bryan Robson, Ryan Giggs, Lee Sharpe, Eric Cantona, Mark Hughes."

Manchester United, 2. dakikada Robson ile öne geçti. 14. dakikada Hakan Şükür bu sefer kendi kalesine gol atınca durum 2-0 oldu. Arif Erdem, 16. dakikada 35 metredeki şutuyla dünyanın en büyüğü Peter Schmeichel'ı mağlup etti. Kubilay Türkyılmaz 36. dakikada durumu 2-2 yaptı. 64. dakikada yine sahneye çıkan Kubilay durumu 2-3 yaptı. Eric Cantona, 82. dakikada attığı gol ile durumu 3-3'e getirdi.

Futbolla ilgisi olmayanlar bu detaylardan sıkılmış olabilir ama yazmasam olmazdı.

İkinci maç Ali Sami Yen'de oynanacak. İşte o maç benim gittiğim ilk maçtı.

Bizim okul Harbiye'deydi. Hâlâ oradadır. Türkçe adı Özel Pangaltı Ermeni Lisesi. Orijinali Mıhitaryan Varjaran. Lise bitmek üzere ve okulun kıdemlilerinden bir grup genç, maç için okulu kırmaya yeminliyiz. Kamer var, bizim Spak Kamer. Jilber var. Onlar hasta Galatasaraylı ve zaten her maça gidiyorlar. Ben iyi bir Fenerliyim ama statlara pek yolum düşmüyor.

O zamanlarda yabancı takımla maç varsa bizim takımı tutmak daha iyi fikirdi. O maçların tamamı milli maç gibi algılanırdı. Şimdilerde bozuldu bu iş. Millet ecnebi rakibin formasıyla geziyor sokaklarda. Ne kadar ayıp...

Biletler çıkar çıkmaz Spak Kamer stadın önünde sıraya girmiş, zar zor üç bileti koymuş cebine. Maça daha bir hafta var ama biz ayaklı reklam panosu gibi selam verene maç biletini gösterip havamızı basıyoruz. Siyaset, ekonomi, trafik falan unutulmuş. Memleketin her köşesinde maç konuşuluyor.

Bir gece öncesinde Beşiktaş'tan taksiye binip Kurtuluş'a, eve gelmeye çalışıyorum. Taksici orta yaşını biraz geçmiş, dünya tatlısı bir amca.

"Ne tarafa gidelim oğlum?" diye sordu şoför, ben ön koltuğa yerleşir yerleşmez.

Durur muyum? Çıkarıp yapıştırdım bileti amcanın burnuna.

"Amca, biletim var vallahi. Maça gidiyorum yarın."

Şoför amca ganimet bulmuş gibi aldı, inceledi, makul süreyi geçirmeden iade etti bileti bana.

"Aferin size be, takımın desteğe ihtiyacı var. Keşke ben de gidebileydim..."

Kurtuluş'a doğru yavaş yavaş yol almaya başladık.

Amca Beşiktaş'ı tutuyormuş. Fakat sonradan oluşacak futbol kültürünü önceden sezmiş olmalı ki, yol boyunca bu tip müsabakaların nasıl memleket meselesi olduğundan söz etti durdu.

O kadar haklıydı ki.

Ligde rakibimiz de olsa Galatasaray'ın tüm futbolcularını yakından tanıyorduk mesela. Yani Hakan Şükür yabancı kaleciyle karşı karşıya kaldığında gol olmasın diye dua edebilecek kadar gayrı milli olmanın açıklanabilir bir tarafı olabilir miydi?

Sonra skor tahminlerimizi beyan etmeye başladık. Amca beraberliğe razıydı. Bana yetmiyordu tabii. "2 farkla alırız" cümlesini kurmanın verdiği haz çok büyüktü.

Konuştuk, konuştuk, konuştuk...
Vardık Kurtuluş'a. Amca ben artık inmek üzereyken koluma yapışıp son nasihatini verdi usulca.

"Bak oğlum, pırlanta gibi gençsin. Hep böyle kal. Bu toprakların insanları hep birbirine destek olmalıdır. Yarın öbür gün değişik meslekler yapacaksınız. Hep kulağınıza küpe olsun bunlar. Sağda solda Manchester'ın içten içe kazanmasını isteyenler olabilir. Bakmayın onlara. Bizim takımlar dururken ne tutacağız amına kodumunun Ermenilerini yahu?"

Araba bastı gaza uzaklaştı. Ben bir süre caddenin ortasında öylece kalakaldım.

Ne oldu ki şimdi? Amca Ermeni olduğumu bilmiyordu da konu buraya nasıl gelmişti? Amca dünya tatlısıydı hani? Niye küfretti ki bana o kadar güzel bir sohbetin ardından. Hassiktir...

Amca bana küfür etmedi yahu. Manchester'a küfür etti. İyi de Manchester İngiliz takımı be? Cahil herhalde biraz bizimki. Bu kadar mı cahil ama?

Kafamda deli sorular, girdim evin kapısından, ev ahalisine selam vermeden geçtim odama. Kimseye anlatmadım meseleyi. Ertesi gün bizim sınıfta çocuklara da anlatmadım. Maç öncesi moralimiz bozulmasın, ne gerek var?

Maç günü geldi çattı en sonunda. Daha öğlen olmadan stada girmiştik bile. O zamanlar maçtan sekiz saat önce stada girdin girdin. Giremedin belki de biletin olsa da Allah korusun almazlar içeri.

Televizyondan izlerken maç 90 dakika sürer. Statta 25 dakikada bitiyormuş meğer. O şut çekti, öbürü korner attı, ofsayt mıydı değil miydi demeye kalmadan 0-0 bitiverdi. Skora takılmayın, Galatasarayımız tur atladı işte. Memleket oldu yangın yeri. Bayrağı kapan atmış kendini sokaklara. Benzerini Tansu Çiller bizi Gümrük Birliği'ne soktuğunda yaşamışız, hatırla. Kalabalıkların yarısı Taksim Meydanı'na, yarısı Mecidiyeköy'deki stada akın ediyor.

Saatler geçti, yorgunluk başladı. Tamam artık eve dönelim, yarın okulda muhabbetine devam edeceğiz nasıl olsa.

Şişli'den Osmanbey'e yürümeye çalışıyoruz ama mümkün değil. Arka sokaklardan gidelim. Bizim okulun oradan geçer, Ergenekon Caddesi'nden Kurtuluş yaparız. Gerçi o sokaklar da keşfedilmiş, kalabalık ama en azından saatte otuz yedi adım atılabiliyor.

İleride bir karmaşa var. Kalabalıklar çok öfkeli. Ne oldu ki şimdi? Böylesi bir günde aramızda kavga eden çıkmaz değil mi? Tam da bizim okulun önünde kopuyor kıyamet. Nereyi taşlıyor bunlar yahu?

"Özel Pangaltı Ermeni Lisesi"ni...

Yani galiba Manchester United'ı...

Sabah okula geldik. Kamer, Jilber ve ben hiç konuşmadan varmışız eve gece. Sabah da hiç konuşmadık. Andımızı okudu ilkokullu bebeler, sınıflara geçtik. Sıralara oturduk. İlk ders tarih. Neriman Hoca anlatıyor.

"Türkiye'de yaşayan herkes Türktür çocuklar. Alt kimlikleriniz başka, bu başka, unutmayın."

Benim sıra camın hemen yanında. Cam dört yerinden kırılmış, geçici olarak naylon ile kaplamışlar. Yine de soğuk hava sızıyor içeri. Ben ilk defa bu kadar üşüyorum.

Bizim şoför amca cahil değilmiş...

Kınalıada balıkçı limanı. (Desen: Kemal Gökhan Gürses)

Bizim adanın Lazları

Kınalıada'yı çok anlattım sizlere.

Hepinizden kaçırıp denizin ortasına yığdığımız bir toprak parçasının üzerinde kurduğumuz hayatlar var orada. Bu halimizi kıskanmanız için elimden geleni de yaptım üstelik. Gerisi size kalmış.

Adada çoğunlukla Ermeni nüfus yaşar. Sonradan Süryaniler de geldi. Rumlar numunelik kalmış. Müslüman nüfus genelde esnaf. Biraz da yazlıkçısı var. Rumlar Ermenilere, Ermeniler Süryanilere, Süryaniler Müslümanlara üstünlük taslasa da hepsi üçüncü kadehte Çınaraltı Meydanı'nda aynı şarkıları mırıldanır dururlar.

Ada hep yokuş üstüne kurulmuş evlerden oluşuyor. Yokuşların en tepesinde Rum mezarlığı, bir alt sokakta Müslüman mezarlığı, bir altında Ermeni mezarlığı mevcut. Hepsi de küçücük mezarlıklar bunlar. Sonradan gelen Süryanilerin ise yatacak yeri yok adada. En tepelerde bir de Beyaz Rus mezarlığı olduğu söylenir ki hikâyesi film olur. Onu da başka zaman anlatayım.

Bizim tesisatçı Bayram Abi (Hacı Bayram) bütün hallerimizi en fazla aile içi kavgalar kadar önemser.

"Yağmur yağdığında toprağa karışan su bu mezarlıklardan aşağıya doğru iner. Sırasıyla hepimize uğrar. Akrabalarımızın bedenlerinin içinden geçen suyu içer bizim adalılar. Bu Adada nasıl ırkçılık olsun be?"

Annem ise büyük bir bahçede oturan geniş bir aileye benzediğimizi iddia eder.

İkisi de haklı bence.

Adanın Rizelileri ikiye ayrılırlar. Çayelili olanlar ve Pazarlı olanlar. Ben Pazarlıları tutuyorum.

Bizim Tayfun da Pazarlı. Pazarlılar evde Lazca konuşurlar. Öbürleri dil bilmez.
Tayfunun babası eski kum gemisi kaptanlarından Ömer Amca. Zamanında denizde büyük bir gemi ile yol verme kavgasına tutuşup gemileri birbirine çarptıran, kendi gemisini batırıp sudan yarı çıplak kurtarıldıktan sonra karakolda verdiği ilk ifadesinde dönüp eşi Emine Teyze'ye, "Sancağı kaptırmadım Emine," diye müjdeyi veren kaptan hani.

Fahrettin ve Halil diye iki abisi var Tayfun'un. Biraz benim de abim sayılırlar ayıptır söylemesi.

Tayfun, ilkokulu zar zor bitirip kendini Kapalıçarşı'ya, Ermeni bir ustanın yanına çırak diye atmış. Şimdi ver herifin eline bir artistin portre fotoğrafını, onu sana mücevherden bire bir aynen yapsın. Artistin kolyesini demedim, kendisini yapsın dedim.

Fakat adam bildiğin haydut. On dört yaşından beri, karşısındaki ondan üç cümle fazla laf etse, yapıştırıveriyor yumruğu burnunun üstüne. Tam o yaştan beridir de en kral arkadaşım.

Benim kafam çok çalışıyormuş, yumruğa gerek kalmadan sorunlara çözüm buluyormuşum diye pek bir hayranmış bana. Araya girip ortamı bozmayın. İnsanın yumruk atmayı bilen bir arkadaşının olması güven sebebidir.

Tayfun da akıllı çocuk aslında. Hem de pek bir becerikli. Bir dönem abileriyle beraber adanın en güzel kayığını yapmaya karar verdilerdi ki anlatmazsam çatlarım.

Önce perte çıkmış bir kayık buldular kayıkhaneden. Durumu kötüymüş ama gövdesi, kesimi çok yakışıklıymış kayığın. Size versem sobaya odun diye atmazsınız. Öyle bir ucube aslında. Üç kafadar aldılar, sahile taşıdılar Venedik gondolunu. Terse yatırdılar, başladılar icraata.

Önce şarlamayla kazımak gerekiyormuş. Yani küçük bir piknik tüpünün ucuna aparatı takıp, ağacı ısıtıp, ıspatulayla eski boyaları sökeceklermiş. Bir haftadan bir gün kadar fazla bir süre boyunca piknik tüp ellerinden düşmedi. Bence "büyük ada yangını"ndan Allah korudu hepimizi.

Sonra fırçayla kayığın altına zehir sürülecek ki durduk yerde yosun tutmasın. Üç gün filan da bu işlem için uğraştılar.

Saatte birer kilo yoğurt yedi bizim üç kardeş bu süre zarfında. Yoğurt zehre panzehirmiş. Sırada kayığa macun çekmek var. Zımparalamadan olmaz ama. Zımpara yapmalarını izlerken arada onlar için acıma duygusu ile iki damla gözyaşı dökenler oldu çevreden. Macun ince işçiliktir, herkes başaramaz. Hah, cam gibi oldu vallahi bizim tabutluk.

Geldik en havalı kısmına. Kayığın ortasına şerit çekilecek, şeridin altı koyu renk, üstü beyaza boyanacak. Bitti işte. Yaz da bitti gerçi ama olsun. Seneye kullanırlar en kötü.

Ömer Amca Tayfun'a küçükken "Pitili" dermiş; sevimli yavru hayvan demek Lazcada. Kayığın adı da önceden belli yani.

Kartondan bir şablon yaptılar, hayallerindeki tek direkli yelkenlinin benzerini çiziktirdiler kayığın gövdesine. Üzerine de şık bir karakterle yazıverdiler "Pitili" diye.

Ellerini yıkayıp, üstlerini değiştirip geçtiler kayığın başına. Halil Abi'de öyle bir ifade var ki gören gergedan vurmuş avcının avının üzerine tek ayağını koyup fotoğraf çektirdiğini sanır.

Geldim yanlarına. Gerçekten iyi işçilik, kayık ortaya çıktı be...

Ama bir sorun var. Söylesem mi? Ayıp olacak yahu, daha terleri soğumamış. Ama benden duysunlar bari. Birazdan bütün ada toplanıp kahkahayı basacak zaten.

"Tayfun, şu kayığı artık bir düze çevirsenize... Bir sorun var sanki!"

"Ne pis pis gülüyorsun oğlum. On numara kayık oldu işte. Hem sen ne anlarsın kayıktan, kürekten..."

"Ölümü gör çevir. Bak ben de yardım ediyorum hadi... Millet görmeden çevir oğlum şunu!"

Önce ayak direttiler, ama sonra elbirliğiyle çevirdik kayığı.

"E ne var? Cillop gibi kayık!"

"Oku bakayım şu yazıyı!"

Nasıl okusunlar tersten yazılmış "Pitili" ile baş aşağı gelmiş yelkenli figürünü!

"Nazarlıktır artık bu kadarı, oldu işte," dedi Halil Abi.

"Daha havalı oldu. Denize vuran aksinden okusunlar artık," dedi Fahrettin Abi...

Kayık adanın en güzel kayığı neticede...

Annem Tayfun'u çok seviyor, ondan böyle yapmış

Tayfun'un haydutluğu annem için hep kötü haber olmuştur.

Zaten teamülleri bozmuşuz. Kendi kavmimizden olanlarla arkadaşlıklar kuracağımıza, Birleşmiş Milletler gibi takılıyoruz diye herkes bize mesafeli, bir de serserilik ediyoruz durmadan.

Her gece vukuat oluyor. Sudan sebeplerle çıkarılan kavgalar, karakolluk olmalar, olaylar, olaylar...

Annemin çevresindeki tanıdık, tanımadık komşular rutin olarak kahve bahanesiyle bize geliyor, ikinci cümlede beni kötülemeye başlıyorlar kadıncağıza. Bunlar hep Tayfun'un yüzünden tabii. Böyledir anneler. Hep "altın gibi oğlumu bozan kötü arkadaşları var" diye özetlerler oğullarının ergenlik dönemini.

Fakat nedense, annem her gece Tayfun'u eve yemeğe çağırıyor.

"Yemeğinizi evde yiyin, sonra çıkarsınız oğlum."

"Yahu zahmet oluyor, Şeko Baba'da iki sosisli yeriz işte tantik..."

"Olmaz, eğlenmeye gitmeden ilk eve geleceksiniz."

Kaç yaz sürdü hatırlamıyorum. Fakat akşam yemeğini hep evde yedik biz. Sonrasında yine fırlamalıklar, serserilikler devam tabii.

Annem yıllar sonra, İstanbul'daki evine hırsız girdiğinin ertesinde, bizim kahraman Tayfun eve koşup tedbir aldığı akşamı itiraf etti gerçeği.

Tedbir dediğim de Tayfun'un icadı olan ilginç bir alarm sistemidir.

Annemi o kadar seviyor ki hırsız geri gelmesin diye düşündüğü mekanizmayı biraz abartmış olabilir.

Kapıya vereceği elektrik 2000 volt filan. Üstelik hırsız kabloyu fark edip kesmesin diye apartmanın duvarının içinden geçirip direkt şehir hatlarına bağlantı yapacakmış.

Yine de kapı açılırsa, bağlayacağı hoparlörlerden çıkacak "auoooaaavvv" sesini siz evden duyardınız kesin. Bunun için Doğu Bank İşhanı'ndan güçlü bir hoparlör satın alınacak.

Yine de hırsız içeri girerse Kahraman Akıncılar'a yapıldığı gibi, Bizans surlarından akıtılan kızgın yağdan dökülecek adamcağızın kafasına.

"Peki Tayfun, annem nasıl girecek eve?"

"Bak işte onu düşünmedim ben..."

Konu bu değildi. Annem biz iki serseriye niye her gece evde zorla yemek yediriyor?

Şimdi söyleyeceğimin "kurgu edebiyat" olduğunu iddia eden olursa bir daha kitap falan yazmam. Vallahi yaptı bunu kadın.

Soslu makarnanın, lezzetli köftelerin veya içtiğimiz kolanın içine sakinleştirici ilaç eritip katıyormuş.

Oğlunu kavgalardan korumak için aşırı dozdan öldürmeyi göze almış bir annem var yani benim. Üstelik bilmiyor... O ilacın üstüne iki bira içildiğinde insan daha bir agresif oluyormuş. Belki de annem yaktı bizim Tayfun'u.

Çocukken bu kadar öfkeli değildi zavallım...

*1996, Dersim. 76/3 Devre Jandarma
Bando Onbaşı Hayko Bağdat*

Askerde parlak çocuk olmayacaksın...

Ben birliğe teslim olmadan namım ulaşmış oraya zaten.

Gelecek olan askerlerin listesi gazinonun girişine asıldığında birliğin tek konusu haline gelmişim.

"76/3 Devre Jandarma Bando Eri Hayko Bağdat"

76/3'ü anladık. Doğum tarihi ve devre numarası. Jandarma Bando Eri'ni de anladık. Zaten mekân Tunceli Jandarma Bando Birliği. Tankçı gönderecek değillerdi.

İyi de Hayko Bağdat nedir arkadaş?

"Bağdat'tan gelen misafir askerdir kesin," diyenler olmuş önce.

Kahramanmaraşlı olan bando davulcusu ve aynı zamanda koğuşçu, dört kelime İngilizce bildiği için Türkçe konuşmadığına emin oldukları Hayko'yu karşılama görevine talip olmuş hemencecik. "Welkam, militeri, yes orrayt, tenkyu!"
Birkaç İstanbullu çocuk Hayko'nun Rumca veya Ermenice isim olduğunu iddia etmişler.

Birliğin çoğu inanmamış buna. Hayatlarında karşılarına çıkmayan "afedersin Ermeni"nin yüce Türk ordusunda ne işi olur diye çürütmüşler bu fikri.

Hem Ermenistan ile bir savaş çıksa bu herif hangi tarafa ateş eder ki?

Olmaz öyle şey, bir ismin kısaltmasıdır demiş tezkerecilerden biri.

Bu son fikir nedense herkese daha makul gelmiş.

Hayrettin veya Hayrullah olabilir sanki. Aklına başka isim gelen var mı?

Bölük nizamiyesinden içeriye adımımı attığımdan itibaren herkesin işaret parmağıyla beni göstermesi bundanmış meğer.

Nezaket gösterdiler. Toplu halde sorguya çekilmem ve şu "Hayko" meselesine açıklık getirmem hiç istenmedi.

Genelde tek tek, bir köşe başında soruldu bu muamma.

Tek tek bütün birliğe anlattım ben de. "Ermeniyim oğlum ben."

İstanbullu çocukların askerde hem avantajlı hem de dezavantajlı durumları olur.

Genelde en iyi konumdaki görevler İstanbullulara havale edilir. Komutan postası, yazıcı, kantinci vs. Şehirli ya bunlar, eğitimli ya, ortam görmüş ya...
Ben de iyi bir görev kaptım valla, yalan yok. Yüce ordumuza müteşekkiriz. Komutan postası oldum. Yani bölükteki

en forslu, en lazım adam haline gelmem pek de zaman almadı. "Hayko"ya rağmen üstelik...

Öyle ki gece derslerinde, merkezden gelen gizli emirleri birliğe ben tebliğ ediyorum.

"Beyoğlu İstiklal Caddesi'nde bulunan Kitab-ı Mukaddes yayınevinin misyonerlik faaliyetleri yaptığı tespit edildiğinden bu yayınevinin kitaplarının bölüğe sokulmamasına, bu kitaplardan okuduğu görülen personelin üst makamlara ihbar edilmesine..." filan gibi sıradan şeyler yani gizli emir dediğim, abartmayın.

Dezavantajlı duruma gelince: İstanbullu askerler "parlak" çocuklardır, hanım evladıdır, elleri iş tutmaz. Bana kızmayın, Anadolu'nun kanaati böyle.

İşte ben de o parlak çocuklardan biriyim. Allahtan posta olmuşum da her sabah kömürlükte odun kırmam gerekmiyor. Balta tutmayı bilmiyorum gerçekten, Anadolu'nun hislerine güvenmek lazım, haklılar.

Parlak çocuk olmanın bir göstergesi de vücuttaki kıl oranıyla ilgili. Ben gün aşırı da sakal tıraşı olsam kafam rahat. Fakat mesela bizim koğuşçu sabah, öğlen, akşam sakallara jileti vurmak zorunda. Sadece sakal meselesi de değil. Herif Kaptan Mağara Adamı gibi bir şey. Tokalaşırken pelüş oyuncakla temas ediyorum hissi geliyor.

Askeriyenin geri kalanı da pek farklı sayılmaz.

Bu gidişata dur demeliyim. Ben de daha çok tıraş olacağım. Fakat bizim koşuğçu sadece jiletle tıraş olmuyor ki. Elinde bir ekipmanla giriyor tuvalete. İzleyeyim bir bakalım, aynısını yaparsam kimse bana parlak diyemez artık.

Aha, geldi...

Islık çalarak 30 Ağustos marşını mırıldanıyor. Hazır köpük kullanmıyor, fırçayı Hacı Şakir sabuna sapladı. Yüzüne bir sabunu tüketecek kadar köpük sürdü herif yahu! Gözleri niye görünmüyor ki artık! Çift bıçaklı jilet kullanır herhalde. Oha, ustura çıkardı herif, kayışa sürüp bilemeye başladı. Cart, cart, cart... Çıkan sese bak, çam ağacı budanıyor sanki.

Bitti mi? Yüzünü yıkadı, köpük yok artık suratında. Ama çok komik görünüyor şimdi... Elmacıkkemikleri ile alnı arasında benim saçımdan çok kıl var herifin. Altı sinekkaydı olunca ortaya çıktı mal. O elindeki ne? Çakmak çıkardı. Yoruldu tabii ağır işçilikten, sigara molası verecek sanırım. Gazı sonuna kadar açtı. Aha, kendini yakmaya başladı manyak. Çok pis kokuyormuş kıl yanığı, böğğğ...

O bölgeye jilet vurulmazmış daha çok kıl çıkar diye. Daha ne çıkabilir ki yahu? İnsanız biz insan... Şimdi bitti işte. Bir şişe kolonyayla banyosunu da aldı mı tamamdır.

Çekilin etrafımdan ben de aynısını yapacağım...

Dove marka sabun olur mu? Olur tabii ne fark edecek. Usturam yok ama bu yeni jiletler de iyi diyorlar. Zaten birazcık tüy yolacağım, hepsi bu. Yine de hazır köpük gibi olmadı işlem. Bıyık tarafımdan dört yerde kanama başladı. Tuvalet kâğıdı yapıştırayım. Ay çok havalı görünüyorum. Sakallar tamam.

Şimdi üst bölgeyi yakayım. Ne varsa yakacak orada? Aç çakmağın gazını sonuna kadar. Açtım. Vur şimdi elmacıkkemiğinden yukarı ateşi. Vurdum. Bak şimdi aynaya, ne görüyorsun? Freddy Krueger. Sağ tarafımda kirpik ve kaş namına bir şey kalmadı lan? Koku aynı ama. Yaşasın, parlak değilim artık...

Birazdan komutan gelecek, karşılayacağım. Kolonya sürmeyi de unutmadım. Bir şey değişmedi ama. Yüzümün yarısı kıpkırmızı, kirpik ve kaş yok.

"Ne yaptın salak!" deyip geçti komutan. Birkaç hafta da yüz yüze gelmemeye çalıştı benimle. Sinirleri bozuluyormuş.

Peki Maraşlı niye yanmamıştı? Ne oluyor be kardeşim, nasıl bir ortama düştüm ben? Gidip bir daha izleyeceğim bu adamı.

Tekrar anlatmayayım, aynı seremoni. Hacı Şakir, fırça, ustura, kayış, çakmak, kolonya. Islıkla çalınan marş da aynı.

Hah, ateşi yüzüne vuruyor işte, iyi izle. Offf, sol eliyle gözünün altından koruma kalkanı yapıyormuş. Aynada ters açıda kalmışım, görememişim olayı.

Kirpikler ve kaşlar yanınca yeniden uzuyor mu?

Bileniniz var mı?

Temsili Kınalıada'da yalnızlık hali (Fotoğraf: Gültekin Sözen)

Yalnız yaşamayı bilmez Ermeniler

Doğrudur, bilmezler işte...

Aynı semtlere doluşmuşlardır. Kurtuluş, Samatya, Bakırköy, Yeşilköy, Adalar...
Aynı sokaklarda yerleşiktirler.
Aynı restoranlara gider, aynı kasaplardan alışveriş ederler.
Aynı meslekleri icra eder, aynı yazlıklara giderler.
Kırk yaşına gelip *hâlâ* evlenmemiş olanları bile aynı evlerde anneleriyle yaşamaya devam ederler.
Aynı mezarlıklara gömerler ölülerini.

Ermenilere özgü bir durumdur bu diye ısrar etmiyorum elbette. Çoğunluğun içine sıkışmış bütün "az"lar aynı güvenlik kaygılarıyla böyle geçirirler hayatlarını tüm dünyada.

Ben de hiç yalnız yaşamadan aynı metrekarelerde geçiriyorum hayatımı. Bakmayın siz dışardan görülen haline. Hayatımdaki en devrimci eylemim evlenince Kurtuluş'tan Şişli'ye taşınmak oldu ki annem hâlâ laf edip durur bu terbiyesizliğime.

Fakat askerden dönünce, on sekiz ayın üzerime çöken ağır travmasından olacak ki "yalnız başıma uzaklaşıp kafamı dinleyeceğim" gibi radikal bir plan yapmaktan hiç korkmadıydım.

"Sırt çantamı alacağım, içine rakı, sucuk, Ahmet Kaya ve Rembetiko kasetleri koyacağım, birkaç hafta gideceğim buralardan."

Kurtuluş'tan çok uzaklarda bir yer bulmalıyım kendime. Yetişkin bir erkeğin biraz da gizemli bir kaçamağı olacak bu. Normal insanlar gibi olacağım yani.

Önce mekânın adını koymalı.

Akdeniz'de bir sahil kasabasına ne dersiniz?
Karadeniz'de bir yayla evi de cazip olabilir.
Ege de iyi fikir ama Kurtuluş'a çok yakın.
Güneydoğu olmaz, yeni geldim zaten oralardan.
Pasaportum olsaydı keşke, daha büyük hayallerim olurdu o vakit...

Abartmayın. Böyle planlar yapabilmek çoğunluğa bahşedilmiştir. Tamam, deniz aşırı yol almak bizlere de haktır. Kınalıada da deniz aşırı işte? Neyini beğenmediniz?

Bindim vapura bir gece vakti ve tam kırk beş dakika sürecek olan dev yolculuğumu başlatıverdim. Aylardan Şubat. Ben, rakı, sucuk ve Ahmet Kaya yollardayız.

Bizim Urazların sahilde bir evi var. Karakolu geçince, hemen ilk köşede. Üstelik iki çubuklu bir elektrik sobası da mevcut orada. Soba çok eski ama baş ağrısı yapmasın diye üstten su koyabileceğiniz bir haznesi bile var aletin.

Küttt.
Vapur bir şeye çarpmış olmalı. Kaza mı oldu acaba. Ulan

nereden çıktı şimdi bu yalnız kaçamak? Boğulup gideceğim bu sevda uğruna. Yok, adaya gelmişiz. İskeleye vurmuş vapurun gövdesi. İyi de ada neden görünmüyor? Elektrikler kesilmiş. Koskoca ada karanlık bir kaya gibi duruyor denizin ortasında. Son anda atladım vapurdan.

Sahilde kimsecikler yok. Bir mum bile yakmamış o mevsimde adada yaşayan yüz kişiden hiçbiri.

İki bakkal var zaten, ikisi de kapalı. Keşke çantaya bir şişe de su koysaydım.

Allahım bu nasıl soğuk... Urazların eve varmadan donup heykel gibi kalacağım. Koşmak lazım, durursam öleceğim. Koştum. Evin bahçesi zifiri karanlık. Kapının önüne içgüdülerimle ulaşmalıyım. Çakmak da yanmıyor işte rüzgârdan. Anahtar deliğini elimle yoklayarak bulmalıyım. Tamam da eldiveni çıkarırsam gitti parmaklar. Buldum galiba. Yok be, sümüklüböcekmiş o dokunduğum. Biraz daha altına gel. Anahtar girdi içine. Niye açılmıyor? Tahta kapı şişmiş. Yirmi dakika oldu ve kapı açılmıyor. Kırsam mı acaba? Dur, açıldı nihayet.

Evin içi dışarıdan daha soğuk yahu. Hemen sobayı ve teybi bulmalıyım. Buldum. Rakı bardağı yok ama çay bardağı var. Bardağı yıkamazsam ölür müyüm? Yıkarsam ölürüm asıl.

Uraz'ın çalışma masasına oturdum işte. Çiğ sucuklar kesildi. Rakı bardağa döküldü. Soba ve teyp mi? Elektrik yok diyorum, dikkatli okusanıza hikâyeyi kardeşim!

Hadi bakalım, hayatın anlamını sorgulamaya başlayayım. Çek bir yudum. At ağzına sucuktan. Aklıma bir şey gelmiyor ki hayat hakkında? Çek bir yudum daha. Bir dilim daha sucuk. Keşke teyp çalışsaydı. Müzikle daha bir havaya girerdim. Yeminle çok soğuk.

Çıkarmadığım montumun üstüne keçi battaniyesi örtmüşüm. Göz gözü görmüyor hâlâ evin içinde. Çek bir yudum... Galiba midem bulanmaya başladı benim. Tuvaleti nasıl bulacağım bu karanlıkta? Yerlere kusarsam çok ayıp olacak.

Yatağa uzanmak istiyorum. Nemli bu yatak. Montu hâlâ çıkarmadım.
Uyumalıyım artık yoksa çığlık atacağım.

Sabah ilk vapurla döndüm İstanbul'a.

Bu yaşıma geldim, bir daha asla üç saatten fazla yalnız kalmadım.

Hayatın anlamını mı sordunuz?

Onu çözdüm, merak etmeyin.

Kurtuluş'tan uzaklaşma...

Vakıflıköy'de bağbozumu var

Yaşam Radyo'da program yaptıydım diye anlatıp duruyorum ya hep. Bunun bir sebebi var.

Düşünün ki 2003 yılında, yani daha dün bir radyoda Ermenice müzik çalınıyor diye beni yayında arayıp, "Bunu duydum ya, artık ölsem de gam yemem yavrum," diyen yaşlı Ermenilerin olduğu bir dönemdi. Lanetli muamelesi görmekten sıtkı sıyrılmış insanlara iyi gelmişti o program. Adı da pek bir metaforik: "Sözde Kalanlar"...

Ermeni kültürü anlatacağım diye bana verdikleri mikrofonu tanıdığım tüm Ermenilere uzattım diyebilirim. Her program ayrı bir konuk davet ettiğimi varsayarsak daha üçüncü haftada tüm tanıdıklarım tükenmişti yani. Sonradan çok Ermeni ile tanıştım da ondan yıllarca sürdü program.

Misak Hergel de o üçüncü programın konuğu oldu işte. Hergel, İstanbul'da yaşayan Vakıflı Köylüleri'nin kurduğu derneğin başkanı. Köy Hatay, Samandağ'da. Anadolu'da mevcut olan binlerce Ermeni köyünden geriye kalan numunelik, fakat en medyatik köyümüz.
Bir de meşhur türküleri var: "Hele hele ninnoyi". Bulup dinleyin derim.

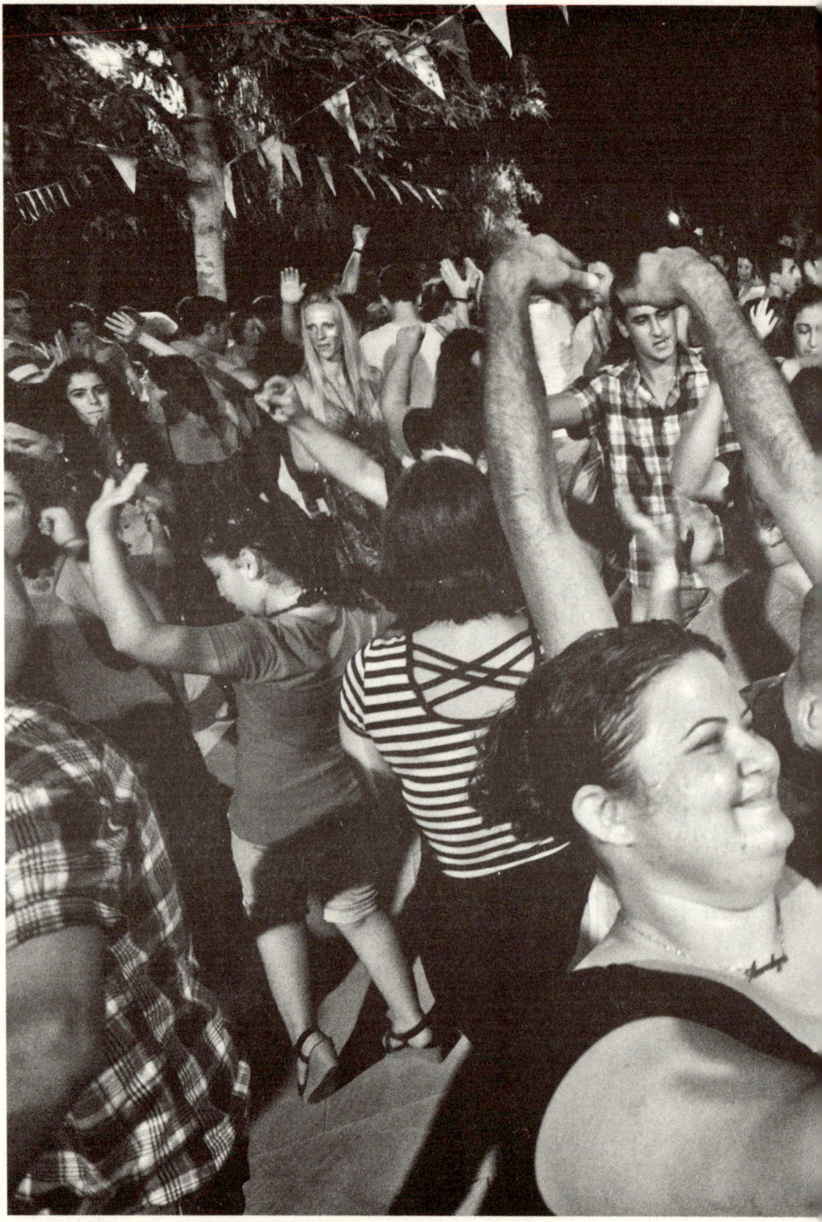

*Vakıflıköy'de bağbozumu şenliğinde gençler.
(Fotoğraf: Berge Arabian)*

Çok keyifli bir sohbet oldu. Misak Abi yayında öyle bir anlattı ki köylerini, duyan Gargamel'den kurtulan sevimli Şirinler'in cennet köyü zannedecek. Aslında gerçekten de Gargamel'den kurtulan Şirinler'dir biraz onlar.

Vakıflı köylüler radyoda onlara yer verdiğim için çok sevdiler beni. Ve ilk Bağbozumu Festivali'ne davet sözü verdiler. Tuttular da sözlerini.

Ağustos ayının ikinci haftası kutlanır "Surp Asdvadzadzin".

Sevgili dostlarımız Boğaziçi Gösteri Sanatları Topluluğu (BGST), namı diğer Kardeş Türküler şöyle anlatmışlar bu etkinliği:

"Surp Asdvadzadzin ya da Meryem Ana Yortusu, her yıl Ağustos ayının ikinci haftasında, bağbozumu zamanında geleneksel bir seremoni olarak kutlanıyor.

Vakıflı köyü halkı festival zamanı İstanbul'dan ve Türkiye'nin diğer bölgelerinden, Ermenistan'dan, Lübnan'dan, Amerika'dan ve daha pek çok bölgeden gelen misafirleri ağırlıyor.

Ermeniler Ağustos ayının ikinci pazar gününe kadar üzüm yemezler, bağbozumu yapmazlarmış. Üzüm ancak bu tarihlerde olgunlaştığından ve mahsulün daha önce ziyan olmaması için bu tarihten önce üzüm yemek dini olarak yasakmış. Dolayısıyla bağbozumu bir festival olarak kutlanıyor.

Bu geleneğin, Hıristiyanlık öncesinde, Paganizmden geldiği söyleniyor. Adağı olan kişiler kurban kesiyorlar ve kesilen koyun etleriyle festivalin sembolik yemeği olan Herisa ya da keşkek (parçalanmış etlerle kaynatılmış buğday) pişiriliyor.

Ayinden önceki gece, köyün meydanında bütün köylülerin ve dışarıdan gelenlerin katıldığı bir gece düzenleniyor. Bu gecede, kilisenin bahçesinde yan yana yedi tane kazan kuruluyor. Bir sonraki gün ayin sonrasında verilecek olan herisa bütün gece nöbetleşe, köylüler tarafından bu yedi kazanda kaynatılıyor. Yedi sayısının sembolik bir anlamı var. Her bir kazanın daha önce bölgede yaşayan yedi Ermeni köyünden birini temsil ettiği söyleniyor.

Aynı gelenek, Beyrut'un Ancar kasabasına göçmüş olan Musadağlılar tarafından da sürdürülüyor, fakat onlarda 1915'te Musadağ'da geçirilen kırk günün anısına kırk tane kazanın kaynatıldığı biliniyor..."

Yetinmemiş, Musadağı eteklerindeki köyü de anlatmış kardeşlerimiz:

"Samandağ yüzyıllardır Sünni, Alevi ve Hıristiyan Arapların, Türkmenlerin ve Ermenilerin bir arada yaşadıkları çok kültürlü bir coğrafya. Fakat 1915'te yaşanan tehcir Anadolu'nun pek çok yerinde olduğu gibi Samandağ'da da siyasi, toplumsal ve kültürel dokuyu önemli ölçüde etkilemiş.

Bugünkü isimleri ile Yoğunoluk, Bityas, Kebusiye, Hıdırbey, Hacıhabipli, Azir ve Vakıflı birbirine komşu yedi eski Ermeni köyü, fakat bugün sadece bir tanesinde Ermeni nüfusundan söz edilebiliyor. 1915 öncesinde bu köylerin toplam nüfusu altı bini geçiyormuş. 1915'te bine yakın kişi savaş koşullarında yaşamayı tercih etmeyip can güvenliği arayışıyla göç etmiş. Yaklaşık beş bin kişi ise evlerini terk etmek zorunda bırakılmış ve uygulanan sistematik şiddetten kaçıp hayatta kalabilmek için Musadağ'ın Damlacık Tepesi'ne sığınmış.

Musadağ'da yaşanan kırk günlük direnişten sonra, şans

eseri bir Fransız askeri gemisi ile irtibat kurup Mısır'daki Port Said Limanı'na kaçabilmişler. Üç yıl boyunca, Port Said liman kentindeki çadırlarda yaşamışlar. Birinci Dünya Savaşı'nın 1918 yılında sona ermesiyle birlikte Musadağ bölgesi Fransız yönetimine geçmiş. Musadağlılar topraklarına geri dönmüşler ve 1939'a kadar Fransız egemenliğinde yaşamışlar.

1939 yılında Hatay Cumhuriyeti kurulmuş ve yapılan referandum sonrasında Hatay, Türkiye Cumhuriyeti'ne katılmış. O dönem için Hatay'da yaşayan Ermeniler, geçmişte yaşanan o zor günlerin hafızalardan silinmemiş olması ve Türkiye Cumhuriyeti çatısı altında o günlerin tekrar yaşanabileceğine dair endişeleri nedeniyle ülkeyi terk etmişler. Çoğu Beyrut'un Ancar bölgesine ve Ermenistan'a göçmüş.

Musadağ'da yaşayan (çoğu Vakıflı köyünden) yetmiş aile ise topraklarından ayrılmayıp Türkiye'de yaşamaya devam etmişler. Bölgede kalan Ermenilerin hepsi Vakıflı köyünde toplanmış ve bugün halen orada yaşıyorlar. Diğer Ermeni köylerine ise Türkmenler yerleştirilmiş..."

Bir radyo programı nelere vesile oluyor görün işte. Onur konuğu olarak köye gideceğim. İstanbul'dan otobüse doluşup çıktık yollara. Bir otobüs dolusu Ermeni, ben ve Belma. Yolcuların yaş ortalaması 60 üstü gibi.

Gençlerden Ari ve Aved Hergel (Misak Abi'nin yakışıklı oğulları) ve Şirak Şahrikyan eklenmiş. Şirak çok iyi dudukçuydu. Sanırım hâlâ öyledir, çekti gitti, Erivan'da yaşıyor artık.

Bu kadro ile en arka koltuğu beşledik hemen.

Benim havalar o biçim. Daha otobana yeni çıkmışız, Tatyos Bebek, otobüs mikrofonundan, "Büyük topluma konuş

Yukarıda, herisa pişiren Vakıflıköylü gençler, aşağıda halaya durmuş Vakıflıköy ahalisi (Fotoğraf: Berge Arabian)

ma cesareti gösteren cesur gencimiz," diye anons etti beni. Birkaç söz söylemek için de yanına çağırdı. En arkadan muavin mevkiine doğru yürürken yaşlı teyzeler ellerini uzatarak "çak bir beşlik" benzeri hareketler bile yaptılar. İnsanlar bana neredeyse Tarkan muamelesi yapıyor, vallahi görmeniz lazımdı.

Mikrofonu elime alıp bir iki "devlet", "soykırım" falan karıştırınca kısa konuşturdular beni. Radyo değil neticede burası ya. "Git cesaretini başka mikrofonlarda test et" durumu biraz.

On dört saat sürdü yolculuk.

Çokmuş... Allahtan yanımıza bir yetmişlik yerli votka almışız. Sabahın ilk ışıklarında Samandağ'a vardığımızda bizim otobüsün tekaütleri uyumuş, dinlenmiş, güne hazır kıvama gelmişlerdi. Bizim beşli ise meyhane masasından yeni kalkmış, son cila bira içecek yer arayan ayyaş takımına dönüşmüş çoktan.

Kahvaltı, merkezdeki bir kilisenin bahçesinde yapılacakmış. Allahtan bizde içki günah değil, çarpılacağız yoksa.

Biraz çarşı pazar gezisi, biraz yürüyüş ve sonrasında öğlen yemeği için alabalık restoranına gidilecek.

Çarşıda çok sevimli dükkânlar var. Hele bir tanesi var ki tam evlere şenlik. Deniz aksesuvarları satıyor. Şambrel desenli deniz simitleri, birbirine tutturulmuş gözlük ve şnorkel takımları, yastık kısmı ayrı, gövdesi ayrı şişirilen deniz yatakları...

Ve en önemlisi envai çeşit su tabancaları. Daha doğrusu otomatik tüfek benzeri aletler. Öyle ki yirmi metreden adamın gözüne yapıştırırsın haznedeki suyu.

Aldık hemen birer takım. Benim gözlük-şnorkel mavi, Belma'nınki kırmızı. Ari'nin tüfek en iyisi çıktı. Ya da çok yetenekli çocuk. Attığını vuruyor mübarek.

Restoranda herkes masasına yerleşti.

Bizim cilalar da geldi. Daha balıklar gelmeden biz gruplara ayrılıp başladık savaşa. Ama ne savaş. Öyle bir kaptırmışız ki kendimizi Aved'i saklandığı masanın arkasında görmemle dört litre suyu sonuna kadar üstüne sıkmam bir oldu.

Sonrası bir sessizlik. Sakince gözlüğümü çıkardım. Şnorkel kulağıma takıldı kaldı ama. Çatalının ucunda bir balık parçası, fönlü saçları ve yüzü sırılsıklam olmuş yaşlı teyzenin sesi ile bozuldu büyü.

"Eeee, defolun gidin uzakta oynayın terbiyesizler!"

"Çak bir beşlik" derken iyiydi ama değil mi? Ne olmuş iki damla su geldiyse üstüne?

Diyemedim elbette...

Silahlara veda edip masamıza yerleşiverdik. Uzakta Tatyos Abi ile Misak Abi bir şey konuşuyorlardı aralarında. Bana ne olduğundan hiç bahsetmediler. Ben de soramadım bunca yıldır.

Gece köy meydanındaki şenlik çok eğlenceliydi. Patrik Mutafyan baş köşeye oturmuş elleriyle tempo tutarken, köyün gençleri, gelen misafirler davul zurna eşliğinde halaylar çektiler. Hele hele ninnoyi...

İçki de vardı üstelik. Ama ben az içtim...

Ertesi gün komşu köy ziyaretinde rastladığımız o güzel taş evin sahibine sorulan, "Kimin eviymiş bu ev eskiden?" sorusunun ardından, "Afedersiniz Ermeni eviymiş," cevabını alan bir otobüs dolusu Ermeninin surat ifadesini anlatmayayım şimdi.

Keyfimiz kaçmasın.

Türküm ben Türk!
Ama sadece Almanya'da!

Almanya denilen ülke hayatıma sonradan girdi benim.

İki sebeple. Birincisi Jaklin Ablam. Ermeniler, Ermeniler ile evlenirler ya. Gel gör ki memleketteki Ermeni sayısı malum. Yani kendi jenerasyonun içinde belirli sayıda müstakbel eşin var.

Diyelim on birim.

Bunların bir kısmı ta okul döneminden âşık olmuşlar birbirlerine. Kaldı sana sekiz birim. O sekiz birimin tamamı aynı muhitte yaşamıyor ya. Senin semtinde ulaşabileceklerin, denk gelebileceklerin taş çatlasa dört birim. Bunların tamamı da dünyanın en yakışıklı veya en güzel olanları değil elbet. Gönül bu, hoşlanmak, uzlaşmak lazım. Kaldı sana iki birim. İkiden biri de seni beğenmez. Hah işte, sana kalan o bir kişiyle evlendin evlendin. Evlenemedin, durum vahim. Koca memlekette milyonlarca akranın yokmuş gibi gider Sivaslı Alman, Yozgatlı Fransız Ermenilerine talip olursun.

Jaklin'e de kısmet Bremen'den geldi. Kalktı taşındı buralardan. İki de güzel kız doğurdu. Cecillia ile Lorena.

Ermeni olmanın bir avantajı da çocuklara isim koyarken çıkar ortaya. Mesela doğan çocuk aslında Osman'a benzese de zınk diye yapıştırırsın masal dünyasından bir prenses ismini. Kim ne diyecek?

Jaklin'in izdivacı ile birlikte bir ayağım hep Almanya'da artık benim.

İkinci sebep hanımdan müteşekkil. İki dayısı var Belma'nın. Suha ve Sami.

Suha büyük olanı, Almanya'da doğmuş. Anadili Almanca. Görsen benden genç duruyor. Evden çıkması en az iki saat. Saçlara fön çekilecek, üç gömlek ütülenip tek tek denenecek, kemer ile ayakkabı uyumlu olacak, kapıdaki son model Audi tertemiz olacak.

Sami ise dokuz yaşında Almanya'ya gönderilmiş. Daha bir Anadolu çocuğu. Ailenin Sami'ye biraz üvey evlat muamelesi yaptığına dair rivayetler dolaşıyor ortalıkta. Ben bunca yıldır gözlemliyorum, kesin doğru bilgidir. Dayılar Hamburg sakini. Bilenler bilir, Hamburg ile Bremen arası Suha'nın arabasıyla kırk beş dakika. Jaklin'in kocası Murat'ın arabasıyla bir saat on beş dakikayı buluyor. Yani bizim için "hadi akrabaları ziyaret ediyoruz" cümlesi evden çıkıp Yeşilköy'e, Samatya'ya gitmek gibi değil pek. Keyifli bir bayram tatili dediğin uçağa binip iki Alman kenti arasında mekik dokumak ile gerçekleşiyor.

Bremen'de büründüğüm bir ruh hali var. Hamburg'da da var.

Önce Bremen'i anlatayım. Yaklaşık bir milyon nüfusu olan, her köşesi kartpostallık, şirin bir şehir Bremen. Murat Eniştem, Sivas Zara'dan İstanbul görmeden Acı Vatan'a işçi diye gitmiş bir Ermeni ailenin oğlu. Nedendir bilmem, kendisini bizlere kıyasla pek bir Avrupalı zannediyor. Bizim memlekette keşmekeş varmış, trafik varmış, kuralsızlık varmış. Onların kültüründe nizam varmış, düzen varmış, sükûnet varmış. Herife baksan Almancayı dün öğrenmiş Zaralı dersin; gel gör ki havalar bin beş yüz volt.

Bremen'deyken hissettiğim; bu sonradan Alman Türkiyelilere aslında bizlerden en az otuz sene geride kaldıklarını yüzlerine vuracak her türlü hareketin meşru olduğuna dair şiddetli inancım. Yani gerçek Türklerin bizler olduğunu, memleketi asıl bizlerin temsil edebileceğini bilsinler biraz canım! Kızmayın hemen, hak ediyorlar. Bremen'de beraber bir kafeye gidip makineden kahve almak istesem, "önce karton bardağı ilgili yere koyacakmışım, sonra üstten ikinci düğmeye basacakmışım, sonra kasaya gidip ücretini ödeyecekmişim" diye seminer veriyor bana.

O makineden bizim evde var yahu!

Gelelim bizim Hamburglu Türklere. Yani dayılara. Orada durum daha farklı. Bir kere bildiğin büyük şehir Hamburg. Bremen gibi köy değil yani. Dolayısıyla oranın Türkleri de büyük şehrin azınlıkları. Daha çok Alman ve daha çok Türk var ortalıkta. Dünyanın tüm azınlıkları gibi biraz endişeli, biraz kızgınlar. Neye kızgın olduklarını keşfetmeye pek gerek yok, kızgınlar işte. Azlar ve bu kızmak için yeterince geçerli bir sebep. Çok olanlar az olanlara durmadan yabanilik ederler.

Bizim Türkler bazı önlemler düşünmüşler bu durum karşısında ezilmemek için. Mesela trafikte yaşanacak durumlar için imece usulü para topladıkları bir fonları var.

Oralarda sana el hareketi çeken öbür arabadaki şoföre

Güneş gözlüklü gollik benim. Arabanın üstünün açılabildiğini söylemiş miydim? Arabayı da tahmin edeceğiniz gibi dayı kullanıyor. Dijital tarihi de bıraktık ki gollik'liğimiz katmerlensin.

çıkıp kafa atmak pek de parlak bir fikir değil. 3000 euro'dan başlıyor bir kafa. İşte Türklük alışkanlığına mağlup düşerek bu eylemi gerçekleştiren hemşerilerimiz için oluşturulmuş fon bir defaya mahsus bu masrafı karşılamak ile mükellef. Ayrıca makbul bir Alman Türkü mümkünse boks, olmadı full contact, en kötü kung-fu kursuna gitmesiyle meşhurdur. Vücut salonuna gitme mecburiyetlerini yazmayayım bile.

Tabii bunlar hep dayanışma, hep kültürler arası diyalog için.

İşte Hamburg dedin mi her nefes alışımda içime dolan enerji böylesi bir Türklük bilincidir benim için.

Yolculuktan üç hafta öncesinde bıyık bırakmaya başlarım mesela. Bavulumda hafif topuklu çizme, olmadı bir bot mutlaka bulunur. Büyük tokalı kemerler, yüksek yaka "İzzet Yıldızhan" gömlekleri, koyu renk pantolonlar, mutlaka bir tespih...

Türkiye'de hiç olmadığım kadar "gönüllü Türk olmak" hissiyatı ile yanıp tutuşurum resmen. Bizim devleti yönetenlerin yüz yıldır zorla başaramadığını Hamburg Türkleri beş dakikada halledivermiş, müteşekkiriz.

Fakat itiraf etmeliyim ki abarttığım da olmuyor değil hani.

Anlatayım;
Suha ve Sami Dayıları tanırsınız.

Bir de Ünal Dayı var, ikinci dereceden akraba, boksör olanı. Oralara her gittiğimizde bizi kolumuzdan tutup "çılgın gece eğlenceleri" diye bildikleri bir mekâna sürüklüyorlar. Sahibi Sırp, kapıdaki güvenlik kamuflaj üniformalı Çeçenler, mekân ise tam bir Latin Bar.

Neymiş? Son gidişimizde yok efendim dans eden Latin kızlar beni çekiştirip pistte aralarına almışlar da, onlar medeni şekilde eğlenirken ben paniğe kapılmışım da, "Belmaaa" diye bağırıp karımı çağırmışım da, benimle oralara gidilmezmiş de, falan filan...

Külliyen iftira atıyor vicdansızlar.

Altında kalmadım elbette.

"Bir daha götürsene beni oraya dayı, hem kızlar da yorgun, erkek erkeğe gidelim bu sefer."

Götürdüler.

Kapıdan içeri girerken Çeçen güvenliğe "Selamın Aleyküm" demenin ayrı bir önemi var. Kapı güvenliği bir selam ile özel korumana dönüşüveriyor. Almanya'da Türk olmak yetmez, Müslüman olmak da para edebiliyor bazen. Bu da bana uyar.

Fakat bu defa dükkân bir öncesinde olduğu gibi neşeli değil. Dert ettiğimden değil ama Latin kızlar da pek ortalıkta görünmüyor üstelik. İçerde elli kişi varsa kırk beşi bizim karateci Türkler. Dans eden de pek yok. Gecenin yarısı bitmiş ve ben sıkıntıdan patlamak üzere bir bar taburesinin üstüne tünemişim. Hani o yüksek, ortasında çıta olan sandalyelerden. Çizmemin topuğunu da dayamışım o çıtaya, bizimkilerin boks müsabakaları hikâyelerini dinliyorum.

Etrafım, son aparkatı nasıl attığını anlatan benden "şık" giyimli Türk erkeklerle çevrilmiş. Elimden geldiği kadar dinledim vallahi, fakat Türklüğün de bir sınırı var. Her an Ermeniliğe yatay geçiş yapabilecek hissiyattayım.

Çıkıp bir hava alayım dedim, demez olaydım. Topukların bar sandalyesinin orta çıtasında takılı kalacağını nerden hesap edeyim? Kesilen bir ağacın devrilme sahnesini hayal edin. Öyle düşüyorum işte. Elini koyacak yer yok, ayaklar tabureye tutkallanmış gibi. Ben de akla gelebilecek ilk ama en kötü manevrayı denedim. Bütün gücümle çıtadan destek alarak fırlattım kendimi öne.

Can havli ilginç bir güç veriyor insana. Bizim Türkleri yarıp geçerek beş metre kadar uçmuş olabilirim. Uçmak iyiydi de inişe geçtiğim yerde mekânın numunelik tek Latininin üzerine konmak büyük bahtsızlıktı. Boyu iki metreye yakın, şapkasını ters takmış, boynunda kocaman haç, siyah bir Latin erkeği üstelik.

Haçın biraz üstü ile çenesi arası bir noktaya ki göğsü olabilir, beş metrelik uçuşun etkisiyle attığım kafa o dev cüssede ağır bir tahribat yaptı desem yalan olmaz. Adam bir tarafa, haç bir tarafa, elindeki kadeh bir tarafa. Üstelik can havli devam ediyor tabii. Yere düşmeyeyim diye adama tutunurken biraz yüzünü tırmalamış, biraz tişörtünü yırtmış, dizimle de hafiften kasıklarına vurmuş olabilirim.

Şimdi ne yapmalı? "Pardon" desem kim inanır ki? Yürürken önümdeki adama çarpmamışım, durup dururken uçarak kafa atmışım. Yanlışlıkla olduğunu nasıl açıklayayım? Adam kendine gelmeden iki tane daha mı yapıştırsam acaba? Hatırla; kapı girişi, Çeçen güvenlik, selamın aleyküm.

Latin insaflı çıktı, azat etti beni. Hiçbir şey demeden hızlı adımlarla bizimkilerin yanına dönüp tırmandım yine tabureme.

Fakat bir fark vardı artık aramızda. Şimdi, hangi Türkün hangi müsabakada hangi tekmeyi attığını konuşmuyorduk. Ortamdaki en Türk ben olmuştum.

Az önce iki metre herifi indirdik herkesin gözü önünde neticede.

Köln'deki katedralin de bir fotoğrafını koyalım dedik.

Köln'de üç gün

Hrant Dink anması için Köln'de bir etkinliğe katıldık eşim Belma'yla beraber.
Belma Almanya doğumlu olduğu için oraları iyi biliyor zaten. Ayıptır söylemesi benim de az gezmişliğim yok Acı Vatan'da. Hatta ablamı gelin vermişim o yaban ellere.
Yine de Köln'ü ilk görüşümdür, heyecanlandım giderken. Bizim neslin insanları hâlâ yurtdışına gitmeyi hava atma vesilesi sayar neticede.
Gündüz diye bir arkadaş karşıladı bizi. Daha doğrusu el sıkıştığımız anda arkadaşımız oluverdi hemencecik. Önceden tanımaz etmezdik.
Otelimiz nehrin kenarında, hani geçenlerde o faşist gruplara karşı bir gece ışıklarını söndüren cesur Köln Katedrali'nin iki arka sokağında. Köln'ün merkeziymiş orası. Çok para vermiş olmalılar bizim için.
Bizim oda ön cepheye bakıyormuş, manzaralıymış.
Üç günlüğüne seyahate çıkıp da on üç gündür Avrupa kentlerinde şehir şehir davetlere icabet etmek için koşuşturan Mıgırdiç Margosyan'a ise arka cepheye bakan bir oda vermişler.
Çok ayıp.
Cumartesi 13.00 gibi odamıza valizleri fırlatıp, çocukları evde bırakmanın lüksüyle, balayındaymış taklidi yaparcasına başladık gezmeye biz iki sevgili.

Benim akıllı telefonun adımlarımı sayan bir özelliği var. Tam patavatsız bu alet. İyi ki yediğimiz lokmaları saymıyor zevzek. On yedi bin dokuz yüz on iki adım atmışız o gün. Yani 13,4 km. Sadece sosis ve bira için mola vermiş olmalıyız.

Pazar günü Köln'de bir etkinlik daha varmış. Uğur Mumcu ve Nazım Hikmet anılacak. O etkinliğin misafiri olan dostlar gece bir Yunan lokantasında yemeğe oturmuşlar.

Nebil Abi (Özgentürk) koşun gelin dedi. Koştuk gittik. Can Dündar, Rutkay Aziz, Tarık Akan'da oradaymış. Can Abi'yle biraz konuşabildik. Tarık Akan beni çok seviyormuş. Ben de onu seviyorum ki...

Kemalistler, Almanlar kadar eğlenmeyi bilmiyorlar diyeceğim, kızacaklar diye demiyorum. Fakat muasır medeniyet dediğin seviye, Nebil Abi'yi alıp dört ihtiyarın canlı müzik yaptığı o salaş Alman barına gitmemizi engellemedi valla.

Pazar sabahı Ermeni Kilisesi'nde Hokehankist varmış. Ne olduğunu soruşturup bulursunuz. Hrant Abi için de dua edilecekmiş. Ermeni kilisesi dediğime bakmayın. Alman Katolik Kilisesi esasında. Bizim cemaat 100 yıllığına çökmüş oraya. Kilise, oradaki Ford işçileri için inşa edilmiş bir vakitler. Mimarı ise işçilere eziyet olsun diye kiliseyi de fabrika binası gibi yapmış.

Mığırdıç Margosyan (Fotoğraf: Berge Arabian)

Bizim kiliseler normalde kubbeli olur ama bu binaya tarihiymiş diye çivi çakmak yasak. O yüzden içeriye Kızılay çadırı misali brandadan bir kubbe dikmiş Ermeniler. Her şart altında hayatta kalmanın bir yolunu bulmak âdettendir bizimkilerde.

İlyas, ben ve Koca Margosyan ayine katıldık. İlyas'ı bilmem ama önce Margosyan'a, sonra bana star muamelesi yaptı bizim gurbetçiler, sağ olsunlar.

Ayin sonrası Almanya Ermeni Cemaati dini önderi Sırpazan Karekin Bekçiyan'ın yanına vardık. Baron Mıdırgiç'in 60 yıllık dostuymuş. Sırpazan İstanbul Bakırköylü. Çok sevdik birbirimizi, ertesi gün için yemeğe sözleştik.

Ardından her pazar olduğu gibi cemaatin ayin sonrası yemeğinin konuğu olduk. Mönüde iki lahmacun, garnitür olarak acılı soğan ve turşu vardı. Almanya'dayız diye domuz eti ve bratkartoffeln yiyecek değiliz ya, Ermeniyiz biz...

Etkinlik yüz elli kişilik bir salonda olacakmış. Salonun yarısı kadar insan dışarıda kaldı. Seneye daha büyük bir salon tutsun cimriler. Andık Hrant Abi'yi. Boğazımız düğüm düğüm oldu hepimizin. Yine zorumuza gitti tüm olanlar.

Hiç geçmiyor bu acı. Hiç geçmiyor...

Pazartesi son gün, salı öğlen uçak var. Sabah biraz alışveriş. Hemen akşam oldu.

Bonn'dan benim için gelen sosyal medyadan arkadaşlarım Burak ve Gezal, Köln Ermeni Cemaati Başkanı Minu Hanım, Sırpazan Hayr, genç bir Derayr (papaz), Belma ve ben, Alman mutfağında iddialı ve iyi bira satan bir restoranda oturuverdik.

Ardından büyü başladı.

Koca Mıgırdiç Margosyan Amed anılarını anlatmaya başladı ikinci yudumu alır almaz. Siz onu hiç konuşurken gördünüz mü? Gülmekten gözleri yaşarıyor, nutku tutuluyor, beş dakikalık hikâye yirmi beş dakika sürüyor, masanın konukları garantili baygınlık geçiriyor keyiften ve kahkahadan.

Masada duyduğum kadarıyla size koca Margosyan'ın

hikâyesini anlatmaya çalışayım. Ama hikâyenin orijinalini, Tespih Taneleri kitabından bularak okuyun mutlaka siz de. Arada oradan iki satır çalacağım.

Halasının oğlu Zaven ile Margosyan, Zavenlerin evindeki Philips marka radyoya kablo bağlayarak yan odadan mikrofonla konuşup "korsan yayın" yapmanın bir yolunu bulurlar.

Zaven'in babası Pese Ohannes, Kafle (tehcir) esnasında kaybolan kardeşlerinin bir şekilde Ermenistan'a ulaştıklarına ve orada subay olduklarına inanır. Evdeki radyo eğer frekansı yakalayabilirsen "Erivan'ın sesi" kanalından cızırtılı da olsa bir iki şarkı dinletebilecek kabiliyettedir. Bizimkiler Pese Ohannes'e yapacakları muzip şaka için tüm detayları belirlerler. Zaven bağlantıyı yapacak, Margosyan yan odaya geçecek, elindeki gazete kâğıdını buruşturarak cızırtı efektini verecek, ardından Zaven koşup, "Baba, baba, çabuğh gel! Hayasdan Radyosi bağh ne güzel konuşi..." deyip onu yukarıya çağıracak, Zaven'in iki kere öksürmesiyle birlikte Margosyan yayına başlayacak...

Kitapta şöyle anlatıyor Margosyan:

"...'Uşatrutyum, uşatrutyum, Yerevanne ğhgosum!'
Ermenistan radyosunun sık sık tekrarladığı bu 'Dikkat dikkat, Erivan'ın Sesi!' anonsunu taklit ettikten sonra, biraz İstanbul Ermenicesiyle, Pese'nin çok da anlayamayacağı bir iki haber sunduktan sonra günün en önemli haberini mümkün olduğu kadar onun anlayabileceği Ermenice kelimelerle verecektim. Planımıza göre, 'Kafle' mezaliminden kurtulup Ermenistan'a ulaşmayı başaran aslen Heredanlı iki gencin general rütbesine kadar ulaştıklarını ve İkinci Dünya Savaşı sırasında gösterdikleri başarılardan dolayı, Anastas Mikoyan tarafından Sovyetler Birliği'nin en büyük madalyası olan Kızıl Yıldız nişanıyla taltif edildiklerini söyleyip, sonra da Zaven'in talimatı doğrultusunda, tırnaklarımı 'ğhefif ğhefif' üzerinde

gezdirerek parazit yapıp mikrofonu yavaşça yerine koyacak, ardından da gazete parçasını avucumun içinde hızla buruşturup açarak yine parazit yapıp bu arada yayının on - on beş dakika sonra tekrar başlayacağını söyleyerek sesimi kesecektim.

Daha sonra gelişmeler Zaven'e göre nasıl mı olacaktı?

'Valla buni babam radyoda duydığında tabii çoğh sevınecağ, iki Haredanli'nın şerefine belki ziyafet bile çekecağ. Yalavuz bi falso yapsağh foyamız ortaya çığhar, o zaman hanek ettığımızı anlar. Daha olmadi, sen pencereden çığarsan, balkona gelırsen, sora ben oraya geçerem, mikrafondan Ermence şarkılar sölerem, birez de parazit yaparam, ayni Hayastan Radyosi kimi, O da radyodan dinler. Muhekkak çoğh ğhoşina gider, çünki babam Hayaren şarkilari çoğh sevi.'

Şeytana uymanın ceremesini çekmiştik. Tahta buzdolabı konusunda beceriksizliğimize Mirye Halamın burun kıvırması gibi, keşke Pese Ohannes de bu 'hanek'in farkına varıp o da tıpkı karısı gibi bizlere dönüp 'tev lo, tev lo, tev lo!' deyip üstümüze gülseydi, ama olmadı! Daha ben 'koltığ'da kâğıtları mikrofonun önünde ovalayıp sözüm ona parazit yaparken Zaven'le Pase'nin bulunduğu radyolu odada ne mi olmuştu?

'Allahvekil nasıl oldi ben de anlamadım! Heredan, General Mikoyan laflarini duyar duymaz babam sanki oldi bi çocığ! Odanın ortasında, ğhesirın üstünde ardi ardina üç tene takla attiği kimi dişari fırladi. 'Tez gidim, Serkis'e ğheber verim' dedi, koşa koşa sokak kapısından çığhti getti. Şaştım kaldım, heç bişe edemedım diyım, lal oldım!"

Acımasızca, sonunu hiç hesaplamadan, gerek Pese'nin, gerekse babamın duygularıyla onların en hassas taraflarıyla aklımızca eğlenip 'hanek' yapmaya kalkışmıştık. Babamın sık sık dillendirdiğine gore, kendi köylerinden iki akrabası 'Kafle'den kurtulduktan sonra şu ya da bu yolla Ermenistan'a gidip asker, sonra da general olmuşlardı. Gerçek ya da değil, onların inançları buydu; bu inanç belki de kaybettikleri baba, kardeş ya da akrabalarının ardından bir nevi teselli babında zihinlerinde yer etmişti ve biz onların kim bilir hangi dağın ardında saklı kalan umutlarını kötü bir şakayla darmadağın ediyorduk.

Şaşkındık, ne yapacağımızı bilemiyorduk, bari Pese'yi durdurup hiç olmazsa yaptığımız bu rezil şakadan babamın haberi olmamasını sağlamalıydık! Vakit geçirmeden Balıkçılarbaşı'na, Taşçılar Kahvesi'ne koşturmalıydık!

Yanılmamıştık, gerçekten de babam kendisi gibi hepsi de 'kılıç artığı' olan yaşıtları Daşçi Rızgo, Yemenici Tümes, Palanci Şükri ile akasya ağaçlarının gölgesinde, bahçenin kuytu bir kenarında 'nezere' oynuyordu. Ne ki, onların yanında kürsüde oturmuş seyirci olan beşinci kişi Pese Ohannes'ti! Koşa koşa gittiğimiz halde geç kalmıştık. Kahvenin alçak bahçe duvarının dışından gizli gizli onları izlerken Pese Ohannes'in sanki ikide bir babama eğilip bir şeyler söylediğini, onun da kaş göz işaretleriyle ona cevap vermekten ziyade sanki elindeki iskambil kâğıtlarıyla daha çok ilgilendiğini görünce, babamın olayı çok da önemsemediğini düşünüp, bundan cesaret alarak yanlarına gidip özür dileyip meseleyi aklımızca örtbas etmeye kalkışınca, hata üstüne hata yaptığımızı nereden bilebilirdik ki! Çünkü babam alışık olmadığı üzere bizi kahvede görünce, kim bilir neyin telaşıyla elindeki kâğıtları masaya bırakıp bize doğru yürüdü; koluna giren Pese Ohannes de onu sanki biraz da itekleyerek kahveden dışarı çıkarırken, o ana kadar arkadaşlarının yanında çıtlatmayı nedense uygun bulmadığı bu Heredanlı Generaller mevzusunu hemen yanı başımızda sevinçle açıklayıverdi!

Olup bitenin, aslında sonunun buralara varacağını düşünemediğimiz kötü bir 'hanek' olduğunu anlatmakta ne kadar da aciz, ne kadar da beceriksizdik. Biz Zaven'le ağlamaklı onların peşi sıra Gavur Mahallesi'ndeki evlerimize doğru giderken babam başı önde, sessizce yürüyor, Pese Ohannes her ikimize dönüp boğuk bir sesle kızgınlığını dile getiriyordu:

'Bele kaşmerlığ olmaz!'

İş işten geçtikten sonra ne denli hatalı bir plan yaptığımızı anlıyorduk. Babalarımızın en hassas, kırılgan duygularıyla dalga geçen, onların yüreklerini kanatan sinsice hazırlanmış bir tuzak! Kör şeytanın değil, aklımızın kurbanıydık!
Pese Ohannes daha radyoyu dinlerken bunun bir oyun olduğunu fark etmiş olsaydı, tabii ki odanın ortasında o yaşında üst üste üç takla atmayacaktı, ama her zamanki 'ula gavat, ula ğhayin oğli ğhayin!' sevgi sözlerinin yerine, suratımıza, hiç umulmayan ikişer tokat indirseydi de ne değişirdi ki! Yüzümüze indireceği tokadın acısının yanında onun yüreğinde hissettiği sızıyı tartabilecek bir kantar var mıydı acaba?
Pese Ohannes acı tebessümü boğazında düğümlenen boğuk sesiyle 'böyle kaşmerlığ olmaz!' derken yüzümüze öylesine birer tokat indirmişti ki, bunun acısını yalnız suratlarımızdan değil, yüreğimizin derinliklerinden de asla silip atamayacaktık!..."
Koca Margosyan anlatırken yine utanıverdi bu haylazlıklarından. Bu kez gözümüzden akan yaşlar kahkahadan değildi.
Hele Sırpazan Hayr ve Minu'un 1960'lardan kalma kentli hikâyeleri? Köln'deki en iyi dostlarım onlardır artık benim.
Yemek dönüşü tüm geceye sığdıramadığımız sohbete devam etmek için Koca Margosyan'ın odasına zor attık kendimizi. Otel yönetimi ayıptan dönmüş, ona da ön cepheden oda temin etmiş.

Nehir çok güzeldi.

Amed kadar, İstanbul kadar değil ama...

Koruma polisliği ilginç meslek vesselam

Sizin koruma polisiniz var mı? Benim var.

"Aaa, niye var ki, sen ne yaptın ki böyle oldu, çok mu tehdit var sana?" sorularınızı çabuk geçelim. Çünkü inanın ben de bilmiyorum. Gelin daha magazin sorularınızı cevaplayayım.

Evet, bütün günü beraber geçiriyoruz. Yani sabah evden çıkarken güne beraber başlıyoruz. Akşam eve giderken beni o bırakıyor eve.

Hayır, gece bizim evde kalmıyor. Neticede onun da bir hayatı var yani, evlatlık olarak vermedi bana devlet bu polisi. Gece, koruma işiyle bölge karakolu ilgileniyor.

Evet, her dakika beraberiz. Yemek yerken, yolda yürürken, metroya giderken, televizyona konuk gittiğimde, bir toplantıya katıldığımda, kendime çorap seçerken, maç izleyip iki bira içerken vs...

Hayır, özel konuşmalarda, toplantılarda benimle aynı odada bulunmuyor, beni görebileceği ama duyamayacağı en yakın mesafede bulunuyor.

Evet, alışmak kolay değil, her dakikanı böyle yaşamak sıkıntı verici, zorlukları var bu işin.

Hayır, dünyanın sonu değil, alışıyorsun bir şekilde. Arkadaş oluyorsun zamanla. Dertleşiyorsun, hayatının en yakın şahidi haline geliyor Memur Bey.

Bunlar benim cevaplarım.

Siz asıl benzer soruları polise sormalısınız.

Düzenli olarak aynı kişiyi korumanın da her gün yeni bir kişi için görev almanın da kolay görünmeyen tarafları var bence.

Bir sabah, mesaiye başladığınızda şiddet gören bir kadını fabrika kapısında tüm gün beklerken bulabilirsiniz kendinizi.

Ya da lüks bir restoranın önünde memleketin en zengin iş adamını gözleyebilirsiniz mesela.

Patrik, paskalyada, en kalabalık kilisede ayin gerçekleştirirken kilise önü sizden sorulabilir.

Savcı büyük bir operasyon için düğmeye bastığında arabasının ön koltuğunda yola dikkatlice bakıyor da olabilirsiniz.

Konserde hayranlarının sahneye tırmanmak için birbirlerini ezdiği o meşhur starın önünde baraj da kurabilirsiniz.

Bakan Bey açılışa giderken vatandaş tarafından protesto edilmesine karşı tedbir de alıyor olabilirsiniz.

Uyku düzeniniz, beslenme alışkanlıklarınız, hobileriniz,

kıyafet tercihleriniz, çalışma saatleriniz, mesai alışkanlıklarınız... Bunlar yok işte.

Koruduğunuz VIP her kimse bire bir onun hayatını yaşayacaksınız.

Onun yediklerini yiyecek, onun kadar uyuyacak, onun çevresini çevre edinecek, onun gezdiği sokakları arşınlayacaksınız.

Siyasi görüş, entelektüel bakış, memleketteki mühim tartışmalara dair fikir sahibi olmak da pek mümkün değil.

Koruduğunuz kişi polisten gaz yiyecek devrimci eylemlere katılsa beraberce gaz yiyecek, yeşil bayraklarla gâvur Batı'yı protesto etmek için İsrail bayrağı yaksa hemen arkasında duracaksınız.

Bir tek mesleki eğlenceniz var. Vakit bulup da meslektaşlarınız ile iki çift laf etme imkânınız olursa büyük dedikodu çevirebilirsiniz.

"Seninki hangi semtlerde geziniyor?"

"Öğlen yemeklerini aynı masada yiyoruz oğlum biz, arkadaş gibiyiz."

"Kilisede cenazeye katıldım ben, aynı bizim Müslüman cenazeleri gibi yahu."

"Sorma, günde dört saat uykum var. Uyumuyor herif, bizi de uyutmuyor arkadaş."

Artık siz düşünün dönen muhabbeti. İlginç bir tarafı daha var meselenin. Başka şehirlere gittiğimde o ilin emniyeti, o ilde geçirdiğim süre zarfında başka bir koruma tahsis ediyor bana.

Yani onlarca değişik memur ile geçirdiğim günlerin her biri ayrı maceradır desem abartmış olmam.

Ankara'daki kel, sivri kafalı, sarkık bıyıklı, emekliliğine üç beş ay kalmış, tez canlı Laz abiyi unutamam mesela.

Üzerindeki takım elbisesi kendisiyle yaşıt, omuzlar biraz öne kaykılmış, konuştuklarının yarısını anlamayacağım bir şive ile konuşan, değil hızlı hareket ettiğimiz, hızlı çekim bir film izler gibi geçirdiğimiz bir gün yaşadık onunla.

Sanırım Kemal Kılıçdaroğlu ile röportaj yapmaya gittiğim gündü. Havaalanından beni karşıladığında sekiz dakika kadar bir ön konuşma yaptı bizim yaşlı Red Kit.

Sadece bir cümlesini deşifre edebildim. "Sigaranı iç de arabaya binelim, gidelim artık."

Gazetenin Ankara bürosuna uğrayacağız önce. Abi orayı biliyormuş.

Arabadan indiğimizde "Ha burdadur senin dediğun mekân," diye işaret ettiği yere yürümemiz yirmi beş dakika falan sürdü. Koruma polisi normalde senin iki adım arkandan gelir. Fakat Ankara'nın yabancısı olduğumdan polis abi yolu göstermek gerekliliğini önemsemiş olacak ki önden önden koşturuyor.

Gazetede işimi bitirdim, yemeğe geçeceğiz. İskender çekmiş bizimkinin canı, olur dedim.

Yemeği de hızlı yiyormuş bizimki. Korumama yetişmek için iki kere boğulma tehlikesi atlattım ki korumam sırtıma vura vura kurtardı beni. Görev bilinci budur işte.

Restorandan çıktık, meclisin bilmem ne kapısına gideceğiz. Elimdeki kâğıttan bu bilgiyi bizimkine biraz mırıldandım ki dilim kopaydı demeyeydim keşke. "Anladum ben orayı, hade gidelum," diye arkasını dönmesiyle sprint atması bir oldu. Hani Kemal Sunal'ın "Postacı" diye bir filmi vardı. Yürür taklidi yaparak koşuyordu millet. Adam aynı öyle koşturuyor. Arkasına baktığı yok. Yaya geçidinden yeşil ışığın son saniyelerinde daha da hızlanarak karşıya geçtiğinde ben yirmi metre arkasında, kalabalıkların içinde sivri kel kafa arar haldeydim. Adamı kaçıracağım korkusuyla kırmızı yandığı halde arabaların arasından bir koşuşum var ki çevredekilerin "bekleyemedi iki dakika yabani herif" diye bağırışları hâlâ kulağımdadır.

Meclisin bilmem ne kapısına korumamdan on beş dakika sonra ulaştığımda dilim bir karış dışarıda, konuşamaz haldeydim. Bizimkine kapıda Allahtan "silahla giremezsin" demişler de silahı teslim etmesin diye orada durmak zorunda kalmış. Durmasa Kemal Bey'in yanında bekleyecek beni.

Yine de memnunum ondan. Gerektiğinde bu kadar hızlı koşabilecek bir bünyeye sahip olduğumu öğrenmiş oldum sayesinde.

Samsun'da haber vermeden arabayı karanlık bir köşeye çeken şoföre kızıp elini beline atan korumamın, Merzifon'da Koruma Şube Müdürlüğü olmadığı için Terörle Mücadele'den verilen tespihli beş polisin, Gaziantep'te hanıma alacağım hediye için tezgâhtarla benim adıma yarım saat pazarlık yapan memurun ve İstanbul'daki sabit korumamın kedisi Kadife camdan düşünce iki hafta boyunca tuttuğumuz yasın hikâyesini de sonra anlatayım sizlere.

Korunanın hikâyesi ilginçtir bizim memlekette.

Koruyanın gözünden ise koca bir dünya...

Git başka ülkede şey yap!

Biz Türkiyeliler için uçağa binmek herhangi bir dünya vatandaşına göre daha ciddi bir iştir.

Çok yaşlı sayılmam ama benim jenerasyonum bile "uçağa binme" esnasında mutlaka kendini "önemli insan" hissetme duygusuna teslim olur. Havaalanından uçuş öncesi gerekli gereksiz bir sürü telefon açılır.

"Freeshop'tayım da bir şey lazım mı diye sorayım dedim. Ha, yok be abi Paris'e UÇUYORUM, iki gün kaçamak yapacağım."

"Canım ben bir Van'a UÇUYORUM da sen otlu peynir seversin, getireyim mi?"

"Hostes hanım, ne zaman UÇUYORUZ? Rötar var galiba. Domates suyu alabilir miyim?"

Sanırım Hazerfen Ahmed Çelebi'den bu yana uçma hayallerimizi asla terk etmedik biz.

Uçak değil de biz uçarız sanki.

Her uçağa bindiğimizde medeni dünya vatandaşlarıyla eşitlendiğimizi, elin Almanından, Fransızından farkımız olmadığını göstermeye çalışırız.

Çok şükür artık uçuşlarda sinekkaydı tıraş olup takım elbise giyme alışkanlıklarımızdan vazgeçebildik. Fakat fiyakalı bir inişten sonra pilotu alkışlama dürtümüzü hiç bastıramadık.

Bir demir yığınının bulutların üzerinde kalabilmesine olan şaşkınlığımızı, dolu koltuk sayısını tespit edip uçağın bu uçuştan edeceği kârı hesaplayarak geçiştirdik.

Uçmak medeniyettir bizim için ve ona göre muamele görmek isteriz.

Biz Türkiyeliler, dünyanın bütün milletlerinden daha iyi uçmayı işte bu gerekçelerimiz sayesinde başardık.

Ben, askere teslim olmak için bindiğimi saymazsanız, doğru dürüst ilk uçuşumu Paris'e yaptım. Yaş galiba yirmi yedi olmalı. Yurtdışına ilk çıkışımdı yani. Uçağa binerken ve uçuş esnasında gördüğüm lüks muamele ile artık bir "Avrupalı" olduğuma yemin edebilir hale gelmem uzun sürmedi.

Bu durumun bir tek beni havalara soktuğunu sananlar daha önce "Dış Hatlar Terminali"ne yolu düşmemiş olanlardır. Biraz önce taksi beklerken, güvenlik kontrolünde, tuvalet sırasında her an birbirlerini öldürmek için bahane arar haldeki insanlar, uçak Türkiye Hava Sahası'nı terk ettiği anda centilmen bir Fransız artistine dönüşüverdiler.

Lütfenler, teşekkür ederimler, çok naziksinizler havalarda uçuşuyor.

Koltuğundan kalkmak için yanındakinden bin bir rica minnette bulunan herif, uçağın arkasına yürürken tüm yolculara gülücük dağıtıyor, selam veriyor.

Aynı herife Sultangazi'de göz ucuyla baksan "ne bakıyorsun ulan" diye kafayı gömecek aslında.

Her ne kadar bu muntazam iklim, uçak yere indiğinde, tepedeki bagajları almak için çıkan karambolde iki kişinin yaralanmasıyla sekteye uğramış olsa da bu kadarı nazarlıktır, normal karşılamalı.

Bu bir uçak dolusu "Avrupalı" yolcuya gösterilen ilgi, Fransız gümrük polisinin karşısına çıkana kadar sürüyormuş.

- Neden geldin?
- Nerede kalacaksın?
- Kaç paran var?
- Ne zaman döneceksin?

Ulan az evvel eti nasıl pişmiş sevdiğimi soran güzelim hostesin etkisinden daha kurtulmadan yapılan bu muamele gâvur eziyeti değil de nedir?

Sanki adamların ülkesini yemeye geldik be...

Benim nüfusumun din hanesinde Hıristiyan yazıyor. Bu polis de Hıristiyan olmalı. Bana şu sırada bekleyen Türklerden daha iyi muamele yapar kesin değil mi?

Nah yapar...

Hepsinden fazla uğraştı benimle, otelin adını hatırlayamıyorum işte.

Keşke boynuma haç taksaydım. Kilisede yatacağım derdim.
Kapıdaki polis münferit değilmiş. Paris'e adımımı attığım andan itibaren tüm ahali, otelimin adını unuttuğumdan mütevekkil güvenilmez bir adam olduğumun haberini almış olmalı.

Kimse muhatap olmak istemiyor.
Bakkaldan bir şey alacağım, para üstünü suratıma bakmadan veriyorlar.

Taksi çevireceğim, önümde durup sorguya çekmeden arabasına almıyor şoförler.

Yolda adres soracağım, "pardon" dediğim koşarak uzaklaşmaya başlıyor olay mahallinden.

Anladım tabii olayı, Türküm diye böyle yapıyorlar. "Türkiye'den geliyorum ama Ermeniyim" desem?

Dedim, yemiyorlar...

Hepimiz aynı şeyin şeyiymişiz.

Dönüşte özgüvenimi geri getirecek bir şeyler yapmalı. Allahtan yine bizim uçağa bineceğim. Domates suyu da her derde deva olacak.

İkinci kez yurtdışına uçuşum yine Paris'e oldu. Fakat bu defa şanslıyım, yanımda eşim Belma var.

O Avrupa doğumlu ya, yol yordam bilir, kurda kuşa yedirmez beni.

Ben yine de Belma'yı uyarayım. Tecrübe tecrübedir: "Bak Belmacım, biliyorsun ben çok unutkanım. Sakın dönüş tarihimizi, saatini, otelin adını falan unutma. Sen ilk defa Paris'e gidiyorsun değil mi? Dur anlatayım sana biraz kenti. İnsanları biraz suratsız ama şehir bir harika. Hele o Notre Dame Katedrali yok mu? Tam bir şaheser. Bir Latin mahallesi var ki eğlenmeye mutlaka oraya gidelim. Ben geçen gittiğimde bir Yunan lokantasında rakı içmiştim. Louvre Müzesi dev gibi. Beş gün gezsen bitmiyormuş. Champs-Elysees Bulvarı'nda o eski kabare mekânlarını ..."

Belma başladı sinirli sinirli gülmeye.

Ne gülüyorsun yahu, mevzu anlatıyoruz burada. Kesin onun daha önce Paris'e gidip gitmediğini unuttuğuma gülüyor. İyi de Avrupa'da doğanların durumu bizim gibi değil ki? Bizim için her ülkeye gidiş bir hatıradır. Onlar arabasına atladı mı sınırı geçtiklerinin farkına bile varmadan geziyorlar kıtayı.

Gülme artık, bozuşacağız. Söyle ne yaptım yine?

"Hayko, senin ilk yurtdışına çıkışın, hani o Paris hikâyen bizim balayımızdı ya?

...

Hayır, boşanmadık...

Belma insan evladı, tahammül gösterdi bana.

Sonraları çok yer gezdiysem de özgüvenim yerine hiç gelmedi.

Uçaktan in, polisin karşısına çık, tamam.

Dünyanın en ezik insanına dönüşüveriyorum ben.

Oralarda kaldığım süre boyunca yanlış bir şey yaparım korkusunu asla atlatamıyorum.
Şimdilerde siyasetle fazla ilgileniyorum diye günde ortalama yirmi beş tane "git başka ülkede şey yap" mesajları geliyor.

Kafayı yemiş olmalılar.

Avrupa'da Türk olmaktansa Türkiye'de Ermeni olurum oğlum ben.

Hiç olmazsa birbirimize ettiğimiz küfür aynı dilde...

İnanmayan Fatih Portakal'a sorsun

Ben meşhur oldum ya artık, haliyle arkadaş çevrem de genişledi.

Ne gazeteciler, ne artistler, ne siyasetçiler var ki çevremde sorma gitsin. Üstelik hiçbiriyle usulen görüşmüyoruz. Bildiğin birbirini seven iyi arkadaş kıvamına gelmişiz.

Fatih Portakal da en sevdiğim arkadaşlarımdan birisi. Dışardan da belli oluyordur gerçi ama içeriden kesin bilgi vereyim sizlere, Fatih çok iyi çocuk. Onun için "necidir" diye sormana hiç gerek yok. "İyidir" de geç işte. Eşi Armağan desen dünya tatlısı. Gündelik hayatında kulağının arkasında taze bir çiçekle geziyor kadın.

Okuduğunuz hikâyelerin öncüsü olan *Salyangoz* kitabımı yazmak için bir süre Kınalıada'dan İstanbul'a hiç inmedim. Hayat bana biraz iyi davransa adadan inmeye hiç niyetim de yok aslında.

Adada bu kadar uzun zaman geçirince mecburi işleri, özel görüşmeleri, toplantıları yapmak için bir formül bulmak gerekiyordu. Buldum; madem ben gidemiyorum onlar gelsin adaya.

*Fatih Portakal, eşi Armağan, arkadan kadraja girmeye çalışan
Kemal Gökhan Gürses ve efsane abimiz Eşber Yağmurdereli.
(Fotoğraf: Berge Arabian)*

Öyle ki *Hürriyet* gazetesine bir röportaj vermem lazım. Dış mekânda fotoğrafımı çekmeleri gerekiyor. Adanın tepesindeki Rum Manastırı'nın önünde poz vermişim. Sonradan, "Koca villada oturuyorsun, hâlâ ağlıyorsun be adam," diye yorumlar gelmesinin sebebi olmuş bizim manastır.

Bir hafta sonu bizim Fatih ile Armağan'ı çağırdık adaya. Gerekçesi çok mühim, rakı-balık yapacağız. Kalktılar, geldiler. Önce küçük bir ada turu yapalım dedik. Belma bakıcımız Mannik'ten yardım istemiş, Aras ve Teo evde güvende. Zaten Mannik yıllardır yarı anneleri olmuş bizim yavruların. Biz de tüm evli ve çocuklu çiftlerin özlediği bir gecelik serbest zaman bulmuşuz diye fazladan mutluyuz.

Ada sokaklarını arşınlarken önümüze gelen çeviriyor bizi.

O günlerde gazeteye iyi yazılar yazmışım ve ada ahalisi benden pek bir memnun. Fakat Fatih daha çok ilgi görüyor. Neredeyse her evin bahçesinden "Hoş geldin Fatih Beeey" diye bağırıp duruyor insanlar. Nankör Ermeniler. Biraz daha meşhurunu buldular mı hemen satıveriyorlar adamı.

Gittik oturduk bir mekâna. Bizim Dayk Abi'nin Jash diye bir yeri var, yeni açılmış. Dayk Abi Cihangir'deki esas Jash'tan tanınmış konuk ağırlamaya aşina zaten. Jash dediğin Ermenice "caş"tan geliyor. Bizdeki "aş"tan geliyor. Kim biz, kim siz karıştı işte yine.

Yediğimiz içtiğimiz bizim olsun, muhabbeti anlatayım. Nesini anlatayım? Güldük, eğlendik, sarıldık işte gece boyunca. Çıkışta son bir kahve içmek için Emlakçı Sinan Abi'nin Bab-ı Kahvesi'ne oturduk. Bakmayın emlakçı dediğime. Sinan Abi stand-up sanatçısı, ressam, tiyatro yönetmeni. Ama emlakçılığı çok önemli bizler için. Adaya gelip iki saat vakit geçiren soluğu onun yanında alıyor: "Kiralık evler ne kadar bu adada?"

Fatihlere de ev baktık hemen. Daha başaramadık ama o sevimli aile bizim adaya taşınacak arkadaş, o kadar!

Eve doğru yol alacağız. Fatih, "Seni çok seviyorlar buralarda," diyerek beni onore edip duruyor. Ya da ona gösterilen ilgiyi kıskanmayayım diye gönlümü alıyor.

Aras kaçmış bakıcıdan yanımıza gelmiş. Omuzuma almışım bizim yakışıklıyı, vurmuşuz evin dik yokuşuna tırmanıyoruz. Belma, "Hayko müdahale et lütfen!" diye titrek bir sesle mırıldanmasa her şey yolunda aslında.

"Neye müdahale edeceğim ki?"

Yokuşun tepesinde bir kalabalık toplanmış, bağırış, çağırışın bini bir para. Kavga var... Belma'nın adada herhangi bir olaya müdahale etmemi istemesi tarihte görülmemiş. Ayıptır söylemesi çok serserilik yaptıydım gençken. Omuzumda oğlum, yanımızda misafirlerimiz, Belma beni niye olay yerine yönlendirsin ki?

Öyle değil mevzu. Ben yaşlarda bir herif on yaşını geçmemiş bir çocuğu dövüyor. Ama fena dövüyor. Çocuk "yardım edin" diye öyle bir bağırmış ki için parçalanır. Fırladım, koştum, tuttum bileğinden büktüm hemen herifin. Fatih de koştu tabii. Ne olup bittiğini anlamaya çalışıyoruz. Fakat bir gariplik var. On yaşındaki çocuğa vurduğu için birazdan hacamat edeceğim adamın arkasında karısı, Aras yaşlarında bir çocuğu ve pusette bir bebek bekliyor. Karısı hüngür hüngür ağlıyor, korkmuş. Gel de çık işin içinden.

Veletler oyun olsun diye evlere misket atmışlar az önce. Ve pusetteki bebeğin odasının camı kırılmış, camlar da düşmüş yavrunun üstüne. Adam öfkelenmekte haklı ama çocuğa da o kadar vurulmaz ki?

Yapacak bir şey yok, orayı hemen dağıtmak gerekiyor. Fatih afacan çocuğu yolladı, ben adamın bileğini bırakmıyorum ki daha da kimseye vurmasın.

Sinirden tir tir titreyen elleriyle son bir hamle yaptı adam. Bana da mı vuracak yahu? Yok, elimi sıkmaya başladı. Kurban pazarlığı yapar gibi yarı içten yarı hasmane, bir süre tokalaştık.

Adam konuşabilir hale geldiğinde pat diye anlatıverdi meramını:
"Abi, şu Etyen Mahçupyan'a yazdığın yazı çok iyiydi. Hak etmişti artık bunları birisinin söylemesini. Helal olsun sana!"
Donduk kaldık öylece. Eve varmak üzereyken Fatih aynı cümleleri tekrar ediyordu.

"Hayko, seni çok seviyorlar buralarda."

O yazıyı şimdi buraya koymasam merak konusu olacak. Koysam hem akışta garip duracak, hem de "iyi ki bir yazı yazdın, ekmeğini yiyorsun" denilecek.

Koyuyorum işte, kim ne derse desin valla.

Palyaço Ermeniler

Etyen Abi sana meydan okuyorum, kafandan aşağıya bir kova buzlu su dök.

Böylece hem ALS hastalığı için farkındalık yaratılmasına katkı sunarsın hem de uzun zamandır seni kilitleyen halden geriye dönmen için bir vesile yakalamış oluruz.

Belki okumayan vardır diye "Palyaçonun Cehennemi" başlıklı yazından bazı tespitlerini kalemim döndüğünce okuyuculara hatırlatarak yazıya başlamak isterim:

-Azınlıklar, kendi zihinlerinde ve küçük dünyalarında Müslümanları aşağıladığı gerçeğiyle yüzleşemedikleri için AKP'nin büyük devrimini göremiyor ve sana saldırıp duruyor...

-Ermeni aydınları diye ortalıkta dolaşanlar Hrant Dink cinayetinden bu yana etraflarını sarmış parazitlerin alkışını almak için burunlarına kırmızı top yapıştırıp palyaçoluk yapıyorlar...

-Bu palyaçolar, Başbakan Ermenilere 'afedersin' dedi diye senin üzerinden bir boşalma yaşayarak kendi zavallılıklarına kılıf arıyorlar...

-Sen bu süreçten geleceğin özgür Türkiyesi'ni görmüş bir aydın olarak, bizler ise gerçek vatandaş olma şansımızı ıskalamış zavallılar olarak çıkacağız...

Peki, niye böyle olduk biz abi?

Karakterimiz mi zayıf?

Derdimizi itibar arayışına, iki alkışa, meşhur olma çabasına falan mı pazarladık?

Mesela hangi talebimizin gerekçesi "Müslümanlardan nefret etme" sebebimizden kaynaklanıyor?

On beş yaşındaki Berkin Elvan'ın öldürülmeyi hak ettiğini meydan meydan anlatıp ondan bir "Allah rahmet eylesin" duasını esirgeyen bir adama "yüzyılın devrimcisi" diyememezimin neresini anlamadın?

Roboski'de çoluk çocuğu bombayla öldürüp ardından Genelkurmay'a teşekkür eden bir anlayışa karşı mesafemizi korumamız burnumuzdaki kırmızı top yüzünden midir?

Bu iktidar Hrant Dink cinayetinin olağan şüphelilerinin tamamına terfi verip soruşturulmalarına mani olmadı mı?

Parazit diye tarif ettiğin bu ülkenin diğer yarısı mı bulacaktı arkadaşımızın katilini?

Kazlıçeşme Meydanı'nda "Dink cinayetinin sorumlularını gizlemeyin" diye bir pankart açabilirdik de başörtülülere olan antipatimiz yüzünden mi yolumuz oralara düşmedi?

Başbakan'ın "afedersin, çirkin ve Ermeni" kelimelerini aynı cümlede kurmasına tahammülün var da Yahudilerden birkaçının *Sözcü* okumasından mı miden bulanıyor bu kadar?

Sen "gerçek vatandaş" olabilmeyi bu iktidara muhalif olan tüm Ermenileri değersizleştirip aşağılayarak mı başarabildin?

Cinayetten sekiz yıl sonra "iki gencin Dink'in yazılarını hazmedememesi meselesidir" diyen Erdoğan'ı samimi buldun da benim haykırdığım adalet talebini mi soytarılık olarak niteliyorsun?

"Dink yaşasaydı AKP'li olurdu" deyip duruyorsun.

Öldürülmüş bir arkadaşımız hakkında böylesi farazi cümleleri nasıl kurabiliyorsun?

Sen vurulsaydın (Allah korusun) "Hrant Abi bugün senin yaptığın hiçbir şeyi yapmazdı be adam" demekten imtina ettiğimizi, böylesi argümanlar kurmaktan utandığımızı göremiyor musun?

Elinde MİT'i, polisi, askeri, yargısı olan bir iktidarı savunurken "mazlumun yanında" pozlarıyla devlet sanatçısı gibi davranarak bizleri aşağılamaya utanmıyor musun?

Niye bu kadar kızgınsın bizlere?

Niye bizlere yazı yazarken öfkeni bastıramıyorsun?

Ettiğimiz iki kelamı palyaçoluk diye aşağılarken sana saray soytarısı diyemeyecek kadar terbiyeli davranma çabamızı niye zorluyorsun?

Çıkardığımız bütün sesleri "azınlıkların genetik bozukluğu" ve "İslam düşmanlığı" olarak duyulması için gösterdiğin çabayı gördükçe kanım donuyor.
Bu "gerçeği tespit etme" çabanın yarısını "büyük devrimci" Erdoğan için kullanabilecek yüreğinin olmamasına çok kızıyorum.

Uzun süredir bizlere çapulcu, kemirgen, vandal deyip duranlara "öyleyiz ulan" deyip duruyoruz zaten.

Şimdi de kaderde palyaço olmak varsa başımızın üstünde yeri var.

Palyaçolar neticede çocukları eğlendirirler.

Saray soytarıları ise çocuklara "vurun" emrini veren kralları.

Senin işin bizden zor be abi.

Allah kolaylık versin...

(27 Ağustos 2014 – *Taraf* gazetesinde yayımlanmıştır.)

HAYKO BAĞDAT
KURTULUŞ ÇOK BOZULDU

ANLATI

Ben Hayko Bağdat; Olay Yerine Geldim!

Bu da üçüncüsü.

Hayko Bağdat Salyangoz'u yazdığında kendi tarifiyle, "Yazar değilim, kitap yazdım," demişti.

"Televizyoncu değilim, televizyon programı yapıyorum," dediğinin hemen ertesinde.

"Köşe yazarı değilim, köşe yazısı yazıyorum, ama zaten gazeteci hiç değilim biliyorsunuz," demeden önce miydi, sonra mı ben de karıştırıyorum artık.

Ama en son, "Oyuncu değilim, sahneye çıkıyorum," dediğini biliyorum.

O da fena gitmiyor ayrıca. Şimdiden bu kitabın da ikinci bir sahne gösterisine vesile olacağı müjdesini verelim buradan.

"Olmadığı işleri yapan" adamın üçüncü kitabı.

Ben de eleştirmen değilim, ama üçüncü kitaba yine önsöz yazıyorum. Allah'tan siz okursunuz da, okuyorsunuz.

Kurtuluş Çok Bozuldu *bana sorarsanız* giderek olgunlaşan bir mizah yazarının işi. İlk iki kitapta kişisel hikâyelerini anlatan Hayko Bağdat'tan, "hikâye anlatan" Hayko Bağdat'a geçiş yapmış. Metni çevreleyen atmosferin dantelası epey işli.

Karakterlerin hikâyede oynayıp bir an önce huzurumuzdan çekilmesine izin vermemiş bu kez. Derinleştirilmiş; eti, eşkali, elbisesi, taburesi daha belirginleşmiş. Atmosfer derinleştikçe, yazar koltuğunun deri oturağındaki kıç yeri de belirginleşiyor Hayko'nun. Yani koltuğuna daha bir sahiplenerek oturuyor. Daha kendinden emin.

Bana sorarsanız, bütün yakıştıramadığı sıfatımsıları boş versin, titr hanesine "mizah yazarı"nı koydursun.

Ama mizahın da biliyorsunuz sulusu var, kurusu var. Pembesi var, moru var. Rengârenk anlatıyor Hayko. Ama yaptığı iş neresinden bakarsanız bakın, kara mizah.

İçimizi karartmadan kara mizah yaptığı için müptelası olduk Hayko'nun zaten. İçinden geçe geçe bitiremediğimiz karanlık tünelde yolculuk ederken, sanki bir başka hikâyesinde renksiz bir suratla yer alan "ölüm var, ölüm var" diyen karakterinin bilgeliğiyle karşılayalım istiyor bu perişan yolculuğumuzu.

Nicedir iyi bir mizah yazarı özlemişiz. Üstelik hikâyeleri yürek söken bir yazar. Boşu yok. Öyle sanıyorum ki kitaba adını veren *"Kurtuluş Çok Bozuldu"* hikâyesi uzun yıllar yerini kaybetmeyecek bir çentik atacak edebi hayatımıza.

Bu hikâyenin bir de "hikâyesi" var. Hayko'dan dinleyelim:

"Kendisine taşınacak bir semt arıyordu Barış. Adalara gelmek en çok istediği şey olsa da, kış tarifesi vapur saatleri mesai saatlerine bir türlü denk gelmiyordu. 'Kurtuluş olabilir o vakit,' dedi. Her kültürün iç içe yaşadığı bir semt çok cazip geliyordu medeni bir insana neticede.

'Olmaz oğlum,' dedim pişkin pişkin... 'Kurtuluş çok bozuldu, başka semt bulalım sana.'

'Şaşırdım bu söylediğine,' dedi. 'Daha yeni sordum Pakrad Abi'ye, Kurtuluş harika bir semt dedi.'

'Nesi harikaymış be?' dedim; demez olaydım.

Aldığım cevap kitap yazdırdı bana. Pakrad Abi'nin hayata bakışına karşı kendimce bir özeleştiri yapabilmem için, Kurtuluş'un neden harika bir semt olduğunu anladığımı gösterebilmek için biriktirdiğim kelimeler kitap oldu işte..."

Bi zahmet okursanız, ne demek istediğini anlayacaksınız.

Diğer hikâyeler de "olmasa bir eksik olurdu" cinsinden. Bizi dünyanın sınırlarını yok etme hayalimizle buluşturuyor; bir Balat'ta buluyoruz kendimizi bir Köln'de.

Kurtuluş'ta hızlandırılmış tarih dersimizi tamamlayıp bu kez Beyrut'ta bir rugan ayakkabıya çeliniyor zihnimiz. Mübadele Yunanistan'ında 1920'lerin eski İstanbullularıyla buluşup oradan Londra'da 12 Eylül sonrası devrimci Türklerin diasporasına misafirliğe gidiyoruz. Stuttgart'ta içtiğimiz likörün tadıyla daha yeni esrimiş kafamızla bu kez kendimizi Erzurum'un Kurtuluşu törenlerinde buluyoruz.

Hepsi neşeli hikâyeler ya, bir tanesi kendini götürüp kitabın sonuna koyuyor yine. "Yozgatlı"...

Bu kitabın "Yunuslar"ı da sanıyorum bu hikâye.

Yunuslar'ı biliyorsunuz. En azından Hayko'yu takip edenler iyi biliyor. Ama, o gün bizimle birlikte olmayanlar şimdi anlatacağım hikâyeyi bilmiyorlardır sanırım.

O şanslı kalabalığın arasında olsaydınız keşke.

Reji odasının küçük camından Hayko'yu sahnede görebilmem için bütün oyunu ayakta izlemem gerekiyor.

Bu satırları tuşlarken kitapla başlayan Hayko'nun Salyangoz serüveni sahneye taşındı ve çoktan 6 binden fazla seyirciyle buluştu. Benim tam olarak vasfım neydi bu oyunda, bu oyunun niteliği neydi; oyun muydu başka bir şey mi, bunları boş verin, "Yunuslar" tiradına başladığında Hayko, benim de reji odasından Levon Minassian'ın duduğunu konuşmanın altına müzik setinden yollamam gerekiyordu.

Yolladım yine...

Diyarbakır'dayız. Ermeniyseniz Dikranagerd diyebilirsiniz. Kürtseniz Amed. Ben hepsini söyleyebilirim, beni bozmaz.

Yunuslar'ın Ankara Konur Sokak'ta başlayan hikâyesinin oyuna taşınmış tiradının ağır bir duduk hüznüyle anlatıldığı bölüm yeni başlamış.*

---

* *"Yunuslar" adlı hikâyeyi kitaptan da okuyabilirsiniz.*
Salyangoz, İnkılâp Kitabevi, 2014.

O ana kadar şen şakrak giden oyun bir anda ağır bir tona geçiyor. Hayko'nun sesi önce titremeye başlıyor, sonra da yavaştan meydan okumaya. Gözümüzün içine bakmasa, aynı frekanstan imdat çığlığı atan yunusların, kilometrelerce öteden o sesi duyup canının can havliyle uçar gibi olay yerine gelişini, biraz gözünü yana çevirip anlatsa...

Belki o zaman bizim de bu suçtan yüz yıl sonra yine bir kaçarımız olacak. En azından gözümüzü kaçırabileceğiz. Hele olay yerine gelip de köpekbalıklarının parçaladığı arkadaşlarını gördüklerinde attıkları çığlık... O çığlığı duyuyoruz sahnede. Tertemiz bir Ermeni Türkçesiyle.

O ana kadar şakayla karışık anlatan Hayko'nun o an şakası yok artık.

"Hiç mi duymadınız o sesi? Bazı olay yerleri neden bu kadar kalabalık sanıyorsunuz? Berkin'in, Ali İsmail'in, Tahir Elçi'nin, Hrant Dink'in cenazesi?"

Kaç kez dinlemiş olabilirim bu tiradı? İnanın bilmiyorum. Aynı acıyı kaç kez yaşayabilir bir insan? Kaç kez hissedebilir? Acı sizin değilse olsa olsa birkaç kez. Acı sizinse; sanırım ölene kadar.

"Delik deşik edilmiş Sur'un etrafına yaklaşmasın Hayko" diye, Diyarbakır yolculuğumuzdan önce siz deyin yetmiş, ben diyim yüz yetmiş tehdit aldı Hayko. "Seni Diyarbakır meydanında mermi manyağı yaparım" diyen de vardı... Neyse...

Koruma polislerine rağmen Sur'da tur atamayacaktı belki. Sur'da yüzlerce insanın ölmeden önce çıkardıkları ses daha çok tazeydi kulaklarımızda. Ülkeyi boş verin, dünya kulaklarını tıkamıştı. Yorgundu, içi yıkılmıştı, içi yanıyordu Diyarbakır'ın. Ama her zamanki gibi o sesi duyanlar, o sesin yunuslarıydı yine.

"Ben Hayko Bağdat, Hay-ko Bağ-dat! Teşekkür ederim," diye bitirirdi oyunu hep. Diyarbakır'daki oyun, "Ben Hayko Bağdat! Olay yerine geldim!" diye bitiyordu bu kez.

Kuliste koruma polisleri neden birbirimize sarılıp hüngür hüngür ağladığımızı anlamamıştı bir tek.

Belki anlatabilsek, onlar da anlayacaklar.

Kemal Gökhan Gürses,
Kınalıada, Eylül 2016

Ben Çok Meşhur Oldum

Memleketin her köşesinden, dünyanın pek çok ülkesinden deli gibi davetler alıyorum.

Sağ'dan Sol'a pek çok medya organı, dünyanın prestijli yayın kuruluşları kapımı aşındırıp duruyor. Sokaklarda insanlar yolumu çevirip aşkla kucaklıyorlar. Mesaj kutum her gün onlarca sevimli cümleyle dolup taşıyor. Üstelik küfürler, tehditler falan da neredeyse tek tük geliyor artık.

Yazının devamını okumak istemediğinize eminim. Herif kafayı yedi, kendini parlatıp duruyor diye düşünüyorsunuzdur kesin. Hatırım için hemen pes etmeyin. Durumu özetleyecek bir hikâye paylaşacağım sizlerle...

Bir, bir buçuk ay önceydi Kıbrıs'a aldığım davet.

Kıbrıslı Türk Gazeteciler Birliği'nden dostlar çağırmıştı. Havaalanından karşılanıp sohbet ede ede konaklayacağım Dome

Hotel'e ulaşıverdik. Otelin ilginç bir özelliği var. Kıbrıs çıkartması yapılıp kuzeydeki Rum mallarına el koyulduğunda tüm işletmeler özelleştirilmiş. Fakat bu otel sendikanın elinde kalmış. Yani otel çalışanlarının tamamı aynı zamanda otelin ortağı olmuşlar.

Daha önce Can Dündar da burada kalmış ve köşesinde sevgiyle bahsetmiş buradan. Ya da haklarında yazı yazayım diye yediler beni, bilemiyorum. Otelin yönetim kurulu başkanı, müdürü falan tam kadro karşıladılar beni. Bir ikram, bir hürmet var ki sorma gitsin. Uzaktan bakan otele Tarkan gelmiş zannedecek.

Odama çıktım. Hava atmanın ölçüsünü kaçırmayayım diye oda diyorum sizlere. Yoksa ortalama bir İstanbul evinden yüz ölçümü olarak daha büyük bir yerleşke diye yazardım.

Girişte koca bir meyve sepeti, büyük bir şişe şampanya beni bekliyor.

Diyanet İşleri Başkanı'nın, "Adını söylersem günah yazar," dediği janjanlı bir jakuzi de var banyoda.

Biraz istirahat edip şehirde bir yürüyüş yapayım dediğimde ise küçük çaplı bir nümayiş oldu desem yalan sayılmaz.

Taksi durağındaki Kürt şoförlerden tatile gelmiş Beyaz Türk teyzelere, casino sahnelerine çıkan tanınmış sanatçılardan gurbette üniversite okuyan öğrencilere kadar herkes kucakladı beni.

Adım başı fotoğraf çektirmek isteyen biri yapışıyor yakama. Üstelik fotoğrafa poz verirken kırk yıllık dost ya da uzatmalı sevgili misali sarmaş dolaş oluyoruz herkesle.

Elini belime dolayıp uzun süre çekmeyen birkaç kişiden hafiften huylandığımı da arada söylemek isterim.

İki adım atarım diye çıktığım yürüyüşü akşama doğru tamamlayabilip otelime döndüğümde ne yalan söyleyeyim artık aynı adam değildim ben. Etrafımda gördüğüm tüm insanlara yalancı bir gülümsemeyle yarım yamalak bir selam veren, düşünceli bakışlarla ufku izleyen "meşhur adam" tripleri ele geçirdi beni hemencecik. Sanki yıllardır bu anı bekliyor, ancak sonunda emeline ulaşabilmiş pezevenk.

Lobiden bara geçeyim dedim. "Canım, bir duble Black Label, tek buzlu olsun. Bardağı da soğutuver lütfen." Bir elimde kadehim, bir elimde sigaram, meşhur bir insana yakışır tempoda havuz başına vardım.

O sırada içerideki salonda coşkulu bir eğlence var.

Kadınlar matinesi olmalı çünkü halayı en az yirmi sekiz güzel kadın uzattıkça uzatmış. Şık kıyafetli iki kadın hava almaya dışarı çıktıklarında göz göze geldik. Birinin elinde akıllı telefon, yanındakinin kulağına bir şeyler fısıldıyor.

Hemen tanıdılar işte beni. Oralı değilmiş gibi yapıp güzel deniz manzarasına keskin gözlerle bakadururken aklım onlarda.

Kesin cesaretlerini toplamaya çalışıyorlar fotoğraf için.

Aha, geliyorlar işte...

"Merhaba, acaba fotoğraf..."

"Elbette, hemen," diye atılıverdim.

Hem kibar hem tanınmış olmak herkesin harcı değil neticede. Askılı elbiseli olanının yanına yaklaşıp teammüllere uygun olarak elimi omuzuna atmak üzereyken 1,5 saniye ile İsa Mesih'in sevdiği kulu olduğumu ispatlayan "kurtuluş"u yaşamam an meselesi oldu.

"Beyefendi, şu tarafa, manzaraya doğru çekin bizi lütfen."

Omuza doğru attığım kolu *break dance* elektrik hareketiyle geri çekip uzatılan telefonla kadınların fotoğraflarını çekmeye başlamam ne kadar sürdü bilmiyorum. Bana sorsanız "bir ömür" derim.

İlk üç fotoğraf biraz titrek çıktı sanırım. Ancak dördüncüde durdurabildim elimin titremesini. Ertesi gün sokağa çıktığımda hep aynı şeyi mırıldanıyordum içimden:

"Salak, sen meşhur falan olmadın işte..."

Haziran 2015, Kınalıada

Celil Yoldaş Yalnız Değildir

Örgütün adını söyleyemem.

Mübarek Ramazan ayında günah yazar. Fakat inanın ki 12 Eylül öncesi devrim hayaline biraz olsun yaklaşabildiysek bu teşkilatın korkusuz mücadelesi sayesindedir.

Lenin Yoldaş'ın açtığı yol geleceğimizi aydınlatan en önemli meşalemizdi elbet. Devlet, sermayenin sopası olarak şanlı yürüyüşümüzü durdurmak için davranacaktı, bunu biliyorduk. Fakat kuşkusuz ki en az devlet kadar aşılması gereken engel, sol görünümlü revizyonistlerdi.

Örgütün önemli simalarındandı Celil.

Yoldaşlarının yanılmaması için çok emek verdi. Çok uzun tartışmaları göze alarak hem kendi teşkilatına hem de diğer yoldaş örgütlere meseleyi tarif etti durdu. Anlamayacak ne vardı ki zaten? Kitlelerin devrim saflarında çoğalması ancak sistemin onlara dayattığı çelişkilerin keskinleşmesi ve büyümesiyle mümkün olabilirdi. Ufak tefek reformlara tav olmak, yükselen mücadelenin ivme kaybetmesine yol açacaktı.

Peki sendika, toplu sözleşmede istediği ücret artışını elde edince sömürü düzeni değişecek miydi? Hayır. Tam tersine işçi sınıfı derin uykusuna hapsolmaya devam edecekti. Dolayısıyla "sendikal başarılar" dediğimiz nane, karşı devrimci tuzaklardan başka bir anlam ifade etmiyordu.

Faşist hükümetin çıkardığı siyasi affı ele alalım. Devrimci tutsaklar bu afla özgür mü olmuşlardı yani? Hayır. Tam tersine, eline elma şekeri verilmiş çocuklar gibi kandırılmış olacaklardı. Gerçek özgürlük için üretim araçlarını ele geçirmekten başka bir yol yoktu. Dolayısıyla Celil ücret artışlarına da, siyasi aflara da karşıydı. Uzlaşmaz karşıtlık büyümeli, gözler açılmalıydı...

Üniversiteye girdikleri yıldan beri mücadeleyi ortaklaşa yürüttükleri Hüseyin ve Mehmet'in Celil'in teklifiyle örgütten uzaklaştırılmaları tam da bu yüzdendi. Reformculara verilecek en ufak bir taviz, engebeli ve sarp devrim yolunda tökezleme sebebiydi.

"Darbe oldu" haberi tam da böylesi bir tartışmanın ortasında duyuldu. Asker yönetime el koymuş, tüm evlere baskınlar başlamıştı. Örgütün on bir kişilik tepe yönetiminden sadece dördü burada anlatmamda sakınca olan yöntemlerle yurtdışına kaçmayı başardılar. Bundan sonrası sürgünde de olsalar, mücadele azmini yeniden örgütlemenin süreciydi. Celil, "Devrimci mücadele sürekliliği gerekseir," diyordu her fırsatta.

Celil, aynı memleketteki gibi, bu süreci en iyi ve en hızlı kavrayan siyasi aktör olmuştu. Her sabah kaldıkları bir odalı evde içtimaya kalkmaları gerekliliği fikri de Celil'den gelmişti. Disiplin elden bırakılırsa sistem iradeyi ele geçirirdi.

Tekneyle Yunanistan üzerinden kaçarlarken bütün gece uyumayıp görevin başarıyla gerçekleşmesinde yadsınamaz katkı sağlayan yoldaşları Nurettin'in markette tanıştığı Josef'le kahve içmeye gitme talebi iki hafta kadar tartışıldıktan sonra kabul görmemişti. Belçika casus yuvasıydı ve herhangi bir Belçikalıyla ilişki kurmanın bazı kuralları olmalıydı. Josef, Celil'in ısrarıyla talep edilen özgeçmiş formunu zamanında getirmemişti çünkü...

Yine Nurettin'in şehir merkezindeki sinemanın büfesinde çalışma talebi Celil tarafından infialle karşılanmıştı. Parasız olabilirlerdi. Açlık artık dayanılmaz hale gelmiş olabilirdi. Fakat bu hal "eğlence" adı altında kitleleri özünden uzaklaştıran yozluğun bir parçası olarak düzene teslim olmalarını gerektirmiyordu.

Devlete teslim olmayan irade açlığa da pabuç bırakmazdı. Nurettin'in örgütten tasfiyesi çok zaman almadı zaten. Abuk sabuk bir herifti, gitmesi iyi oldu.

Gerçi Nurettin'in giderayak teşkilata sunduğu katkı az buz değildi. Nurettin bulup getirmiş de olsa, Avrupalı sol partilerin "mültecilere tahsis edilecek radyo frekansları" broşürüne duyarsız kalmama kararı aldılar.

Celil, İngilizce bilen tek yoldaş olarak öyle ağdalı bir dilekçeyle başvurdu ki belediyeye, tam üç frekans örgütün emrine sunuldu. Paris, Londra ve Brüksel'de haftada üçer saat, hem de Türkçe yayın yapabilecek olanak bulunmuştu.

Mücadelemiz yeniden büyüyordu. Londra frekansının başına geçmek ve oradan düzenli radyo yayını yapmak Celil'e uygun görünmüştü. Celil gerekli son talimatları yoldaşlarına tebliğ ettikten hemen sonra trene atladı ve yollara düştü.

Radyo yayınlarının başladığı üçüncü ayda Londra'dan bir mektup geldi. "Londra Belediyesi'nden ilgililerin dikkatine" diye başlıyordu. Yoldaşlar sahip oldukları yarım yamalak İngilizceyle olumsuz bir şeyler olduğunu hissettiler.

"Celil kapatıldı," diyordu mektup...

Bir göz odalı ev ölüm sessizliğine bürünmüştü. Kesin faşist darbe hükümeti, İngiltere'deki işbirlikçileriyle Celil'in başını yakacak bir yöntem bulmuştu.
Mektubu alıp Josef'e götürmekten başka çare yoktu.

Bu işi ancak Nurettin hallederdi. Onu da örgütten atmışlardı. Eski bir yoldaş, kızgınlıkları unutabilmeliydi. Nurettin öfkesini bağrına basarak bu görevi kabul etti. Josef insaflı adamdı; tercümeyi yaptı. "Celil kapatıldı" meselesi gerçekti. Mektubun aslı şöyleydi:

"Londra Belediyesi'nden ilgililerin dikkatine;

Türkçe diline tahsis edilen ve başvurunuz üzerine yönetimini aldığınız frekansımız üç aydır faaliyettedir. Bu hizmetin sorunsuz sağlanması için tarafınızdan gönderilen Mister Celil geldiği günden itibaren birtakım sorunlara sebep olmuştur. Belediyemizin ilgili departmanında görevli psikoloğumuz konunun çözümü için devreye girmiştir.

Üzülerek belirtmeliyiz ki, Mister Celil'e yapılan tetkikler sonucu şizofren teşhisi konulmuştur. Kendisi Londra yakınlarında bir hastanede müşahede altına alınmıştır.

Yakınlarına ve ailesine haber vermenizi rica ederiz."

Nurettin iki kelimeyle yoldaşlarına durumu açıklayıverdi:

"Deliymiş pezevenk!"

Temmuz 2015, Kınalıada

Acilen Birisini Gömmemiz Gerekiyor

Köln Ermeni Kilisesi Yönetim Kurulu üyeleri işi hep ağırdan alıyorlardı.

Ne zaman konusu açılsa, "Ah evet, ilk fırsatta yapalım artık şu işi," diyerek geçiştiriyordu mevzuyu Başkan Bey. Gerçi Kayserili Harutyun Dayday, yaşadığı Pangaltı sokaklarında gezerken bir gün kendisine "Köln Ermeni Kilisesi Yönetim Kurulu Başkanı" sıfatlı bir kartvizit yaptıracağını hiç düşünmemişti.

Mevzubahis kilisenin bugünkü başkanı Minu Hanım ise o zamanlarda on sekizinde manken gibi bir kızdı. O da Pangaltı'dan göçmüştü Alamanyalara. Anlayacağınız Pangaltılı Ermeniler Köln'de oldukça nüfusludurlar.

Minu Hanım, Katoliklerden 100 yıllığına kiralanan o ilginç tasarımlı kilisenin en büyük eksiği olan kubbe meselesine de çözüm bulan başkandı.

Ermeni kiliseleri kubbeli olur. Fakat kiralanan gotik Katolik kilisesinin mimarisine dokunmak yasak. Binanın tepesine kubbe konduramıyorsan cemaatin tepesine kondurursun olur biter.

Minu Hanım, kilisenin ön sıralarının bitimine iki büyük direk monte ettirdi. İki tane de arka sıraların sonuna koydurdu. Sonra tavana dokunmadan koca bir Kızılay çadırı bezini gerdiriverdi direklere. Bezi biraz gevşek tuttu. Hafif bombe verdirerek simetrik bir oval haline getirmeleri pek kolay olmamış diyor görgü şahitleri.

Dört direk üzerinde yükselen çadır bezinden kubbe altında, cemaatin kendisini Feriköy Ermeni Kilisesi'nde hissetmeye başladıklarını da söylüyorlar.

Konuyu dağıtmayın.

Minu Hanım, on sekizinde, Köln Ermeni Kilisesi Yönetim Kurulu'nun genç ve idealist bir üyesi olarak her toplantıda konuyu mutlaka açıyordu.

"Harutyun Bey, ne zaman gidip konuşacaksınız belediyeyle?"

"Ah evet, ilk fırsatta yapalım artık şu işi..."

Fakat Harutyun Bey "devlet kapısı"na gitme korkusunu bir türlü bastıramıyordu. Memleketinde yaşarken edindiği bu korku haklı mıydı haksız mıydı bilemiyorum. Fakat bavuluyla beraber ta Köln'e kadar yanında taşıdığı gerçekti.

Harutyun Bey en sonunda çıkardı baklayı ağzından:

"Gidip konuştum belediyeyle arkadaşlar. Maalesef talebimizi kabul etmediler..."

Olayın geçtiği yıllarda Minu Hanım...

Genç Minu, çok sevdiği başkanlarının bu cümleyi kurarken kimseyle göz teması kurmadığını fark etti.

Mahcubiyetten mi böyle yaptı acaba? diye düşündü. Çok kızmıştı.

Ertesi sabah üzerine şık bir kıyafet geçirerek dayandı belediyenin kapısına.

"Günaydın hanımefendi, benim adım Minu. Nasıl olur da böyle bir talebi geri çevirirsiniz? Çok zor durumda olduğumuzu anlamıyor musunuz? **Ölülerimizi** gömecek bir mezarlığa ihtiyacımız var. **Üzerine** "Ermeni Mezarlığı" tabelası asacağımız bir parça toprak tahsis etmenizin ne zararı olur ki devletinize? Biz artık buralarda yaşayacağız ve kendimizi..."

Memur kadın sert bir ifadeyle sözünü kesti.

"Hangi talepten bahsediyorsunuz? Belediyemize böyle bir başvuru olmadı ki?"

Başkan yalan söylemişti. Devlet kapısına gitmektense gözlerini yere devirip, "Kabul etmediler," demeyi tercih etmişti.

Minu, çok saygı duyduğu başkanlarının ardından, "Korkak herif," diye mırıldandığı için kendinden utandı utanmasına ama iş başa düşmüştü artık.

Ağdalı bir dilekçe yazıp uzattı memur kadına.

Üç gün sonra yanıt geldi:

"Kent belediyemize başvurarak Köln Ermeni topluluğu için ihtiyaç olan mezarlık alanı talebiniz kabul edilmiştir."

Çığlık çığlığa evin içinde koşuşturmaya başladı Minu.

On sekiz yaşında, koca koca adamların çözemediği problemi şak diye hallediverimişti işte. Biraz sakinleşip belediyeden gelen evrakı tekrar okumaya başladı.

"Ancak" ile başlayan ikinci paragrafı o zaman fark etti.

"Ancak, şu şu adresteki mezarlık alanının Köln Ermeni Topluluğu'na daimi tahsisi için bir yıl içerisinde ilk defin işlemini gerçekleştirmeniz gerekmektedir. Aksi halde mezarlık tahsisi mümkün olamaz."

Bu Avrupalılar ilginç insanlar. Mutlaka vardır bir bildikleri...

Köln Ermeni Kilisesi Yönetim Kurulu rutin perşembe toplantısı için salondaki yerini almıştı.

Genç Minu heyecanla yerinden kalktı ve söz istedi:

"Ben belediyeye başvuruda bulundum. Mezarlık talebimizi kabul ediyorlar. Fakat, şey... Acilen birisini gömmemiz gerekiyor Başkan Bey..."

Görgü şahitleri o günlerde tüm cemaatin birbirine aynı şeyi sorduğunu söyler durur:

"Silva Hanım, dedeniz nasıl oldu? Böbrek hastalığı da pek fena kardeşim. İnsanın belini büküyor..."

"Arto'cum, yayanın Alzheimer'ı ilerlemiş diyorlar. Nasıl şimdi durumu?"

"Sırpuhi Tantik kalp krizi geçirmiş. Kurtulmuş bee!"

Allah'a çok şükürler olsun ki dördüncü ayda bir Ermeni öldü.

Gömdüler...

Ağustos 2015, Kınalıada

Ebedi Hayat Danışmanı

Yaşam Radyo'nun en havalı programı bizimkiydi vallahi.

Radyo yöneticileri şimdilerde sizlere pek normal gelen "Çok Dilli Yayıncılık Politikası"nın cesur öncüleriydi. Eski zaman zannetmeyin, milenyumun ilk yıllarından bahsediyorum. Çok dilli yayıncılık dediğim de kadim Anadolu dillerinde müzik çalabilmek kadar yani.

Bizim program Ermeni kontenjanını dolduruyordu. Adı da fena şekilli: "Sözde Kalanlar".

"Sözde Soykırım", "Sözde Vatandaş", "Sözde Kalanlar..."

Çaktın köfteyi?

Her hafta korkulan konuları cart diye ortaya atmalar, ilginç röportajlar, az duyulmuş ezgiler derken merkez medya için bile kaynak haline gelmemiz uzun sürmemiş.

Böyle işlere gönül veren kurumlar genelde fakir olurlar. Radyoda kuruş para yok. Bırak programcılarına ücret ödemeyi, tam tersine, her birini potansiyel "Çevresinden reklam getirecek pazarlamacı adayı" şeklinde görüyorlar. Fakat benden, diğer programcılardan olduğundan biraz daha umutlular: "Yahu Hayko, siz Ermeniler tüccar adamlarsınızdır. O kadar Ermenice müzik çalıyorsun. Bir soruver be çevre esnaflara falan. Belki iki-üç reklam alırız ha?"

Benim tavrım çok net. "Zengin Ermenileri tanımayan Ermeni" olduğumu belli etmemek için her seferinde kibirli bir edayla, "Tabii abi, çok insan var dediğin gibi olan. Dur ilk fırsatta kapılarını çalayım," diye cevap verip geçiştiriyorum.

Bizim babadan kalma emektar matbaa, İstiklal Caddesi'nin en şatafatlı, ama en bakımsız binası olan Tokatlıyan Han'ın bodrum katında, 40-50 metrekarelik bir küçük atölye. Bina, adı "yan" ile biten tarihi bir Ermeni mülkü olmasına rağmen bizim bodrumun esnafları arasında sadece tek Ermeni mevcut.

İlk iş gidip ona sormalı...

"Uluslararası Cenaze Levazımatçısı Berç Kaç"

Tesadüfe bakın ki tam o sıralar bizim Berç Kaç, firmasına reklam yatırımı yapmak için iyi bir bütçe ayırmış. Mesela müşteri memnuniyetini artırmak için bizim matbaaya ekstra formlar bastırmış.

Cenaze sonrası, ölü yakınlarının kendisine ödedikleri paranın hangi hizmetler için olduğunu bilmeleri gerektiğini düşünüp hazırlattığı "İş Detay Formu" emrinizdedir.

Kalemlerden birkaçı şöyle:

- Ölüyü evden çıkarma
- Morga nakliye
- Kilise morg kirası
- Gasilhane
- Gasallar
- Pamuk
- Kefen
- Cenaze araç kirası
- Mezar kazıcılar
- Tabut taşıyıcılar
- Gömücüler
- Ceviz tabut
- Tabut üstü pirinç Haç
- Kıdemli papaz
- Düz papaz
- Okuyucu
- Servis bedeli

Sadece form bastırmak yeterli değil elbet. Berç Abi, gerektiğinde telefon numarasının şak diye bulunabilmesi için promosyon ürünler de yaptırdı. Bloknot, kalem, buzdolabı magneti, kolonyalı mendil. Magnet ile kolonyalı mendilin üstünde kocaman puntolarla slogan yazılmış:

"Ebedi Hayat Danışmanı."

Gittim sordum, hemen kabul etti. Ama bir şartı vardı. Reklam metnini kendisi yazıp kendisi okuyacakmış. Müşterileriyle kurduğu özel ilişki bunu gerektirirmiş. Bu yakınlığa yabancı bir adamı sokmak olmazmış. Radyo yöneticilerine müjdeyi verdim. Artık "Sözde Kalanlar", kuşakta iki reklam birden yayınlayacak:

"Bioderm ile İstenmeyen Kıllara Son"

"Uluslararası Cenaze Levazımatçısı Berç Kaç"

Diğerini radyocular bulmuş.

Berç Abi bir hafta kadar metni düşündü. Cenaze levazımatçısı radyodan müşterilerine ne söyleyecekti?

Mesleğinin duayeni olmak kolay değildi. Üstelik bu reklam, hani zamanında mezar kazıcısı olup da şimdi kilise dibinde izbe bir dükkân tutup ortalıkta "Levazımatçıyım" diye gezen şebeleklere haddini bildirmek için iyi bir fırsattı.

Berç Abi en az beş metin yazıp, evde ayna karşısında okuyup, hiçbirini beğenmeyerek kâğıdı buruşturup atmış diyenler var.

Mesele yavaş yavaş bir reklam metni olmaktan çıkıp "Ulusa Sesleniş Konuşması" kıvamına gelmek üzere.

En sonunda işi kıvırdı bizimki, metin hazır...

"Abi gel bizim ofisteki FHB800 Sony Çift Kasetçalar'da bir ön çekim yapalım. Olmadı radyonun stüdyosunda okursun."

Geldi, okudu. Bence tamamdı. Harika bir metin olmuş. Rutkay Aziz okusa Berç Abi'nin eline su dökemez üstelik.

Kaseti alıp radyoya götürdüm. Tekniker arkadaşlar kaydı biraz temizleyecek, belki arkaya bir fon müziği ekleyecek falan filan. Akşam olmadan radyo yöneticileri fıldır fıldır bana ulaşmaya çalışmışlar:

"Hayko, kafayı mı yedin sen? Bu reklamı yayınlayamayız biz!"

Ebedi Hayat Daışmanı, Berç Kaç.

Hani ulan çok dilli yayıncılık? Hani Ermeni halkının kültürel mirası? Çerkez reklam getirse yayınlayacaksınız ama değil mi? Düdükler...

Üzerinden yıllar geçti, bu kadar mecrada söz söyledim, Yaşam Radyo'dan yediğim sansürü kimselerden yemedim arkadaş...

Kısmet bu güneymiş, o sakıncalı metni kamuoyuyla paylaşmanın zamanıdır.

Ağzına sağlık Berç Abi...
"Ben Berç Kaç[**].
Kaç Berç, Berç Kaç.
Allah sizlere sağlık versin, hastanız olmasın.
Ama ya olursa? Sükûnetinizi kaybetmeyin.
Önce doktora gidin.
Sonra doçente, olmadı profesöre gidin.
Yine olmadı bana gelin.
40 yıllık büyük tecrübe ile ölülerinizin gömülmesi, gömülen kemik bakayalarının başka bir mezara nakli, soğutmalı kabinlerle ölülerinizin yurtdışına gönderilmesi, gümrük işlemleri bizden sorulur.

Ben Berç Kaç.
Kaç Berç, Berç Kaç.

Ebedi hayat danışmanınız.
Arayacağınız zamanı bilirsiniz!"

Hayırlı işler Berç Abi, bol kazançlar dilerim...

Eylül 2015, Kınalıada

---

[*] Kaç: Ermenice "Cesur"...

Gavur Şeref

Köy meydanını inleten çığlık o kadar acıydı ki kesin çeşme başındaki bebelerden biri kuyuya düştü zannetti ahali.

Kahveden dışarı fırlayan güruh daha ne olduğunu anlayamadan ikinci kez haykırdı Hafız Nine:
"Geliyorlar, kaçınnn... Ermeniler vardı köye..."

Sesin yankısı bitmeden üzerinde beyaz bir tulum, saçı sakalı birbirine karışmış yabani bir herif, Hafız Nine'nin karnına süngüsünü saplamıştı bile. Darbenin etkisiyle olduğu yere iki büklüm çöktü yaşlı kadıncağız. Son nefesini vermeden evvel dudaklarından dökülen kelimeler yabani Ermeni'nin tekrar darbe vurmasına mani olamamıştı: "Eşhedü en la ilahe illallah ve eşhedü enne Muhammeden abdühü ve resulühü."

Cansız bedenine üçüncü kez inen süngü esnasında ise yabani katilin kahkaha sesleri çınlıyordu kulaklarda:

"Vurun. Kimseyi sağ komayın. Saldırın Müslümanlara. Camiyi tez yakın hadi. Hadi diyorum sizeeee..."

Talimatı alan çetecilerden bazıları caminin kapısı önünde imamı şehit ederken diğerlerinin yaktığı ateş minareye ulaşmıştı.

Hamile bir kadının ölüsü imamın az ötesinde yerde duruyordu. Çetecilerden biri hâlâ karnını tekmeliyordu zavallının.

Fakat aniden gelen "Paatttt" sesi köy meydanında koşuşturan herkesi durduruverdi.
Ermenisinden köylüsüne herkes donakalmıştı.

Hass*ktir, gerçek silah sesiydi bu.

Hafız Nine yattığı yerden kafasını hafifçe doğrulttu. İmam ile hamile kadın acı içinde yerde kıvranan "beyaz tulumlu yabani katil"in yanında aldılar soluğu.

"Allaaah, Namık Abi yandım ben..."

İmam, ellerini yukarı kaldırıp bir hışımla bağırmaya başladı:

"Durun laaa durun. Şeref'e gerçek mermi değmiş. Doktor Muhittin gelsin hele. Durun laaa. Bak hâlâ oynuyorlar!"

Az ötede bekleyen ambulans hemen Şeref'in yanına ulaştı. Çok kan vardı yerde. Hem de gerçek kan. İmamı oynayan Namık, Hafız Nine'yi oynayan Süleyman, hamile kadını oynayan Bekir ve camiyi yakan Ermeni'yi oynayan Satılmış, Şeref'i sedyeye zar zor taşıyabilmişti.

Ertesi gün *Hürriyet* gazetesinin birinci sayfasında haber bile olmuştu mesele:

"Erzurum'un Kurtuluş Töreni canlandırmalarında tüfeğine gerçek mermi koyan Kıbrıs gazisi, izlediklerinden fazla etkilenerek tribünden piyes oyuncularına ateş açtı. 78 yaşındaki gazi, ifadesi alındıktan sonra serbest bırakıldı."

***

O uğursuz günden bu yana Şeref'in işleri hiç rast gitmemişti.

On sekiz yıllık belediye işçiliği Aşkale şartlarında muteber bir meslek gibi görünse de, sevdiği kızın babası Nuh demiş peygamber dememiş, kızı bir türlü Şeref'e vermemişti. Hatta akrabalarına, "Benim gavura verecek kızım yok," dediği söylenir. İlçede yaşı kırka yaklaşıp da bekâr kalan tek kişi oydu.

Aksak kalan sol bacağı, kahvede ona yeni yeni lakaplar takılmasına sebep olmuştu. Kentin anma törenlerinde tam 18 yıldır sürdürdüğü "Profesyonel Ermeni"lik zaten adına "Gavur Şeref" denilmesine sebep olmuştu.

Şimdilerde "Aksak Timur", "Ermeni Gazisi" gibi yeni şeyler icat etmişti ahali.

Bir defasında, aşağı kahvedeki yeni yetmeler "Vurun Kahpeye" diye peşine takıldıydılar da kopan patırtıdan sonra kahveci, "Sen gelme lan bir daha buraya. Her geldiğinde olay oluyor," diye racon kesmişti zavallıya.

Bütün bu talihsizlikler Şeref'in zamanı geldiğinde en iyi "kötü Ermeni"yi oynama hevesini kaçıramamıştı. Zaten üç sene ilkokul okumuşluğu vardı. Fakat ilk iki sene mektep piyeslerinin en gelecek vaat eden çocuğuydu. Üçüncü yıl tam başrol oynayacaktı ki babası mektepten almıştı garibi.

İsterse tufan kopsun, isterse Erzurumlular tiyatrodan sonsuza kadar anlamasın, Şeref içinden gelen bu meziyetinden caymayacaktı.

Şeref'in başına gelenler diğer belediye çalışanları arasında da sıkıntılar yarattı. Yöre halkı Ermeni rolünü oynamak istemediğinden belediye kadrosu yıllardır bu görevi metazori üstleniyordu. Prodüksiyon için yeterli kaynak olmadığından olsa gerek, belediye işçisinin kara kış günleri giydiği beyaz tulum "Ermeni çeteleri kostümü" haline gelmişti.

Yazları o kadar sorun olmasa da kış vakti geldiğinde tüm işçiler Ermeni Ermeni geziyor, ahalinin arkalarından ettiği küfürlerin sonu gelmiyordu. Sonunda olan oldu. Şeref'ten başka herkes bir daha törenlerde Ermeni olmak istemediğini beyan etti.

Belediye başkanı bir yol bulmalıydı.

Buldu da...

Cami hoparlöründen yankılanan anonsa ilçedeki herkes dikkat kesildi. Yaklaşan törenlerde Ermeni rolünü oynayacaklara belediye adam başı 75 TL ödenek ayırmıştı.

O gece az insan evinden sokağa çıktı. Evlerin ışıkları çok geç saatte karardı. Her hanede fısır fısır dönen hararetli bir tartışma sürüyordu.

Sabah namazından sonra belediye binası önünde alışılmamış bir kalabalık oluştu. Görgü şahitleri 2500'den fazla insanın "Ermeni" olmak için belediye kapısında sıraya girdiğini söyler hâlâ. Ufak tefek "sıra bende" kavgaları da çıkmadı değil hani...

Gavur Şeref, 18 yıllık ıstırabının bedeline 75 TL fiyat biçen Başkan'ı asla affetmedi. Bir daha da asla gösteriye falan çıkmadı.

Bu topraklarda binlerce kişinin "Hepimiz Ermeniyiz" diye toplanması yeni değildir yani. İlk kalabalık, Erzurum Belediye Binası önünde toplanmıştır.

Şeref'in kıymetini anlamayan Erzurumlular bilir sadece bunu...

Mayıs 2016, Beyoğlu

Bir dönemin Diyanet İşleri Başkanı Lütfi Doğan

Güldane'nin Çocukları

O gün, Yedikule Surp Pırgiç Hastanesi personeli, hastanenin uzun koridorları içerisinde çıldırmış gibi koşuşturup duruyordu.

Bina girişindeki büyük ahşap kapı hep açık dursun da içeriye girip çıkanlara kolaylık olsun diye tahta bir takoz bulma görevi hademe Sarkis'e verilmişti. Sarkis, bir Osmanlı sarayı bahçesi güzelliğinde ve intizamında bulunan avluda bir takoz parçası bulmanın bu kadar zor olabileceğini hiç düşünmemişti.

Süs havuzunun az ötesinde, İhtiyarhane binasının merdivenlerinde oturan ve her zaman yaptığı gibi gözyaşları içinde ağıt yakan Vartanuş Nine'nin ayaklarının dibinde duran limon kasası parçasını görünce altın bulmuş kadar sevinmişti Sarkis.

Yüzünün bir tarafı hep aynı eline yaslanarak ağladığı için buruş buruş olan Vartanuş, günde sadece bir iki anlamlı kelam ederdi ki o da Sarkis'in tahtanın üstüne atladığı ana nasip oldu.

"Godaman biri mi öldü? Niye telaşe verdiler sağı solu gardaş?"

"Yok yok, Badriark Hayr (Patrik Baba) geliyormuş hastaneye Vartanuş Nine. Rahat ol sen."

Ahşap kapıya takoz meselesi ile şahsen ilgilenen Hastane Müdürü Takvor Bey göz ucuyla dikizleyerek Sarkis'in kapıyı sağlam tutturduğuna emin olmaya çalışıyor, bir yandan da sağa sola komutlar yağdırıyordu.

"Vakıf Başkanı'na ulaşamadınız mı hâlâ? Başhekim kapıya gelsin artık. Sedye de getirin yahu. Asdvadz bahbane (Allah korusun) ciddi bir durum yoktur inşallah. Daha yeni kontrole gelmişti. Sapasağlamdı adam. Gerçi yaşı da var. Düştü mü ki acaba? Asdvadz bahbane, Asdvadz bahbane..."

Şnork Badriark için bu denli seferberlik yaşanması sadece onun makamına olan saygıdan değildi. O, halkının gözünde yaşayan bir aziz olarak görülürdü.

Kulaktan kulağa anlatılan hikâyeleri o kadar çoktu ki, "her Ermeni evine bir faydası dokunmuştur" dendiğinde kimse abartıldığını düşünmezdi. Medz Yeğern (Büyük Felaket) zamanı tüm ailesi katledilmiş bir yetim olarak başlamıştı hayata.

Yozgat'ın İğdeli köyüne ölümün uğradığı o uğursuz 1915 yılında henüz iki yaşındaydı. Oysa ailesi Yozgat'ın en önemli ailelerindendi derler. O dönemlerde "önemli" olmak hayatta kalmaya yetmiyordu.

Koskoca sülalede bir tek anacığıyla Şnork hayata tutunabilmişlerdi.

Anacığı, kendisini Ermeni'den arındırılmış o köyde rehin bırakarak Şnork'u Tarsus Amerikan Koleji'ne yollamayı başarmıştı. Ardından 1922'de köyleri dolaşarak birçok Ermeni yetimi toplayan Amerikan Rılif heyeti tarafından önce Niğde'ye, oradan Mersin'e, oradan da gemiyle Beyrut Nahr İbrahim Yetimhanesi'ne gönderilmişti.

Başına bin bir iş geldi sonradan. Hepsini anlatacak değilim, meraklısı araştırsın bulsun.

1961 yılında tekrar memleketine dönecek ve "Türkiye Ermenileri Patriği" koltuğuna oturacaktı.

Hayatı boyunca Anadolu'daki yetim Ermeni çocuklar için çalıştı. İstanbul'a sığınan binlerce aileye sahip çıktı. Döneminde onarılmamış kilise, okul binası kalmadı. Kınalıada'daki Karagözyan Yetimhanesi onun eseridir, ki mekânı cennet olsun, kalmışlığım vardır o kampta benim.

Çok genci evlendirdi.

Varto aşiretinden Siyabent Ağa, köyünü terkedip ailesini önüne katarak Mayr Yegeğetsi'ye (Kumkapı Meryem Ana Kilisesi) sığındığında onlara da kucak açmıştı. Balat'ta Kağtagan (köylü) çocukları için kurduğu derslikte Hısgiç (eğitmen) olan Hrant, Siyabent Ağa'nın kızı Rakel'e gönlünü kaptırınca kopan kıyamete de o çözüm bulmuştu.

Siyabent Ağa 5000 lira başlık parası istemişti.

Hrant'ta o para ne gezer?

Şnork Badriark kendini erkek tarafı ilan etmiş, Ağa'yı "bizim kültürde başlık parası yoktur Ağa" diyerek haşlamış, kızı Hrant'a almıştı.

Görgü şahitleri Badriark'ın herkesten gizli 1000-2000 Lira kadar bir parayı Ağa'nın cebine sıkıştırdığını anlatır durur.

Yedikule Surp Pırgiç Hastanesi kapısına yanaşan siyah arabanın kapısı açıldı.

Şnork Badriark oldukça sağlıklı görünüyordu. Hastaneye geleceği haberi ulaştığından beri oranın en sakin davrananı olan Vakıf Başkanı elini öptü ve kulağına bir şey fısıldadı Patrik'in.
Şnork'un yüzü sevinçle aydınlandı.

Kendisine ayrılan odaya yerleştirildiğinde Vakıf Başkanı tüm personele kesin bir talimat verdi.
"Doktor, hemşire, hademe kimse girmeyecek odaya. İki gün burada kalacak kendileri. Basın sorarsa rutin sağlık kontrolleri için geldi dersiniz.

O sırada hastanenin cenaze çıkışları için kullanılan yan kapısından giren yaşlıca bir kadın yavaş hareketlerle bahçeye ulaşmaya çalışıyordu.

Yaşlı kadın ahşap kapının önüne vardığında hafif arkaya kaymış başörtüsünü düzeltti önce. Derin bir nefes aldı, "Bismillah," diyerek dik merdivenleri tırmanmaya başladı. Kimseye bir şey sormuyor, çıkacağı odayı daha önceden biliyordu.

Şnork Badriark'ın kapısına geldiğinde Vakıf Başkanı onu bekliyordu.

Başkan, yaşlı kadının elini öptü, odanın kapısını açtı ve ardından kilitledi. Şnork, kadını görünce oturduğu sandalyeden doğruldu ve kadını bağrına basıverdi.

"Hoş gelmişsin bacım. İyi gördüm seni. Anacığımız nasıl?"

Bir dönemin Ermeni Patriği Şnork Badriark

"Hoş gördük ağabey, Allah'a şükürler olsun sağlığı yerindedir. Çok iyi gördüm seni hamdolsun."
İki kardeş sohbete devam edemeden hıçkırıklara boğuldu.

En son yine bu odada görüştüklerinin üzerinden iki seneden fazla vakit geçmişti.

Türkiye Ermenileri Patriki'nin Müslüman bacısının hikâyesi büyük bir sırdı elbette.

Şimdi sizler bu satırları okuyana kadar öyleydi ya da...

Anacığı Güldane, kendisini rehin bıraktığı Yozgat'ın İğdeli köyünde İslamlaştırılmış ve Gülkız adını almıştı.

1920 yılında Hacı Doğan'a gelin verilmişti.

Hanımkız, Gülizar ve Hürmet adında üç tane de kız çocuğu doğurmuştu Hacı Doğan'a. Güldane'nin bir de Lütfi diye erkek çocuğu vardı diyorlar.

Gümüşhane Kelkit doğumlu 10'uncu Diyanet İşleri Başkan'ı Lütfi Doğan, "Böyle bir şey olamaz. Bu bir iftiradır. Benim annemin adı Pullu Hatun," dedi.

Yozgat doğumlu 11'inci Diyanet İşleri Başkan Lütfi Doğan ise, "Ben onun kardeşi değilim. Siz Ermeni arıyorsanız Gümüşhane'ye bakın," dedi sonradan...

Mübarek kadın Güldane'nin tüm çocukları kendilerini yaradana adamışlardı anlayacağınız...

Kasım 2015, Beyoğlu

Jumbo Karides

Dünyanın en şeker adamıydı Zuat.

Marmara İletişim'de bizim Ercan Abi'yle aynı dönem gazetecilik okumuş, beraber solculuk yapmış, sonra bir medya grubunda "gececi polis muhabiri" olarak çalışmaya başlamış.

Zuat'ın telsizini kaçırıp kaçırıp az serserilik yapmadık Kurtuluş sokaklarında.

Polis muhabirliği zor zanaat. Her gece birbirinden talihsiz olayların ilk şahidi olacak, gazetelerin üçüncü sayfalarında nefret söylemine varacak kadar aşağılık başlıklar bulacak, el âlemin kederini millet daha çok okusun diye çırpınacaksın.

Kazandığın da üç on para değil hani.

Ailesi Aydın'da yaşıyor ama doğudan göçmüşler esasında. Babası da galiba HADEP yöneticisi miydi neydi tam hatırlayamadım şimdi.

Ercan Abi Antalya Aksekili. Kasımpaşa sakini olduğundan komşu sayılır bizim Kurtuluş'a. Okulu bitirince Zuat gibi sürüneceğine gitmiş Beyoğlu'nda bir ofis tutmuş, masaüstü yayıncılık yapacak diye Machintosh bilgisayar edinmiş kendine. Ama ofisin girişinde "fotokopi çekilir" diye bir A4 kâğıt asılı.

Aksekililer ticarette fenadır derler, doğruymuş.

Benim babadan kalma matbaa dükkânım olması Ercan ile tanışmamızın vesilesi olmuş. Kartvizit, antetli kâğıt, antetli zarf, sevk irsaliyesi siparişi mi geldi? Git Ercan'ın ajans taklidi yapan ofisine, çiziktirsin bilgisayarda sana işin taslağını.

Yeni açılan kebapçıya logo mu lazım? Machintosh var diyorum elimizde, düzgün okuyun şu yazıyı...

Gerçi tarayıcı dedikleri aleti çok sonradan edindi bizimki. Fiyatının ucuzlamasını beklemiş olmalı.

Zuat, Ercan ve ben iyi arkadaşlardık yani.

Arada, o yaşa kadar biriktirdiklerimizi paylaşır, sohbetlerin sonunda mevzuyu "yaşasın halkların kardeşliği"ne bağlamamız pek de uzun sürmezdi.

Bir Orta Asya Türkü, bir Mezopotamya Kürdü ve bir İstanbul Ermenisi. Fıkra başlangıcı olsa gideri var.

Fakat gel zaman git zaman "kimliklerin yarıştırılması" hastalığı bizleri de yakalamış olmalı ki yemeğin lezzetinden binanın mimarisine, mitolojik efsanelerden folklor ekibinin ahengine başladık birbirimizi yemeye.

Ercan Orta Asya'dan çıkan kahraman Türk kavimlerinin tüm dünyaya nam salan kahramanlıklarını anlatıyor, Zuat Mezopotamya'nın parlayan yıldızı Kürtlerin kadim tarihinden dem vuruyor, ben ise "ne diyor bunlar la" diye gülümsüyor, muhatap bile olmuyorum şapşiklerle.

Ermeniler, Rumlar olmasaydı medeniyet olmazdı bu topraklarda be...

Arada İstiklal Caddesi'nde gezinirken, "Ercan bak, üzerindeki ince işçilikli figürleriyle bu harika mimariyi biz yaptık. İyi bak. Kat çıkma izni edinince o binanın tepesine kondurulan üç katlı cam gecekonduyu siz yaptınız. Haberin olsun," diyorum. Zuat'ın bile hoşuna gidiyor.

Ercan bana söyleyecek bir şey bulamayıp başlıyor Zuat'ı azarlamaya: "Sen ne gülüyorsun ulan, Kaptan Mağara Adamı!"

Bu tatlı atışmaların mutlak galibi olmaya karar verip hain planımı kurgulamam uzun sürmedi benim: "Ben bu iki kafadarı bizim Ada'ya götüreyim de görsünler bizimkilerin yaşam mucizesi formunu."

Atladık bir vapura, kalktık gittik...

İskeleye iner inmez başladım çocukları ezmeye.

"Sokakların genişliğini görüyor musunuz? Kaliteli bir hayat espasla başlar. Nefes aldığını hissedersin."

"Ha, o ikiz evler mi? 250 yıllık. Orijinalinin üstüne çivi bile çakmadı sahipleri. Zaten ayıptır. Kızar ada ahalisi böyle şeylere."

"Bahçe düzenlemeleri biraz parizyendir. İşin püf noktası kışın yapılan muamelede. Toprak emek ister. Ama sadece sebze istemeyeceksin topraktan. Çiçek veren toprak nankörlük etmez. Bizimkiler iyi bilir bunu."

"Acıktınız mı? Hadi Çınaraltı'ndaki Plaka Restoran'a götüreyim sizleri. Biraz Rum mezesi nedir onu öğrenin. Adana dürümden öleceksiniz yahu!"

Oturduk. Bizim Sona'yı önceden tembihlemişim zaten. Rum ve Ermeni mutfağının en leziz örnekleri gelecek masaya.

Geldi de...

O talihsiz olay olmasaydı maçın 5-0 bitmesine ramak kalmıştı aslında.

Sona, suratında ciddi bir ifadeyle "Tereyağında jumbo karides" servisi yapıverdi. Ben o ana kadar jumbo karides görmedim diye bunu benim cehaletime bağlarsanız bozuşuruz.

Yine iddia ediyorum ki 90'larda jumbo karides henüz icat edilmemişti.

Konu hakkında sahip olduğum tek bir veri var: Deniz mahsulü elle yenir. E bu da az bir bilgi sayılmaz hani...

Aldım elime jumboyu, başladım ısırmaya.

Bir iki dakika ya geçti ya geçmedi ki Zuat bütün kibarlığıya mırıldanıverdi kulağıma: "Haykocum çok güzelmiş Ada gerçekten. Rumlar, Ermeniler kaliteli hayatlar kurmuş, inandık. Evet ben Kürdüm. Ercan da Türk. Ama karidesin de kabuğuyla yenmeyeceğini biliyoruz be kardeşim. Boğulacaksın birazdan."

Ben dört parmağımı ağzıma sokmuş, boğazıma kaçmak üzere olan kabukları çıkarmaya çalışırken Ercan ile Zuat bir şey konuşuyorlardı aralarında.

Ne olduğunu hiç sormadım.

Ama Ercan'ın yıllar sonra İstanbul'un en iyi Rum restoranlarından birinin kurucu ortağı olma kararını o gün verdiğine yemin edebilirim.

Jumbo karideste de iddialıymışlar.

Aksekili işte ne olacak...

Mayıs 2015, Beyoğlu

İnek

1924 yılında hayat herkes için zordu...

Hesaplara göre birmilyonikiyüzbin insan göçe zorlanacaktı Anadolu'dan.

Karşılığında ise Yunan Yarımadası'ndan beşyüzbin insan gönderilecekti. Savaştan yeni çıkmış Yunanistan için bu organizasyonu gerçekleştirmek pek de kolay sayılmazdı. Üstelik geçerliliği günümüze kadar ulaşmış Lozan Antlaşması'nda "al Müslümanları, ver Hıristiyanları" gibi ilkel bir yöntemi iyi fikir olarak görenlere hâlâ beddua edilir, bilesiniz.

Mübadelenin sorunsuz olarak uygulanması görevi bürokrat Kostas Spirakis'e tebliğ edildiğinde Kostas'ın evi matem havasına bürünmüştü.

Ortodoks da olsa birmilyonikiyüzbin "Türk tohumu"nun insanlığın medeniyet beşiğine kovalanması kadim Yunan kültürü için bir felakete yol açabilirdi.

Atina sokaklarında ellerinde buzukiyle "aman aman" diye şarkı söyleyen keşler önce dillerinden Türkçe kelimeleri arındırmalıydı. Çan sesinden çok ezana aşina kulaklarıyla, arabik tınılardan vazgeçemeyen edalarıyla, Yunan efsanelerinde adı bile geçmeyen makamlarıyla yarı Türk bir güruhun rahat ettirilmesi görevi Kostas için bildiğin zulümdü.

Gerçi sonradan bu tarza Rebetiko dediler de dünyaya yayıldı namı.

Dimitri Panayadis ve ailesi içinse durum tam tersiydi.

İzmirli bir udi olan Dimitri, eczacı karısı ve hukuk öğrencisi olan oğluyla beraber büyük bir sıkıntıya düşmüştü. "Anayurdunuza gönderiyoruz" bahanesiyle sürüldükleri coğrafya İzmir'in, Istanbul'un yanında bildiğin taşraydı.

Bizans kültüründen, kentlilikten, üst üste kurulan imparatorlukların tortusundan, bilgisinden anlamaz köylülerle dolu bir yerdi oralar neticede.

Şimdi size Kostas ile Dimitri arasında başlayan bu kavga günümüze kadar süren bir husumete yol açtı desem nasıl itiraz edebilirsiniz ki? Elinde kalem tutan, hikâyeyi yazan benim işte. Ne dersem öyle kabul edin gitsin...

Yunanlı Kostas; Rum Dimitri ve ona benzeyen birmilyonikiyüzbin insan için devletin imkânlarını sonuna kadar zorlayarak bir istihdam planı hazırladı.

Toplam sayıları 30'u geçmemek üzere aileler birleştirilecek, tek hane sayılacak, boş arazilere yerleştirilecek, bir büyük baş hayvan, dört çeşit tohum ve baraka usulü evler tahsis edilecekti. Süt, peynir ve sebze işi tamamdı. Kafalarını sokacak bir dam da bulunmuştu. İdare etmek gerekiyordu.

Dimitriler altı aile olarak birleştiler. İzmir'de de komşuydular zaten, sıkıntı çıkmazdı. Bir udi, bir banka müdürü, bir tersane sahibi, bir bestekâr, bir restorancı ve ona mal veren kasap; aileleriyle beraber konserve gibi istif edildikleri gemiden beraber indiler limana.

Yıllardır onları bekliyormuşçasına uzun bir "möööö" sesiyle ekibi karşılayan beyaz üstüne siyah desenli inek ve ev diye yutturulmaya çalışılan barakayı gördüklerinde kasabın karısı Franceska küçük bir baygınlık geçirdi. Hem o kadar insan aynı odada nasıl yatacaklardı? Yerlere döşek diye koydukları saman balyaları kime yetecekti? Hem tuvalet neredeydi? Dışarıdaki o leş kokulu iğrenç çukur muydu yoksa? Şık kıyafetleriyle kordon boyunu arşınlamayı bilen insanlar için reva görülen medeniyet bu muydu?

Otuz altı gün boyunca bu konuyu tartıştılar.

Bazen savaş şartlarının getirdiği zorlukların hakkını teslim ediyorlar, bazen aynı bütçeyle daha insani şartların nasıl oluşturulacağına dair hesap kitap yapıyorlardı. Mola anlarında yanlarında getirdikleri rakıyı içerlerken, Dimitri ut eşliğinde yorgun bir rembet edasıyla Çakıcı'yı söylüyor ve bu gurbet türküsü hepsinin gözyaşlarında geride kalan memleketin kokusunu taşıyordu hüzünlü barakaya.

İzmir'in kavakları
Dökülür yaprakları
Bize de derler çakıcı
Yar fidan boylum
Yıkarız konakları
Selvim senden uzun yok
Yaprağında düzüm yok
Kamalı da zeybek vuruldu

Yar fidan boylum
Çakıcı'ya sözüm yok

Fakat otuz altıncı günün sonunda bütün öfkelerini bastırmak zorunda kaldılar.

Çok acil bir talepleri vardı ve bunu kaleme alma görevi bizim Dimitri'ye verilmişti. Ne de olsa Dimitri sahne tecrübesinden nabza göre şerbet vermeyi iyi bilirdi.

Mektup yazıldı:

"Çok saygıdeğer Yunan Hükümeti, hoş bulduk!

Yıkım ve gözyaşı içinden elbirliğiyle çıkabilmek için dayanışmanın, sevginin ve kardeşliğin önemini anladığımız günlerdeyiz.

İnanınız ki büyük devletimiz tarihten aldığı o büyük özgüveniyle üzerine düşeni fazlasıyla yapmaktadır. Bunun için müteşekkiriz. Evlerimizden ayrıldığımızı fark etmedik bile. Aynı İzmir'deki gibi sıcak bir yuvaya kavuşmamız için gösterdiğiniz cansiperane çaba amacına ulaşmıştır. Ana kıtaya adımımızı attığımız günden itibaren hiçbir eksiğimiz yoktur.

Hatta fazlamız vardır. Bunun için de müteşekkiriz.

Bu mektubun esas yazılma sebebi memnuniyetimizi ifade etmektir. Ayrıca çok küçük bir sual için de vesile olur kanaatindeyiz. Ne kadar sürede tüketeceğimizi bilemediğimiz için sonradan biraz endişelenmedik desek yalan olur.

Geniş ailemiz için tahsis etme lütfunda bulunduğunuz ineğimiz, bitmiştir.

İkinci bir inek için herhangi bir başvuruda bulunmamız şart mıdır?
Yoksa zaten gönderilecek midir?

En içten saygılarımızla...

Altı aile adına
Dimitri Panayadis"

Bu mektubu okuyanlar Yunan ile Rum arasındaki farkı bir daha unutmamak üzere öğrendiler. Artık sizler de biliyorsunuz formülü. Bir inek verip bekleyin.

Şartlar ne olursa olsun o inekten bonfile, antrikot, paça, köfte çıkarıp rakıya meze yapanlar Rum'dur.

Sütünü sağan ise Yunanlı. Bugün Yunanistan niye mi kriz yaşıyor?

Yunanistan'ı biz Anadolulular batırdık çünkü...

Mart 2016, Şişli

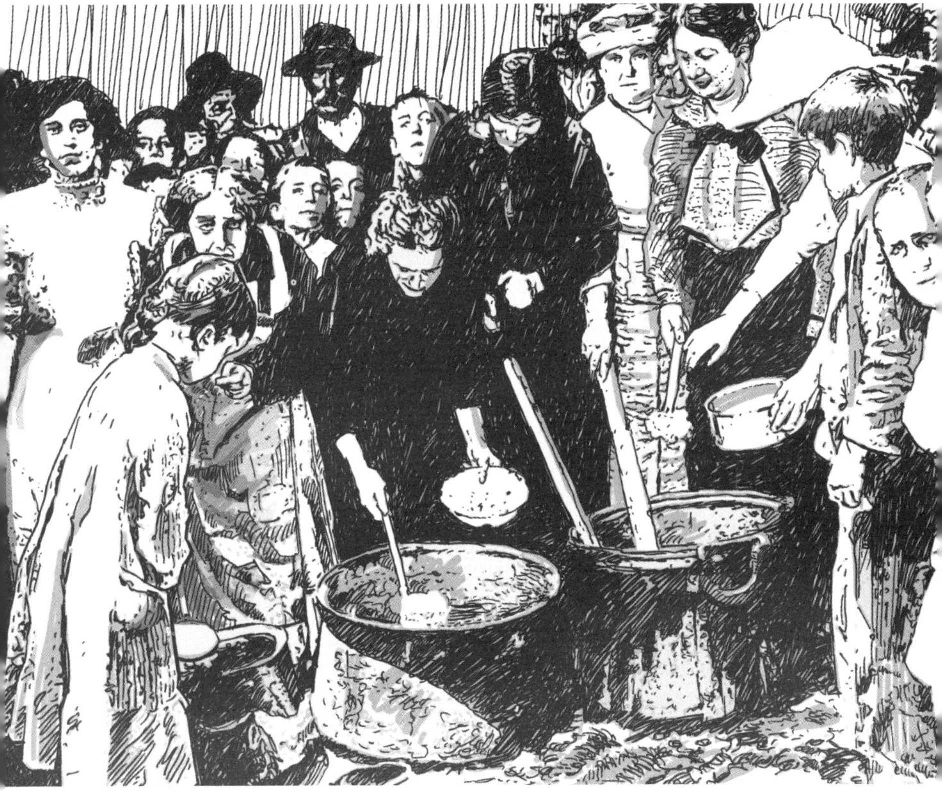

Edebiyatı Neden Terk Ettim?

Köşe yazarlığına yeni başlamadım ben.

Hikâye anlatıcılığımın da mazisi eskidir. Fakat bu şanlı geçmişimi sizlerden saklamamın bir sebebi var elbette.

Önce uzun bir giriş yapayım, sonra mevzuyu anlatayım.

Marmara gazetesi Ermenice basının, bırak Ermenice'yi, Türkiye gazetecilik tarihinin en eski yayınlarındandır. Bir de *Jamanak* gazetesi var ki yayın hayatına başlamasının 100. yılını kutlamasının üstüne bir on sene daha geçti.

İkisi de her gün bayi raflarına bir büyük kâğıdı ikiye bölüp dört sayfa olarak çıkarlar. Mevzubahis ettikleri konular genelde cemaat içi hallerdir.

Mıhitaryan Derneği'nde satranç turnuvası var, Patrik seçimlerinde hangi adayı tutmalıyız, Beyoğlu Üç Horan Vakfı yine mülkleri sağa sola peşkeş çekmiş falan filan.

Sakın küçümsemeyin. Ermenilerin küçültülmüş dünyasının büyük meseleleridir bunlar.

Marmara ve *Jamanak*, eline kalem alan her Ermeni için ilk durak yeri olmuştur üstelik. Adını duyduğunuz tüm "menşur" Ermeniler ilk test sürüşlerini bu gazetelerimizde yapmışlardır. Tek tek isimlerini saydırmayın şimdi, hepsi diyorum işte...

Neyse, konuyu yine bana getirelim.

Ben köşe yazarlığına *Marmara* gazetesinde başladım.

Hrant Abi'nin *Agos*'unun Türkçe çıkmasına ilk başlarda burun kıvıran *Marmara* gazetesi İmtiyaz Sahibi ve Baş Yazarı Rober Haddeciyan'ın cuma günleri gazetenin içine bir dört sayfa Türkçe ek koymaya karar vermesiyle beraber keşfedilen gençlerdenim.

Keşfedilmem için büyük bir çaba sarf etmeleri de gerekmedi aslında.

Gazete, Tokatlıyan Pasajı'ndaki bizim emektar matbaanın karşı dükkânında basılıyor. "Abi yazayım mı ben de?" dememle yazar kadrosuna dahil olmam arasında 15 dakika ya var ya yok.

26 yaşında hızlı bir solcu olarak, satranç turnuvası haberlerinin altında emperyalizme meydan okumaya karar verdiğim güzel günlerden bahsediyorum size.

Gazetenin tirajı 1000 civarında. Okuyucuları genelde 60 yaş üstü Ermeniler. Zaten gazetenin en büyük gelir kaynağı da cenaze ilanları. Her bir ilanla gazetenin tirajı birer birer düşse de bahsi geçen 1000 ihtiyarı devrim saflarında örgütleme mücadelem takdire şayandır.

Gazete yönetimi beni idare etmek için elinden geleni yapıyor, mümkün oldukça hevesimi kırmamaya çalışıyor. Fakat arada, "Oğlum biraz da edebiyat, çevre, cemaat konuları yazsan ya," diye kulağıma mırıldanıyor.

Gönüllerini almak için bir defaya mahsus sınıf savaşı ve faşizmle mücadele yazılarıma ara verme kararını almak benim için pek kolay olmadı. Oportinizmin tuzağına düşmeden yazabileceğim hayata dair bir konu bulmam gerekiyordu. Buldum...

Bizim adada yaşayıp da artık kaybettiğimiz değerli insanlar hakkında bir güzelleme yazacağım.
Güzelleme nasıl yazılır bilmiyorum ama dörtlük formunu ve yarım kafiye esaslarını lisede öğrenmişim.

Yazı şöyle başlıyor:

" KAYIP

Öldü ve kapandı dükkânı bakkal Hıristo'nun
Kıyamazdı sağlığında 3-10 paraya satmaya
Yaşıma denk o enfes şaraplarını
Ayırdılar yeni gelenler aralarından 'bozuk'larını
Kimisi soluk, kimisinin yırtık etiketleri
10'unu 10 paraya aldık
Ve 10 gece şerefine içtik Hıristo'nun
İçerken anladık haklı serzenişini..."

Nasıl ama? Duyguyu kelimelere dökmekteki akıl almaz başarı, metafor kullanımındaki akışkan beceri, üsluptaki sadelik, kafiyedeki akıl dolu arayış...

Bak, şöyle de devam ediyor:

"Alıştırarak terk etti adayı Kaptan Bülent
Ya da alıştık zannetti
Biliyordu ya aslında kolundan tutup,
Yalvarırcasına gitme diyen yürekleri...
Alışmak kolay değildi,
Öldüğünde daha 23'ündeydi.

Her ezan sesinde uluyordu panter
Mimoza'nın köşesinde
Ve her kaybolduğunda
Buluyorduk onu sahibi
Yusuf'un taşı dibinde
Şimdi mutlu mudur acaba
Bu ayrılık bitti diye.

Giydi mi üniformasını
Geçilmezdi forsundan
Ah Süreyya, Deli Süreyya
Bir türlü dinletemedin çocuklara sözünü.
Biliyorum ne kadar mutluydun
Öttürürken düdüğünü
Yarabbim, acaba o mağrur üniformanla
gömüldün mü?

'Kınalıada, Kınalıada, poyraz rüzgârları esiyor'
Parlak taytı ve endamlı yürüyüşüyle
Bir parçamız daha göçüp gidiyor
Işıldayan son yıldızdı O,
Mino!

Terk ettiler adayı birer birer
Oysa,

Hâlâ kulağımızda Ahmet Kaya tortusu
Ve yüreklerimizde kocaman bir dostluk coşkusu
Çocukluğumuz
Kaygısız yaşanan bir ömür sayfamız
Zamansız kayıplara inat yorgun kavgamız,
Karşılıksız veren güçlü ellerimiz,
O iddialı, cesur sözlerimiz,
Tenezzül etmeyen geniş yüreğimiz,
Biz!
Kimbilir şimdi nerelerdeyiz?"

Nişan Balcıoğlu, Hayko Bağdat

"Bu ne oğlum ilkokul çocuğu şiiri gibi" diyenleri Allah'a havale ediyorum. Yazının devamı da muhteşem. Mino Abi'den Deli Ali'ye, Mimoza Yusuf'tan uysal köpek Panter'e kadar ölmüş tüm kıymetlilerimiz için harikulade bir güzelleme.

Dörtlük formunu ve yarım kafiyeyi elden hiç bırakmadan üstelik.

Gazetenin Türkçe eki perşembe gecesinden basılıyor. Matbaada bekleyip, ilk nüshasını çantama koyup son vapurla adaya zıpladım.

Kış vakti ada nüfusu 300'ü geçmez. Gece yarısından sonra bu 300'ün 280'i evinde 20'si Serop'un kahvesinde bulunur. Kahveye doğru gururla yürürken çantamdan tabanca çeker gibi *Marmara* çıkarışımı görmenizi isterdim.

Okuyan herkesin gözleri dolacak, o insanları sevgiyle anacak ve edebiyat becerime övgüler yağdıracaklar, eminim...

Limanda, Bostancı'ya dolmuş yapan teknenin içinde, bizim Halil Abi oturuyor. Kahve ahalisinden önce Halil Abi'ye gideyim ilk.

"Halil Abi, sana bir şey göstereceğim. Dur önce bir soluklanayım. İki koştum. Hemen nefes nefese kaldım yahu."

Halil Abi gazeteyi aldı eline, yüksek sesle okudu:

"Öldü ve kapandı dükkânı Bakkal Hıristo'nun."

Kafasını kaldırdı, gözlerini bana dikti, yazıya devam etmedi. Ağlayacak galiba...

"Gerizekâlı, Hıristo ölmedi ki! Balıklı Rum Hastanesi'nde ayağını kestiler, ama şimdi sıhhati yerinde."

Kahveye gitmedim.

Sadece 1000 kişinin haberi olan bu durumu o günden beri kimseyle konuşmadım. Bir daha dörtlük yazmadım. Yarım kafiye kahrolsun inşallah!

Sadece Halil Abi'ye durumu izah ettim.

"Gençleri alkol tuzağına düşüren o karşı devrimci Hıristo benim için ölmüştür abi. Hiç kusura bakma..."

Ekim 2015, Beyoğlu

Kurtuluş Çok Bozuldu

Bizim Kurtuluş çok bozuldu artık.

Bu cümleyi ilk kullanan Cenevizli mübarek adammış. Yüzyıllarca kullanılacak bir veciz cümle sarf ettiğinin farkında mıydı bilemeyiz elbet. Fakat başardı işte. Gerçi semtin henüz adı koyulmadan önce "bizim ahırlık artık çok bozuldu" demiş olmalı ama biz yine de Kurtuluş diye analım olay yerini.

Cenevizliyi canından bezdiren, semte destursuzca akın eden Rumlar oldu. Üstelik öyle ailesiyle, çoluk çocuk, muhtardan ikametgâhını alarak gelmedi Rumlar.

Bildiğin yabaniler doluştu ortalığa. Cenevizlilerin atlarını ve arabalarını huzur içinde istihdam ettikleri semt, kısa sürede Osmanlı'nın kölelikten azat ettiği Kasımpaşa Tersanesi çalışanı Rumların istilasına maruz kaldı.

Görgü şahitleri bunların gelişinden daha bir ay süre geçmeden hırsızlığın, uğursuzluğun, âlemciliğin, gaspın, fuhuşun başladığını anlatır durur. Fakat hayat bu, her şeyi kabına sığdırıyor en sonunda.

Cenevizlilerle Rumlar bir şekilde ortak bir yaşamın yolunu bulmak zorunda kaldılar. Evler inşa edildi, aileler kuruldu, farklılıklar törpülendi zamanla.

Ta ki köylü Ermeniler önce İstanbul'u, sonra Kurtuluş'u keşfedene kadar.

Öncü Ermeni olarak ilk kim geldi bilinmez. Fakat sonrasında peşinden akın akın Ermeni'yi yerleşkeye taşıdığından olsa gerek Cenevizlilerle Rumlar hâlâ o herifi anarken küfrü basarlar mutlaka.
Anadolu köylüsü Ermeniler gelir gelmez semtin ahenginin ağzına sıçtı.

Üstelik görgü şahitleri Ermenilerin gelişinden daha bir ay süre geçmeden hırsızlığın, uğursuzluğun, âlemciliğin, gaspın, fuhuşun başladığını anlatır durur. Fakat hayat bu, her şeyi kabına sığdırıyor en sonunda.

Cenevizliler, Rumlar ve Ermeniler bir şekilde ortak bir yaşamın yolunu bulmak zorunda kaldılar zamanla.

Ta ki Galata'yı bırakıp Kurtuluş'a göç eden bir miktar Yahudi'nin gelişine kadar.

Neticede Cenevizliler, Rumlar ve Ermeniler din kardeşiydiler. İyi de Yahudi kimdi? Aralarında ne işi vardı? Değişik kıyafetleri, garip ritüelleriyle semtin ritmini bozdu bu Yahudiler.

Kaynaklarda görgü şahitleri Yahudilerin gelişinden daha bir ay süre geçmeden hırsızlığın, uğursuzluğun, âlemciliğin, gasbın, fuhuşun başladığını anlatır durur. Fakat hayat bu, her şeyi kabına sığdırıyor en sonunda.

Cenevizliler, Rumlar, Ermeniler ve Yahudiler bir şekilde ortak bir yaşamın yolunu bulmak zorunda kaldılar zamanla.

Ta ki şehirleşmeyi en son akıl etmiş Süryaniler gelene kadar.

Süryanileri görene kadar Ermeni'ye köylü diyen diğerleri tövbekâr oldular. Kiliseye gidip zemzem suyuyla yıkandılar. Dillerini eşekarısı soktu. Köylü neymiş, ortalığı nasıl tarumar edermiş Süryaniler gelince öğrendiler.

Geçen bir kitapta rastladım. Görgü şahitleri Süryanilerin gelişinden daha bir ay süre geçmeden hırsızlığın, uğursuzluğun, âlemciliğin, gasbın, fuhuşun başladığını anlatır dururmuş. Fakat hayat bu, her şeyi kabına sığdırıyor en sonunda.

Cenevizliler, Rumlar, Ermeniler, Yahudiler ve Süryaniler bir şekilde ortak bir yaşamın yolunu bulmak zorunda kaldılar zamanla.

Ta ki ilk Türk bakkal dükkânı açılana kadar.

"Ecnebide iyi para vardır. Onlara ne mal satarım be!" diyen Türk müteşebbis başta kabul gördü semtte. Fakat hemen ardından Sivaslı, Rizeli, Erzurumlu bütün bakkal, kasap, manav adaylarını yerleşkeye niye doldurursun be adam? Türklerin gelişiyle ortalık yine toz duman oldu.

Bir arkadaşımın dedesi söylemiş. Görgü şahitleri Türklerin gelişinden daha bir ay süre geçmeden hırsızlığın, uğursuzluğun, âlemciliğin, gaspın, fuhuşun başladığını anlatmış o vakitler. Fakat hayat bu, her şeyi kabına sığdırıyor en sonunda.

Cenevizliler, Rumlar, Ermeniler, Yahudiler, Süryaniler ve Türkler bir şekilde ortak bir yaşamın yolunu bulmak zorunda kaldılar zamanla.

Ta ki Kürtler köylerinden sürülüp buralara gelene kadar.

En az on çocuğuyla bir göz odada yaşamaya başlayan Kürtler Kurtuluş Caddesi'nde fink atmaya başlayınca semt sakinlerinin akşam yürüyüşlerinin tadı kaçtı. Üstelik kiralık evlerin fiyatlarında fahiş artışlar oldu.

İnternette rastladım. Görgü şahitleri Kürtlerin gelişinden daha bir ay süre geçmeden hırsızlığın, uğursuzluğun, âlemciliğin, gaspın, fuhuşun başladığını anlatırmış. Fakat hayat bu, her şeyi kabına sığdırıyor en sonunda.

Cenevizliler, Rumlar, Ermeniler, Yahudiler, Süryaniler, Türkler ve Kürtler bir şekilde ortak bir yaşamın yolunu bulmak zorunda kaldılar zamanla.

Ta ki Körfez Savaşı sonrası Iraklılar koca İstanbul'da Kurtuluş'u mesken belleyene kadar.

Herifler el âlemin 100 liraya yaptığı işi 20 liraya yapmaya başladıklarından beri pek çok Kurtuluşlu geçim sıkıntısına düştü. Üstelik o güzelim şık dükkânların yerini ucuz iş gücüne dayalı çirkin işletmeler alır oldu. Ortalık oto yıkamacıyla doldu taştı. İki şarküterici o dönemde dükkân kapattı.

Emniyet raporları Iraklıların gelişinden daha bir ay süre geçmeden hırsızlığın, uğursuzluğun, âlemciliğin, gaspın, fuhuşun başladığını tespit etti. Fakat hayat bu, her şeyi kabına sığdırıyor en sonunda.

Cenevizliler, Rumlar, Ermeniler, Yahudiler, Süryaniler, Türkler, Kürtler ve Iraklılar bir şekilde ortak bir yaşamın yolunu bulmak zorunda kaldılar zamanla.

Ta ki Afrikalı siyahların semti işgaline kadar.

Aniden Eşref Efendi Sokak'tan Dolapdere'ye kadar olan bölge Nijerya'ya dönüştü. 5 liraya saat modası tam da o zamanlarda başladı. Esrar ve hap, mortadella salamından daha kolay bulunabilir oldu.

Bozkurt Mahallesi Muhtarı, Afrikalıların gelişinden daha bir ay süre geçmeden hırsızlığın, uğursuzluğun, âlemciliğin, gaspın, fuhuşun başladığını söyledi muhtarlık seçimi öncesinde. Fakat hayat bu, her şeyi kabına sığdırıyor en sonunda.

Cenevizliler, Rumlar, Ermeniler, Yahudiler, Süryaniler, Türkler, Kürtler, Iraklılar ve Siyahlar bir şekilde ortak bir yaşamın yolunu bulmak zorunda kaldılar zamanla.

Ta ki Trans Seks *İşçileri* semte dadanana kadar.

Gece 11 dedin mi Ergenekon Caddesi seks işçilerinin teşhir reyonuna dönüştü. Doğan görünümlü Şahin arabaya sıkışmış 6 kişilik müşteri adayları dikiz aynalarına boş CD asıp Kurtuluş caddelerini yarış pistine çevirdiler. Kiraya verilemeyen rutubetli bodrum katlarıyla damı akan kaçak asma katlar "koli evi" haline dönüştürüldü.

Bir Süryani dedi ki: "Transların gelişinden daha bir ay süre geçmeden hırsızlık, uğursuzluk, âlemcilik, gasp ve fuhuş tavan yapmış. Fakat hayat bu, her şeyi kabına sığdırıyor en sonunda."

Cenevizliler, Rumlar, Ermeniler, Yahudiler, Süryaniler, Türkler, Kürtler, Iraklılar, Siyahlar ve Translar bir şekilde ortak bir yaşamın yolunu bulmak zorunda kaldılar zamanla.

Bugünlerde semtte olağanüstü bir gündem tartışılıyor. Ama öyle böyle değil. Neredeyse sadece bir konu konuşuluyor ara sokaklarda.

Cenevizliler, Rumlar, Ermeniler, Yahudiler, Süryaniler, Türkler, Kürtler, Iraklılar, Siyahlar ve Translar isyan etme noktasına gelmiş.

Kurtuluş çok bozulmuş.

Suriyeliler basmış muhiti.

Üstelik Suriyelilerin gelişinden daha bir ay süre geçmeden hırsızlık, uğursuzluk, âlemcilik, gasp ve fuhuş başlamış semtte...

Nisan 2016, Beyoğlu

Pala Orhan, Küratör Aslı, Patrik Bartholomeos ve Fenerbahçe. Ha Bir de AEK...

Fener'deki Rum Patrikhanesi önüne yaklaşan koca otobüs, kendisi için önceden ayarlanmış alana ustaca park ediyordu.

Semt sakinleri için oldukça alışıldık bir görüntüydü bu. Neticede o binada yaşayan yaşlı, sakallı din adamına dünya üzerinde 400 milyon civarı Ortodoks bağlılık yemini etmişti.

Memlekete gelen yabancı devlet adamlarının, hatta Amerikan başkanının bizim cumhurbaşkanından bile önce Fener'deki bu binaya gelip Ekümenik Patrik Hazretleri'ni ziyaret etmesi başka nasıl açıklanabilirdi ki?

Patrik hazretlerinin mühim adam olduğuna 400 milyon Ortodoks'tan daha fazla emin olan bir topluluk varsa o da Fener semtinin sakinleriydi.

Patrikhane binasının karşı çarprazındaki 14 metrekare bakkal dükkânının emektar sahibi Pala Orhan, sosyetenin yeni gözdesi haline gelmiş semte yeni taşınan, entel furyasından kürator Aslı Hanım'a az önce sattığı beyaz peynir, kepekli ekmek ve süper ince Parlament paketini beyaz naylon poşete koyarken bastıramadığı heyecanıyla, "bizim çocuklar geldi bu sefer otobüsle, bizim çocuklar geldi beee," diye mırıldanmıştı.

Küratör Aslı Hanım merakla arkasına döndü ve otobüsten inenleri izlemeye koyuldu.

29 eşofmanlı erkek inmişti otobüsten. Üstelik hiç de teamüllere uygun olmadığı halde Patrik Hazretleri bu eşofmanlı gençleri karşılamaya kapıya kadar gelmişti.

"Bizim patrik kral adam," dedi Pala Orhan.

"Amarikan reisi gelse çıkmaz kapıya ama bizim çocuklar mevzu oldu mu kapıda basar bağrına koçlarımı..."

Küratör Aslı Hanım bu kez ilgiyle otobüsün üstündeki koca harflerle yazılmış yazıyı okumaya çalıştı:
"AEK" yazıyordu.

"AEK? Ne demek bu?"

"Hanım abla, AEK ne bilmem ben. Bizim Beyoğluspor işte bu. Lefterli, Yorgo Kasapoğlulu, Kadri Aytaçlı efsane Beyoğluspor bu!"

Öyleydi gerçekten. Mübadele denilen vahşi uygulamanın etkileriyle ata toprağını terk eden Peralı Rumların Yunanistan'da bin bir emekle yeniden kurdukları takımın yeni adıydı AEK...

Fakat sanılanın aksine ne AEK'i ne de Anadolu topraklarından gelen koca bir Rum halkını pek de coşkuyla karşılamamıştı Yunanlı.

"Türk Tohumu" demişlerdi insanlara. İşlerini ve aşlarını paylaşmak istememişlerdi. Neticede mültecilik mültecilikti işte. Pek de sevimli bir hayat vaad etmiyordu insanlığa.

AEK, kurulduktan kısa süre sonra göç edenlerin, fakirlerin, mazlumların sesi olmaya başladı. Attığı her golle milliyetçiliğe, zenginliğe, ayrımcılığa galip geliyordu sanki ezilenler.

Rakip takımların fanatik Yunan taraftarları "Turkosporo" diye tezahurat yapıyor, maç çıkışlarında AEK sempatizanlarını köşelerde sıkıştırıp dövmek için pusuya yatıyorlardı.

AEK, bu herifleri kızdıracak en iyi yöntemi bulmakta gecikmemişti.

Hem kendi sahalarında hem de deplasmalarda dev bir Türk bayrağı açmaya ve "Türküz ulan zorunuza mı gitti" diye bağırmaya başlamışlardı.

Hatta Yunan milli takımı Türkiye ile maç yaptığında gıcıklığına Türkiye'yi tutacaklar, fanatik milliyetçi Yunanlıları öfkeden kudurtacaklardı.

Ezilenlerin, dışlanmışların, emekçilerin ve mübadillerin öfkesi anavatana duyulan özlemle birleşince dünyanın en garip tribün görüntüleri yazılacaktı tarih denilen kitabın sayfalarına.

Büyük Marmara depreminde tüm takım hemen olay yerine koşacak, geliri depremzedelere verilmek üzere dostluk maçları yapacak, hatta topçusundan malzemecisine hepsi enkazların arasına dalarak insan canı kurtarmak için çalışmalara katılacaktı.

Pala Orhan, dükkânın kapısını açık bıraktığı halde patrikhanenin bahçesine vardı telaşla. Otobüsten inen gençlerin tokalaştığı Patrikhane kıdemlilerinin yanlarında saf tutu.

Her tokalaştığı AEKli'ye bir de canıgönülden sarılıp alınlarına kocaman bir öpücük kondurdu.

"Lefter öldü be çocuklar. Koca Lefter'i daha yeni verdik toprağa. Hepiniz birer Leftersiniz ama unutmayın. Hepiniz birer Kadri Aytaç'sınız."

Pala Orhan daha fazla tutamadı kendini. İki damla gözyaşı yanağından süzülüp Fener Rum Patrikhanesi'nin çakıl taşlı bahçesine kavuştu.

AEK heyeti önce o görkemli Patrikhane binasını gezdi. Kıdemlilerle sohbetler edildi. Sonra kiliseye geçildi. Herkes eline bir mum alıp geniş bakır mum havuzunun içindeki ince kuma gömdü dileğini.

Hatta kısa bir ayin de yapıldı.

Sonra Patrik Bartholomeos imamesinde haç olan mavi taşlı otuz üçlük birer tesbih hediye etti gençlere.

Tekrar otobüslere binmek için hareketlenmeden önce toplu bir hatıra fotoğrafı çektirildi. Pala Orhan da vardı fotoğrafta hem de.

Ertesi sabah küratör Aslı Hanım, süper ince Parlament sigarasını almak için 14 metrekarelik bakkal dükkânına girdiğinde Pala Orhan daha günaydın demeden makineli tüfek gibi konuşmaya başladı:

Patrik I. Bartholomeos Rum Ortodoks Patrikhanesi Patriği'dir.

"Yoo, yoo hep diyorum ben. Kral adam bizim bu patrik. Sözünün eri adam. Takım gelmiş Fenerbahçe'yle maç yapacak, bizimkinden dua istiyor. Patriğin yaptığına bak sen. Şimdi bunu anlatsan inanmazlar, yazsan tınlamazlar be. Yoo, yoo hep diyorum ben. Kral adam bizim patrik."

Küratör Aslı Hanım durumu tam anlamamıştı. Acaba Pala Orhan fotoğrafa alındı diye mi bu kadar methiyeler diziyor diye düşündü.

O kadar da basit değildi mevzu.

Bir görgü şahidinden dinledim işin aslını.

AEK başkanı, grup patrikhaneden ayrılmadan Bartholomeos'tan maç için hayır duası istemiş diyorlar. Muvaffak olmak için, galip gelmek için iki satır hayır duası istemiş diyorlar.

Hiçbir ruhban bu talebe "yok" diyemezmiş elbette.

Fenerbahçeli olanlar hariçmiş ama.

"Kusura bakmayın be başkan," demiş Patrik.

"Çocukluğumdan beri Fenerliyim ben. Maçta onları tutuyorum..."

Ağustos 2016, Kınalıada

Ulan Herkes Vekil Oldu Be...

Gece 02.00 gibi telefonuna cevapsız çağrı bırakacaktım.

Arada da birkaç anlamsız SMS gönder dedi Ümit Kıvanç.
"Abi bir haber edeyim dedim. Ben iyiyim merak etme."
"Bazen yorgunluklar taşınamaz hale gelir ya..."

İki haftaya kalmadan Ahmet İnsel arayacaktı. Sesinde karşı tarafı endişeye sevk etmemeye çalışan, sahte ve fakat hissedilir bir telaş olacaktı.

"Ya Mithat, son son Hayko'yla konuştun mu hiç? Biraz canı sıkkın diyorlar."

Kim diyor, ne olmuş da böyle diyor diye soramazsın böyle zamanlarda. Hemen okumaya başlarsın: "Ya evet bir iki SMS gönderdi ama cevap yazılası değil. Ha bir gece de aramış ama duymamışım. Bak ben de pimpiriklendim şimdi ne oldu acaba?"

Hikâyenin önünü anlatmazsam toparlayamazsınız.

2011 seçimlerinde beni vekil yapmak istedi bunlar. İnanılmaz politik tahlillerim, halkımızın ufkunu açan tespitlerim olduğunu biliyorum. Gencecik yaşımda entelektüel dünyanın beni keşfetmesi kaçınılmazdı elbet. Ama bu sebeplerden çağırmamışlar meğer. Yine ortamlara Ermeni lazımmış. Zaten bu entel dantel kısmı olmasa Ermeni olduğumuzu hatırlayacak vesile kalmayacak galiba.

Formülü de hazırlamışlar. "Kürt Siyasi Hareketi'nin Desteklediği Bağımsız Sol Ermeni Aday" olacakmışım.

En son bu kadar uzun bir sıfatı Kürdistan diyemediğimiz için "Kuzey Irak Bölgesel Kürt Yönetimi Dış İşleri Bakanlığı Sözcüsü bilmem ne Barzani"ye uygun bulmuşlardı. "Kürt Siyasi Hareketi'nin Desteklediği" kısmı önemli elbet. Daha önce "Küresel Isınmaya Karşı Baskın Oran" da aynı kaderi yaşamış, sonunda Bodrum'a yerleşip balık tutmak için av yasağının kalkmasını bekler hale gelmişti.

Bu sefer eşşeği sağlam kazığa bağlamak lazım. Ankara'ya gidip "Kürt Siyasi Hareketi"nden garanti alsak fena olmayacak.

Bizim Şenol Karakaş önceden etkili abilerin listesini hazırlamış. Meclis'e gidip Selo Başkan ile görüşecek "onu hayatta kırmazlar" kadrosunu kurmaya çalışıyor. Bizim Garo dedi ki: "Bir araba kiralayalım, hem yolda stratejiyi konuşuruz."

Mercedes Vito VIP mi Wolksvagen Transporter CTI mı olsa? Ben Transporter istiyordum, sallamadılar bile. Olayın kahramanı benim be, biraz nazik olsalar kıyamet kopacak sanki.

Bu da benim. Nasıl? Benzemiş mi?

Vito'ya atlayıp çıktık yollara... Ahmet İnsel, Pakrat Estukyan, Roni Marguiles, Garo Paylan, Cengiz Algan, Ankara'da da Mithat Sancar'dan oluşan Şampiyonlar Ligi Ölüm Grubu hazır. Gerçi şimdi olsa Cengiz Algan'ı arabama almazdım. Kötü insanmış aslında.

Şoför tutmaya gerek yok. Bizim çocuk halleder o işleri: Garo Paylan! Direksiyona geçti Garo. Yol boyunca konuştuklarımızdan bahsedemem. Örgüt sırrıdır. Sadece şu kararımızı tebliğ edeyim de mevzudan kopmayın:

"Hayko sen Meclis'e gelme. Kız istemeye gitmişiz de hayırlı damat yanımızda gibi olmasın. Biz gider konuşuruz gerekenleri."

İnce bir sesle, "Tamam abi," diyebildim. Esas oğlanın ben olmadığıma dair şüphelerim baki kalsın.

Hatırla: Transporter...

Beni bir Ankara meyhanesine bırakıp Meclis'in yolunu tuttular. Garo hâlâ şoför. Bir dilim beyaz peynir, söğüş domates, bol soğanlı ciğer, bir duble de rakı lütfen.

Dördüncü dublede geldi bizimkiler. Çok iyi geçmiş toplantı, kesin vekil olacağım.

Selo Başkan Mithat Sancar'a sonucu bildirecekmiş. Sezgin Tanrıkulu da katıldı sonradan masamıza. Saat 17.25 gibi memleket meseleleri çözülmüş, dönüş yoluna geçmiştik.

Bizim Garo yine şoför. Fakat ya soğandan ya da Garo'nun debriyaj kullanmayı bilmediğinden bende hafif mide bulantısı başlamış. Kusarsam vekillik sakata gelir diye kendimi öyle bir sıkmışım ki hâlâ gevşememiş olabilirim.

İstanbul'a varıp beklemeye başladık. Selo Başkan haber edecek. Ben acele etmiyorum, hâlâ haber edecek..

Gece 02.00 gibi telefonuna cevapsız çağrı bırakacaktım. Arada da birkaç anlamsız SMS gönder dedi Ümit Kıvanç.

Ahmet İnsel ikinci kez arayıp, "Ya bu çocuk vekillik işini biraz fazla abartmış, işi gücü de koyvermiş. Galiba biraz maddi sıkıntı yaşıyor," dedikten sonra da ben arayacaktım.

"Mithat Abi, sende 850 TL var mı? Biraz sorun var da..."

15.000 TL istesen kurgu sakata gelir. Alabileceğin kadarını iste, hep iste. Parayı alınca bizim Mari'nin meyhanesine gidecek, Ömer Laçiner toplu fotoğrafımızı çekecek, Mithat Sancar'a fotoğraf yollanacak, 850 TL'lik gece için teşekkür edilecek...

Mithat Sancar vekil oldu.

Sezgin Tanrıkulu Genel Başkan Yardımcısı.

Seçilmesi için kilisede mum yaktığım Garo Paylan aradı geçen: "Hayko, vekillerin şoför kontenjanı varmış. Parası fena değil. Düşünür müsün?"

Transporter meselesinde ısrar edecektim...

Temmuz 2015, Kınalıada

Vişne Likörü

Benim yayam evde vişne likörü kurardı.

Adı Franceska'ydı. Dedemin adı İspiro, dayımın adı Hristo, annemin adı Keti.

Franceska ve İspiro isimleri bence de çok ecnebi. Hristo tam dayılık isim. Anneme hiç Keti diye hitap etmediğimden olsa gerek Katerina'nın kısaltılmışı olduğunu çok geç öğrendim.

Yayamla dedemin evleri Tarlabaşı'nda, Tendüre Çıkmazı'nda eski bir Rum eviydi. Arka bahçede bir kümes, arıza bir horoz ve günlük yumurta veren üç beş tavuk bile vardı.

Konuyu dağıtmayın; benim yayam evde vişne likörü kurardı.

Malzemeleri vişne, saf alkol, çubuk tarçın, karanfil diye hatırlıyorum. Şeker de olmalı yoksa nasıl o kadar tatlı olsun? Zaten sonradan Balıkpazarı'nda bir bakkal bu malzemeleri set olarak satmaya başladıydı da dükkân dükkân gezme eziyeti son bulmuştu.

Vişne mevsimi kısa sürdüğü için likör senede bir kez kurulabilirdi. Koca bir cam kavanoz göze çok görünse de tüm seneye böldüğünde her misafire bir tadımlık istihkak düşerdi.

Misafirler ikinci likörü istemenin terbiyesizlik olduğunu bilir, asla talep etmezlerdi. Ama bir misafir, evden asla likörsüz gönderilmezdi.

Ben içkiyle beş yaşındayken böyle tanıştım. Hiç likör vermediler elbette bana. Ama altta kalan vişne tanelerini yememe izin verdiler.

Bu yaşa geldim, o 5 vişne tanesiyle bulduğum kafayı hâlâ arıyorum; bulamıyorum...

Geçen yıl Stutgart'ta evinde kaldığımız Rita'nın yayası da vişne kurarmış. Rita'nın babası Istepan Abi Kapalıçarşı'da esnafken basmış gitmiş Almanyalara, "Diaspora" olmuş.

Öyledir Ermenilerin kaderi. Kimliklerini tek başına telaffuz etmeleri hiç mümkün olmaz. Türkiye'de "azınlık", "kökenli" falan olurlar. Ecnebi memlekette "Diaspora", "Türk tohumu" falan derler Ermenilere. Ermeni'ye kısaca "Ermeni" demek pek nasip olmaz kimselere. Zaten adamın yüzüne direkt "Ermeni" demek de garip durur. Ne öyle küfür gibi? Başına "afedersin" eklesinler bari.

Yine dağıttınız konuyu.

Rita, yayasının Anadolu yaşamını çok sevmiş bir diasporalı. Yemek tariflerini, evinin dekorasyonunu, mırıldandığı türküleri hep memleketten taşımış Acı Vatan'a.

Evinde misafir olduğumuz her gece, yatmadan evvel tüm likörlerinden tattırdı bize. Ayva, vişne, şeftali, erik. Hepsi birbirinden güzel, hepsi de yayamın likörlerine benziyor. Üstelik ben teamüle rağmen, çok beğendiklerimden ikinci kadehi de istedim. Düşün artık o kadar güzel.

Fakat bir sorun var. Söylesem mi Rita'ya? Üzülecek kızcağız ama "nasıldı?" diye sorarken gözlerimin içine bakıyor, yalan söyleyemem ki!

"Rita, malzemeleri saysana bir bana?"

"Vişne, çubuk tarçın, karanfil, şnaps."

"Öbürü?"

"Ayva, çubuk tarçın, karanfil, şnaps..."

"Ya bu?"

"Erik, çubuk tarçın, karanfil, şnaps."

"Şnaps ne be?"

Verdi bir parça, tadına baktım şnaps dedikleri garip içkinin.

Bir şeye benzediği yok, ama alkol oranı çok yüksekmiş. Almanya'da gidip bir eczaneden veya bakkaldan saf alkol alamıyormuşsun. Yasakmış. O yüzden Rita alkol oranı en yüksek içkiyle kuruyormuş likörlerini. İyi de adı üstünde kardeşim, saf alkol bu. Alkol saf olacak ki koyduğun meyvenin tadı olduğu gibi geçsin suyun lezzetine. Bu şnaps dediğinin zaten bir tadı var. Bütün likörlere baskın çıkmış, kendi tadını vermiş, birbirine benzetmiş güzelim çeşitleri.

Nisan ayına geldik. Soykırımın yüzüncü yılı diyorlar.

Çok mevzu kopacakmış bu yıl. Herkes gardını almış da başlayacak kavga için hazır etmiş yöntemlerini... Diasporalı hainler de davranacakmış. Ayık olmalıymışız.

Ulan anneannesinden öğrendiği tarifi uygulamak için malzeme bulamayan Sivaslı, Yozgatlı, İstanbullu, Mardinli insanların ne işi var Fransa'da, Almanya'da Arjantin'de, Los Angeles'ta kardeşim?

Saf alkolün bulunmadığı yere "vatan" mı denirmiş?

Boğazına çöküp öldürdüğü insanların gurbet eldeki torunlarına küfür edince çözmüş mü oluyoruz bu lanetli husumeti?

Tazminattı, topraktı, özürdü bilmem ben.

Bari Balıkpazarı'ndaki bakkaldan hazır likör seti alıp göndereydik Rita'ya.

Belki bize ikinciyi bile ikram ederdi likörden, barışırdık belki be...

Nisan 2015, Beyoğlu

Tenor Saksafon

Konusu her açıldığında evde büyük bir çıngar çıkardı.

Ve bizler, yani ablamlarla beraber evin dört çocuğu, aynı mesele üstüne bir ömür nasıl kavga edilebileceğini o dönemlerden öğrendik işte. O zamanlarda annemin haklı olduğunu düşünüyordum. Şimdi yaşasa, babama artık onu tuttuğumu söylerdim.

Tarlabaşı'ndaki cumbalı evde, buzdolabı yerine tel dolapların kullanıldığı tarihlerde, üç katlı ahşap binanın merdivenlerini sabaha karşı tırmanmayı alışkanlık haline getirmiş olan Herman, her defasında gürültü çıkarmayı başarıp komşuları gece vakti ayağa dikmeyi beceriyordu.

Salonu kaplayan devasa kuyruklu piyano ile duvar arasında kalmış 35 cm'lik boşluğu zar zor geçebilen Keti ise Herman'ın kapıyı açarken koparacağı yaygaraya mani olmak için her defasında ondan önce davranmaya çalışıyordu. Zinciri hızlıca çözüyor, üst kilidi çevirmesiyle kapıyı açması an meselesi oluyordu.

Keti, gencecik ve incecik bir Rum kadını olmasına rağmen bazen piyano onu yavaşlatıyor ve Herman'ın "Ben geldim ey komşulaaar" diye bağırmasını engelleyemiyor diye geceleri çok gergin bekliyordu sevgilisini.

Kocasının bu parasızlıkta, Emek Sineması'ndan ıskartaya çıkan o koca piyanoyu, "Karıma her şey layıktır," diyerek eve getirmesine, hamalların ancak caraskal tutarak ön camı indirip piyanoyu eve tıkıştırmasına başta sevinmiş gibi yapmıştı. Fakat salonda yer kalmayıp eskiciye satılan arslan ayaklı yemek masasının yerine piyano üstünde yemek yemeye başlamalarına yeterince kızgındı artık.

Bu seremoni bitince Keti tekrar çift kanatlı ahşap kapıyı kilitliyor, zinciri yuvasına yerleştiriyor ve işin keyifli kısmı başlıyordu. Yeni evli iki genç hemen yatak odasına geçiyor, Herman taşıdığı o garip kutusundan tenor saksafonunu çıkarıp geniş bakır ağzında biriken alatura paralarını ikiz yatağın üstüne boca ediyordu. "Bugün Yıldırım Gürses'e çaldım karıcığım. Müşteri çok şen şakraktı. Pavyon yıkıldı resmen. Hadi sayalım şu paracıkları."

Herman, Keti'yle tanışıp onu evliliğe tav ettiğinde bir matbaada kalfa olarak çalışıyordu aslında. Keti'nin ailesi başlarda, "Bizim Ermeni'ye verecek kızımız yok," demiş olsa da ek iş olarak asker bandosunda öğrendiği müzisyenlik işine bulaşan damat adayının gelirini duyunca geri adım atmışlardı.

Keti, sevdiğine kavuşmasının anahtarı olan tenor saksafonun evlendikten sonra bu kadar dert yaratacağını ilk anda kestirememiş olmalıydı.

Kocası sabah evden çıkıp matbaaya gidiyor, mesai bitimi 45 dakika kadar eve uğruyor, sonrasında sabaha kadar cumbadan yolunu gözleyeceği bir hayalet haline bürünüyordu. Bu bekleyişler canına tak etmiş olacak ki bir gece resti çekivermişti.

"Peynir ekmek yesek bile razıyım ben. Bırak artık şu müzisyenliği. Matbaadan gelen para yeter bize." Oysa Herman Keti'den daha iyi biliyordu hayatı; o para yetmezdi...

Haftada kazandığı kadar parayı bir gecede saksafonun içine sığdırabilen Herman'ın güzel karısını daha fazla üzmeden bir çözüm bulması gerekiyordu.

Buldu da... "Geceleri benimle gel sen de. Hem eğlenceli olur hem de sıkılmazsın artık."

Sıradaki ilk ekstra Burgazada Paradiso Restaurant'ta olacaktı. Keti sabahtan başladı hazırlanmaya. Bu kadar heyecanlanacağını hiç düşünmemişti. O gün, 19.25 adalar vapuruna binenler gemideki en güzel kadının annem olduğunu söylerler hâlâ.

Paradiso Restaurant için iyi bir cumartesi gecesiydi. Mekânda hiç boş masa kalmamıştı. Assolistten önce sahneye çıkacak uvertür şarkıcı çirkin bir herifti ama sesinde garip bir tını vardı.

Keti, sahnenin sağ tarafında, mutfağa çıkan kapının önünde bir masaya oturtuldu. Müzisyen eşi olmasının havası ile hesap ödemeyecek olmalarının ezikliği arasında gidip gelen bir yüz ifadesi vardı çehresinde.

Keti, çirkin solistin arkasında her gece olduğundan daha çok soloya çıkan yakışıklı kocasıyla gurur duyuyordu. Belki onu sadece bir matbaa kalfası haline getirmeye çalışarak bencillik ediyordu.

Sahne ara verdiğinde Herman arka tarafa geçip üstünü değiştirmeliydi. Keti *yanına gitsem mi* diye düşünürken arkasından omuzlarına bir el dokundu: "Dans edelim mi güzel kız?" Keti'nin cevap vermesine fırsat kalmadan mekân birbirine girmişti bile. Herman, az önce arkasında çaldığı çirkin soliste okkalı bir yumruk indirmişti.

Buldukları ilk vapurla şehre dönerlerken Herman kararını çoktan vermişti:

"Haklısın Keti, bırakıyorum bu işi ben."

Orada haklısın demişti demesine de bizim evde her gece, "Bırakmamalıydım müziği, çektiğimiz parasızlık senin yüzünden," diye hesabını sormayı ihmal etmemişti sonradan.

Bizimkiler Paradiso'dan çıktıktan sonra çirkin solist tekrar sahneye çıkmış diyor görgü şahitleri. Hiçbir şey olmamış gibi şarkısını söylemeye devam etmiş.

"Bir gün belki hayattan,
Geçmişteki günlerden,
Bir teselli ararsın,
Bak o zaman resmime..."

Cem Karaca sonradan çok meşhur oldu be...

Aralık 2015, Beyoğlu

Mamam Keti ve babam Bedros Herman

Ya Barış Gelmezse?

Süleyman'ın ailesi 90'larda göç etmek zorunda bırakılan tüm Kürt aileleri gibi hayata kırgındı.

Colemêrg, Gever (Hakkari, Yüksekova) nüfus müdürlüğüne kayıtlı olmaları, göç ettikleri Antalya'da da normal bir hayat yaşamalarına imkân vermemişti.

Annesi, babası, nenesi ve altı küçük kardeşiyle beraber sıradan bir yaşamın, yani herkes gibi, yani içine doğduğu kimliğin geri kalan tüm dünya tarafından lanetlenmediği öyle dümdüz bir hayat beklentileri vardı. Bir türlü olmamıştı işte.

Üstelik üç küçüğü olan Berfin dağa çıktığından beri Antalya Merkez Karakolu ikinci adresleri haline gelmişti. Bir defasında artık yürümekte zorlanan nineleri de sorguya çekildiydi de diğer kız kardeşlerini dağa gitmekten alıkoymak için anacığı günlerce dil dökmüştü.

Hemen her gün maruz kaldıkları ırkçılık artık rutin olmuş, neredeyse akşam sofralarında anlatılmaya değer bulunmaz hale gelmişti.

Süleyman, *Hayat Güzeldir* filmindeki baba misali kardeşlerinin moralini yüksek tutmak için bin bir şaklabanlık yapmayı kendine görev edinmiş, neşesini kaybetmekten ödü kopan bir çocuktu.

Fakat Berfin gittikten sonra sessizliğe bürünmüştü. "Yapamadım, ailemi bir arada tutamadım," diye hıçkırıklara boğulduğu geceler onu kimse duymasın diye yastığı kafasının üstüne çekiyor, ancak nefes almak için arada gevşetiyordu.

Berfin gidince ailede umut var bir tek cümle kuran dahi kalmamıştı.

Ta ki ailece ekran başına geçtikleri o bayram gününe kadar...

Newroz, hayatın yeniden başladığı, öldü zannedilen tabiatın yeniden dirildiği, umuda ihtiyacı olan bir insana armağan edilmiş en gerçek bayram olmalıydı.

Umut orada, televizyonda duruyordu. "Resmen" umuttu üstelik bu. Devlet ilk defa Kürt halkının umuduna ateş etmiyor, dahası alkışlıyordu.

Amed'de dev bir platform kurulmuştu. Meydanda milyonu aşkın insan toplanmıştı. Sırrı Süreyya elinde bir kâğıt parçasıyla mikrofondan sesleniyordu alana.

Kâğıtta Öcalan'ın mektubu vardı. "Savaş bitti" diyordu. "Çocuklarımız artık birbirlerinin katili olmayacak."

***

7 Haziran seçimlerine birkaç gün kalmıştı.

Tarihi Newroz'un üzerinden çok vakit geçmiş, ama barış hâlâ coğrafyamıza uğramamıştı. Süleyman'ın HDP içerisindeki emekleri takdir edilmiş, seçim çalışmalarında kıdemli bir göreve getirilmişti.

"Türkiyelileşmek" diye bir kavram icat edilmiş, seçim başarısı için lazım olan anahtar bulunmuştu.

Türklerle Kürtlerin tarihsel birlikteliklerine güzellemeler yapılıyor, bir arada yaşam için türküler söyleniyor zannediyorduk.

Oysa yakılan HDP binalarının sayısı yakılan türkülerden fazlaydı.

Süleyman eski günlerdeki neşesi yeniden elinden alınmasın diye haber bültenlerini izlemez olmuştu.

"Bunlar son kötülükler artık," diyordu. "Barış buradan dönmez artık. Dönecek olan Berfin'dir."

Arabasıyla Isparta'ya gidecekti. Isparta'dan HDP'ye oy çıkma ihtimali yoktu belki ama barış ihtimalini şahsen ondan duyarlarsa belki ikna olurlardı Ispartalılar.

Sağanak yağmur o kadar şiddetlenmişti ki arabanın silecekleri çıldırmış gibi koşuştursa da camdaki suyu atamıyordu. Üstelik sileceklerin bu garip ritmi yağmurdan daha çok ilgisini dağıtıyordu. İyice yavaşladı. Zaten bu kadar yavaşlamasaydı yol kenarında el kaldırmış yaşlı amcayı göremezdi.

Hemen sağa çekti. Yaşlı amca sucuk gibi ıslanmış halde pencereden mırıldandı Süleyman'a:

"Selamün Aleyküm. Isparta'ya gidiyorum oğul. Yolun orayaysa beni alıver."

"Gel tabii amca, hay Allah ne hale gelmişsin."

Amca oturur oturmaz konuşmaya başladı. Sanki teşekkür etmenin bir yolu olarak genç şoföre nasihat edip durursa daha iyi olacaktı.

"Ah be oğul. Bir saati geçti ki yolda bekliyorum. Ne çok araba geçti önümden bir bilsen! Bir tanesi bile yavaşlamadı. Eskiden böyle miydi buralar? İnsanlık vardı, komşuluk vardı, Müslümanlık vardı. Gerçi insanlar da haksız sayılmaz. Artık kim kimdir bilemez olduk. Kürt doldu buralar. Afedersin sikini sallasan Kürde çarpıyor artık. Mafya bunlarda, terör bunlarda, gasp bunlarda. Bok vardı kalkıp geldiler mağaralarından. Ama devletimizde de suç var. Zamanında Ermeni gavuruna ne ettiyse bunlara da aynısını yapacaktı ki kökünden çözülsün problem. Bizim suçumuz neydi? Öz yurdumuzda huzur kalmadı artık be! Teröristlerin kol gezdiği yer Antalya, Isparta olur mu? Şeytan diyor ki..."

"Amca şuradan bir benzin alayım..."

Süleyman içten içe o benzinciyi gördüğü için şükrediyordu.

Tek kelime cevap vermemişti. Zaten anlatmaya kalksa nereden başlayacaktı ki? Torpidodan cüzdanını alır almaz zor attı kendini arabadan.

"100 TL'lik doldur kardeş. Kartla ödeyip geliyorum."

Süleyman arabadan hışımla inerken torpidoyu kapatmayı unutmuştu. Amcanın gözü oraya takıldı. İki balya broşür duruyordu torpidoda.

Birinde "İnadına HDP, İnadına Barış" yazıyordu. Üzerinde Selahattin'in beyaz gömlekli, yakışıklı bir fotoğrafı vardı. İkincisinde ise "Öcalan'a Özgürlük" yazıyordu. Türkçe, Kürtçe beraber yazılmıştı.

Broşürlerin arkasında ise 14'lü bir silah. Süleyman hayatında tetiğe basmış değildi. Ama seçim döneminde artan yağmalara karşı ne olur ne olmaz diye torpidoya atıvermişti makineyi işte.

Süleyman arabaya döndü. Birkaç kilometre hiç konuşmadılar. Oysa Süleyman sakinleşmiş, amcanın gelebilecek daha kötü sözlerine hazırlamıştı kendini.

Amca daha kısık bir sesle ilk cümlesini çıkardı ağzından.

"Beyefendi bir şey soracağım size. Şeyy, Abdullah Abi'nin sağlığı nasıl oldu?"

"Hassiktir" dedi Süleyman içinden. "Bu coğrafyaya barış gelmez be..."

Şubat 2016, Beyoğlu

Phu, Phu, Ses Kontrol...

Sivas'ın Zara ilçesine bağlı "adını versem olmaz şimdi" köyünde, Ali Haydar Muhtar başkanlığında toplanmış ihtiyar heyeti hararetli bir tartışmaya girişmişti.

En son bu kadar uzun ve coşkulu bir toplantı yaptıklarında elde ettikleri başarı halen köy kahvesinde mevzu edilirdi.

Ormandan kışlık kuru dal, odun, çalı çırpı toplayıp güzel gözlü eşeği Serçe'nin sırtına yükleyen Zülfinaz Nine'nin şikâyetiydi onları bu kadar dertlendiren.

Güzel gözlü eşek Serçe, o gün pek bir salınmış, sırtındaki yükün yarısından çoğunu yol üzerine serpiştirmişti. Zülfinaz Nine ilk yükü boşaltıp ormana geri döndüğünde yol üstünde kalan kışlık ganimeti köyün hınzır çocuğu Hüseyin çoktan toplayıp evine götürmüştü bile.

Hüseyin'in savunması iddialıydı: "Ormanda bulunan bulanındır ermişler. Taşıdım getirdim eve işte. Babamın bana sözü olan Filipis marka radyo için getirdim ben onları eve. Odun da benimdir, radyomu da isterim. Haktır..."

Zülfinaz Nine yaşlı ve yorgun. Tekrar nasıl gidecek dağa, tepeye?

Ama Hüseyin de hak diyor, hukuk diyor.

İhtiyar heyeti düşünüp taşınıp odunları Hüseyin'e bırakmış. Fakat Hüseyin'in de içinde olduğu köyün tüm gençlerini ormana yollayıp üç eşeklik kışlık yakacak toplattmış Zülfinaz Nine için. Adaleti sağlamış tatlı ihtiyarlar köyden pek bir alkış almışlar bu kararla.

Hüseyin üç aya kalmadan eve gelen Filipis marka radyoyu kurcalaya kurcalaya köyün tek elektronikçisi olmayı başarmış üstelik.

Zülfinaz Nine rahmetli olunca mezarı başında sevdiği türküyü apörlöre verip köyü ağlatan da o olmuş be...

Konuyu dağıttınız yine.

Sivas'ın Zara ilçesine bağlı "adını versem olmaz şimdi" köyünde, Ali Haydar Muhtar başkanlığında toplanmış ihtiyar heyeti hararetli bir tartışmaya girişmişti.

Ali Haydar Muhtar, heyete durumu yutkuna yutkuna anlattı. Kaymakam Bey muhtarı makamına çağırtmış ve "devlet kararıdır" diye kestirip atmıştı.

Köye cami yapılacaktı, o kadar...

İhtiyarlardan en genç olanı aldı sözü ilk:

"Devlete isyan diye demiyorum. Lakin akıl var mantık var. Köyde Alevi olmayan kim var ki cami ihtiyaç olsun? Bizim zati cemevimiz var ya ibadet için. Hem israftır hem de tehdittir bu durum. Üç kuşak sonra Sünnileşelim diye yatırım kafasıdır bu. Olmaz diyelim..."

İhtiyarlardan en ihtiyarı ikinci konuştu: "Devlete isyan diye demiyorum. Doğrudur, köy Alevi köyüdür. Cami ihtiyaç değildir. Fakat ne zararı vardır? Hem bizim ortanca damat dedi geçen. İlçede laf oluyormuş gıyabımızda. Allahsız diyorlarmış köy için. Şehir merkezine kadar gitmiş laflar. Vali Bey bile bozuluyormuş hale. Varsın yapsınlar, ne zararı vardır?"

Sonrasında daha çok konuşan oldu, ama bu iki fikrin kötü cümlelerle tekrarından daha hayırlısı çıkmadı kimseden.

Mart sonu gibi geldi iş makineleri. Küçük ama sevimli bir cami dikildi köy meydanının kuzeye bakan cephesine.

Caminin ses düzenini bizim Hüseyin kurdu üstelik. Sonrasında hiçbir ezanda cızırtı duymadı köylü. Hiç de bozulmadı üstelik apörlörler.

Köye atanan imamın bir akşam ezanında var sesiyle köylüye bağırdığı güne kadar yani. O gün imamın attığı fırçanın yarısı çınlama sesinden duyulamamış diyor görgü şahitleri.

"Yahu iki sene olacak neredeyse be hey Müslüman! Hadi namaza gelmiyorsun. Bari bir uğra da halimi hatrımı sor. Bir başıma hayat yaşıyorum şu dört duvar arasında. Siz nasıl insanlarsınız be! Siz nasıl müs... cızzzzzttttt."

Ertesi gün İmam için yemekler yapılmış da köyün kadınları götürüp gönlünü almış adamın.

...

Hüseyin'in ses tesisatı döşenmesindeki ustalık, camiyi yapan müteahitin her yerde anlattığı gibiymiş gerçekten.

Filipis'in kendisi gelse kursa tesisatı bu kadar iyi olmazmış. Kar, yağmur, güneş, fırtına fark etmezmiş. Hüseyin, diğer tembel ustaların aksine kabloyu duvarın içinden geçirdiği için beton korurmuş sesi.

Müezzin ezanı kötü bile okusa "eko" denilen ayar öyle bir duygu katarmış ki, ezana bir keresinde Ermeni köyünden gelenler olmuş yatsıyı kılmaya.

Yozgat'ta aynı müteahitin yapacağı camiye ses işi için taa Sivas'tan Hüseyin'i getirtmesi bundanmış elbet.

Yozgat'ın en bilindik şeyhinin yaptıracağı görkemli cami ve kalabalık cemaatine de layık olan buymuş.

Bizim Alevi köyündeki caminin parmak hesabıyla yedi katı kadar büyük olacakmış üstelik ibadethane.

Buradan yükselecek ezanı en az üç komşu şehir duymalıymış. Şeyh, yoldan sağ sağlım, kazasız belasız gelebilmesi için gece dualarında adını çok anmış bizim Hüseyin'in.

Anadol kamyonetinin arkası tıka basa dolu gelmiş Hüseyin. Dört mürit, tüm bir öğleden sonra boyunca ancak indirebilmiş yükü kamyonetten.

Hüseyin üç gün boyunca çıkmamış camiden. O üç gün boyunca da cemaat cami avlusunda merakla toplaşmaya başlamış. İlk ezan duyulana kadar da kimsenin gitmeye niyeti yokmuş. Son gün Şeyh Hazretleri de intikal etmiş avluya.

Caminin ilk ezanının okunmasının mübarek cuma gününe denk gelmesi uhrevi bir mesaj olarak algılanmış kalabalık içinde.

Hüseyin son iki kabloyu birbirine bantlayınca cemaatin en gençlerinde çırak diye yanına memur edilen Ömer koşup avluya müjdeyi haykırmış: "Tamamdır maşallah. Tamamdır inşallah..."

Aniden avluda tüyleri diken diken eden bir ses çınlamaya başlamış. En az üç komşu kent sesi duymuş diyorlar.

Müteahit gömleği parçalanmış, sağ yanağında bir morluk, polis nezaretinde avluyu terk ederken kulaklarında kalın kulaklık aleti denemeye devam ediyormuş Hüseyin.

Zülfinaz Nine öldüğünden beri hep onun hatrına böyle test ediyormuş zaten ya yanık sesiyle cihazı...

"Phu, phu, ses kontrol...
Dağlar seni delik delik delerim,
Kalbur alıp toprağını elerim,
Sen bir kara koyun ben de bir kuzu,
Sen döndükçe ardın sıra melerim..."

Ağustos 2016, Beyoğlu

Yozgatlı

Yetvart, o şehri hayatında bir kez olsun görmemiş olsa da sorulduğunda "Yozgatlıyım" demekten garip bir haz alıyordu.

Ne de olsa babası Artin orada doğmuş, on üç yaşına kadar Yozgat sokaklarını arşınlamış, ardından İstanbul'a gelmişti. Ve bu kadarı ihtiyacı olana gönül rahatlığıyla "Yozgatlıyım" demek için yeterli veriydi. Ayrıca "Yozgatlıyım" dediğinde gelebilecek pek çok cahilce soruyu önceden kestirip atmış oluyordu.

"Adın Yetvart mı? Ne garip isim yahu. Nesiniz siz?"

"Ermeniyim ben."

"E nereden geldiniz bu ülkeye?"

Bir defasında dayanamayıp, "Nereden geleceğiz ulan, asıl buradan gittik biz be," diye patlayıvermişti de karısı Ağavni akşam evde çok kızmıştı olan bitene.

"Buradan gittik biz" meselesi Yetvart için gerçekten de husumetli bir konuydu. Uğursuz zamanlarda yola çıkarılan Ermeni kafileleri içerisinde olan, Yozgat'tan Suriye çöllerine sürülen sülalesinden sadece babaannesi Takuhi ile küçük oğlu Artin sağ kalmış diye biliyordu.

Oysa bir amcasının ölmediğini, Müslüman bir aile tarafından saklandığını, biraz büyüyünce gördüğü kötü muameleden sıtkı sıyrılıp o evden kaçtığını, bin bir badire atlattıktan sonra Beyrut'a ulaştığını, orada bir aile kurduğunu öğreneli daha altı ay bile olmamıştı.

Bu altı ay boyunca her gün telefonla konuşmuşlardı. Amcası, yengesi, amca çocukları, amca çocuklarının çocukları, Yetvart, Takuhi, onların biricik oğulları Tanyel...

Keşke babası Artin sağ olaydı da bu hallerini göreydi diye her telefon konuşmasından sonra söylenip duruyordu Yetvart. Aralarında hep Ermenice konuşuyorlar, Artin arada Türkçe'ye döndüğünde amcası Kapriyel cevap vermez oluyordu. Bunca yıl sonra dili unutmuş olmalı diye düşünmüştü.

Ta ki, "Hadi amca topla aileyi gel memlekete. Kalabildiğiniz kadar kalın. Hem bizimle hem memleketle hasret gidermiş olursunuz," diyene kadar.

Kapriyel Amca böğürürcesine, üstelik Türkçe haykırdı:

"Sakın ola. Sakın olaaa. Bir daha ağzından duymayacağım bunu. Atamı, babamı, bacılarımı mezarsız ölüler haline getirenlerin arasına mı geleyim? Evimizi, huzurumuzu, ailemizi çalanların ortasında mı kalayım? Kapatırım bu telefonu yüzüne, bir daha da duyamazsın sesimi oğul. Sakın ola. Sakın olaaa..."

Ne diyeceğini bilememişti Yetvart.

Tanyel'in sömestr tatili geldiğinde Beyrut'a uçak biletleri alınmış, bavullara kıyafetten çok hediye istiflenmiş, aileden kalan tüm fotoğraflar, anı eşyaları toparlanmıştı bile. Beyrut Havaalanı'nda ilk karşılaştıklarında hiç konuşmadan sarılıp neredeyse 25 dakika ağlaştılar desem inanın abartmış olmam.

Karşılamaya Beyrut'taki tüm akrabalarının yanı sıra mahallelerinden dört komşu Ermeni aile daha gelmişti. Eve gitmeleri düğün konvoyu gibiydi. Kornalara basıyorlar, camdan mendillerini sallaya sallaya araba teybinden çalan şarkılara tempo tutuyorlardı.

Eve vardılar. Yılbaşı gecelerini aratmayacak bir sofra kurulmuştu. Biber dolması, plaki, pastırmalı humus, içli bulgur pilavı, pezzik cacığı, helle, çullama, tandır kebabı, şöbiyet. Gece yine acıkırlarsa diye paça çorbası. Bir de 70'lik Lübnan rakısı.

Arada birbirlerine sarılmak için davranmalarını saymazsak neredeyse sabaha kadar hiç kalkmadılar sofradan.

Önce ölmüşlerini andılar. Aile üyelerinin akıbetlerini bilmemekle lanetlendikleri kötü büyü bozulmuştu sanki. Kapriyel Amca hem kendi anlatırken hem de anlatılanları dinlerken ağlamayan tek kişi olmuştu masada. Arada tok bir sesle, "Mekânları cennet olsun. Çok çektiler çünkü," deyip duruyordu sadece.

Sonra yaşayanları konuştular. Kim ne okudu, ne meslek edindi, kiminle evlendi, kaç çocuğu oldu, çocuk ne okuyor, ne iş yapmak istiyor derken sabahın ilk ışıkları salona düşmeye başlamıştı.

"De hadi yatalım artık. Daha on günümüz var be. Her şeyi bugün konuşursak yarın ne edeceğiz? Hadi bakalım toparlanın. Odalara!"

Yetvart öğlene doğru uyandığında amcası Kapriyel dışarıdan eve yeni geliyordu. Taze ekmek almaya gitmiş olmalı diye düşündü. Ev ahalisi miskin miskin uyuyordu ve pek de kalkacakları yok gibiydi.

"Amca hadi bir turlayalım. Mahalleyi göreyim, esnafı göreyim," dedi Yetvart.

Kapı eşiğine geldiğinde, ayakkabılıkta aranmaya başladı ama ayakkabılarını bulamadı. Ağavni'nin, Tanyel'in ayakkabıları oradaydı işte. Tam onların yanında duran gıcır gıcır rugan onun değildi ama.

"Aranma oğul, yeni ayakkabı aldım sana. Onu giyiver," dedi Kapriyel Amca.

"Yahu amca, niye böyle bir şey yaptın? Rahattı benim ayakkabılarım. Yol yürüyeceğiz, vurur bunlar şimdi ayağımı. Hadi ver de giyeyim benimkileri."

"Uzatma be oğul. Giy işte bunları. Sordum, en rahatı bu dediler. Giy işte."

"Ama amca..."

"Uzatma işte," diye bir bağırdı ki Kapriyel Amca, ev halkının yarısı uyandı bu sese.

Sonra kıpkırmızı oldu suratı. Alt dudağını neredeyse kanatacaktı ısırmaktan. Kan çanağı halinde gözlerinde daha fazla tutamadı yaşlarını. İki gözünden iki yanağına aynı hizada akmaya başladılar.

"Oğul o ayakkabı vatan toprağına basmıştır. Aldım sakladım onu kendime. Kıymetlimdir. Gayrı sana vermem ben onu. Al giy *şu* ruganları işte. Uzatma artık."

Yetvart, Kapriyel Amcası'nın Türkçe konuştuğunu ikinci kez duymuştu...

Hayko Bağdat
Ocak 2016, *Beyoğlu*

407